Matemática
aplicada à Gestão de
Negócios

CB033656

Carlos Alberto Di Agustini
Nei Schilling Zelmanovits

Matemática
aplicada à Gestão de
Negócios

FGV
EDITORA

ISBN — 85-225-0498-9

Copyright © 2005 Carlos Alberto Di Agustini, Nei Schilling Zelmanovits

Direitos desta edição reservados à
EDITORA FGV
Rua Jornalista Orlando Dantas, 37
22231-010 | Rio de Janeiro, RJ | Brasil
Tels.: 0800-021-7777 | 21-3799-4427
Fax: 21-3799-4430
editora@fgv.br | pedidoseditora@fgv.br
www.fgv.br/editora

Impresso no Brasil / *Printed in Brazil*

Todos os direitos reservados. A reprodução não autorizada desta publicação, no todo ou em parte, constitui violação do copyright (Lei nº 5.988).

Os conceitos emitidos neste livro são de inteira responsabilidade dos autores.

1ª edição — 2005
1ª e 2ª reimpressões — 2008
3ª e 4ª reimpressões — 2009
5ª reimpressão — 2011
6ª reimpressão — 2013
7ª reimpressão — 2015

REVISÃO DE ORIGINAIS: Mariflor Rocha

EDITORAÇÃO ELETRÔNICA: FA Editoração Eletrônica

REVISÃO: Aleidis de Beltran e Fatima Caroni

CAPA: Adriana Moreno

Ficha catalográfica elaborada pela Biblioteca
Mario Henrique Simonsen/FGV

Di Agustini, Carlos Alberto.
   Matemática aplicada à gestão de negócios / Carlos Alberto Di Agustini, Nei Schilling Zelmanovits. — Rio de Janeiro : Editora FGV, 2005.
   272 p. — (Coleção FGV Negócios)

   Inclui bibliografia.

   1. Matemática financeira. 2. Administração comercial. I. Zelmanovits, Nei Schilling. II. Fundação Getulio Vargas. III. Série. IV. Título.

CDD — 513.93

Aristóteles, uma das maiores mentes que jamais contemplaram leis físicas, estava completamente errado em suas idéias sobre corpos em queda e teve de ser corrigido por Galileu por volta de 1590. Galeno, o maior dos médicos da antigüidade, não foi autorizado a estudar cadáveres humanos e estava completamente errado em suas conclusões anatômicas e fisiológicas. Teve de ser corrigido por Vesalius em 1543 e por Harvey em 1628. Até Newton, o maior de todos os cientistas, estava errado em sua visão sobre a natureza da luz, a acromaticidade das lentes e não percebeu a existência de linhas espectrais. Sua obra máxima, as leis de movimento e a teoria da gravitação universal, tiveram que ser modificadas por Einstein em 1916. Agora vemos o que torna a matemática única. Só na matemática não há correção significativa, só extensão. Uma vez que os gregos desenvolveram o método dedutivo, o que fizeram estava correto, correto para todo o sempre. Euclides foi incompleto e sua obra foi enormemente estendida, mas não teve de ser corrigida. Seus teoremas, todos eles, são válidos até hoje. Ptolomeu pode ter desenvolvido uma representação errônea do sistema planetário, mas o sistema de trigonometria que ele criou para ajudá-lo em seus cálculos permanece correto para sempre.

Isaac Asimov

Jamais se aventurem a qualquer elaboração jurídica sem conhecerem a fundo a estrutura técnica e a função econômica do instituto objeto de seus estudos. É deslealdade científica, é falta de probidade, falar de um instituto para fixar-lhe a disciplina jurídica, sem conhecê-lo a fundo na sua realidade.

Vivante

Sumário

Apresentação — 11

Introdução — 13

1. Custo de oportunidade — 15

2. Regime de caixa e regime de competência — 19
    Diagrama de fluxo de caixa — 23

3. Juros — 25
    Formas de capitalização — 34
    Juros simples (Csimpl = capitalização de juros simples ou linear) — 37
    Juros compostos (Ccomp = capitalização de juros composta ou exponencial) — 37
    Juros contínuos (Ccont = capitalização de juros contínua ou infinitesimal) — 38
    Taxas de juros equivalentes — 39
    Juros racionais e percentuais — 44
    Juros nominais e efetivos — 45
    Juros antecipados e postecipados — 46
    Juros reais — 47
    Juros e correção monetária — 50
    Juros pré e pós-fixados — 53
    Taxa *over* e mercado monetário — 57
    Intermediação financeira — 59
    Dias úteis, dias corridos e data de aniversário — 63

4. Valor do dinheiro no tempo — 71
    Inflação zero — 77
    Inflação positiva (3% ao mês) — 78
    Inflação negativa (1% ao mês) — 78

5. Desconto — 81

Desconto financeiro simples (racional) — 81
Desconto financeiro composto — 82
Desconto comercial simples — 84
Desconto comercial composto — 85

6. Sistemas de amortização — 87

Valor principal ou capital e juros — 87
Parcela ou prestação — 87
Price — 89
SAC (sistema de amortização constante) — 90
Sistema americano — 93
Cheque especial — método hamburguês — 94
Carência ou diferimento — 95
Parcela postecipada — 96
Parcela antecipada — 97

7. Inflação e correção monetária (indexação) — 99

Taxa referencial — 102
Dólar comercial — 103
IGP-M (índice geral de preços para o mercado) — 103
IGP-DI (índice geral de preços-disponibilidade interna) — 104
TBF (taxa básica financeira) — 105
TJLP (taxa de juros de longo prazo) — 105

8. Aplicação dos sistemas Price e SAC — 111

Quando adotar sistemas de amortização? — 111
Aspectos comerciais — 114
Crédito e garantias — 116

9. Cobrança — 125

Cobrança própria ou interna — 127
Cobrança terceirizada — 128
Cobrança com estrutura mista — 128
Análise dos encargos legais — 130
Lei nº 8.951 — 136
Lei de Responsabilidade Fiscal (LRF) como instrumento/estratégia de cobrança — 138
Apontamentos (Serasa, SPC, Banco Central etc.) — 138

Art. 993 do Código Civil — 139
Liquidação antecipada — 141
Protesto — 144
Falência — 146
Resolução nº 2.682 — *rating* — 146
Central de risco do Banco Central — 148
Procedimentos — 149

10. Imposto sobre operações de crédito, câmbio e seguro, ou relativas a títulos ou valores mobiliários (IOF) — 151

Contribuintes principais — 152
Responsável pela cobrança e recolhimento — 152
Incidência — 152
Fato gerador — 152
Método de cálculo — amortização progressiva — 156
Método de cálculo — Price — 162
Método de cálculo — amortização decrescente — 164
IOF em empresas optantes pelo Simples — 168

11. Mercado de câmbio — 169

Formação da taxa — 170
Variação cambial — 170

Referências bibliográficas — 175

Apêndice 1 — Constituição da República Federativa do Brasil de 1988, art. 192 — 177

Apêndice 2 — Código de Proteção e Defesa do Consumidor — 179

Apêndice 3 — Lei das Sociedades por Ações, arts. 153 e 177 — 207

Apêndice 4 — Decreto nº 3.088 — 209

Apêndice 5 — Decreto nº 22.626 — 211

Apêndice 6 — Lei nº 1.521 — 215

Apêndice 7 — Lei nº 7.492 — 221

Apêndice 8 — Resolução nº 2.878 do Banco Central do Brasil   227

Apêndice 9 — Circular nº 2.905 do Banco Central do Brasil   235

Apêndice 10 — Lei nº 9.298   239

Apêndice 11 — Decreto nº 4.494   241

Apresentação

Mais um livro de matemática financeira?, pode estar indagando o leitor. Existem excelentes literaturas sobre o tema no Brasil. Afinal, este é o país que enfrentou muitos choques econômicos, pacotes de toda sorte, mudança de moeda, diversas modalidades de regime cambial, inflação de até 207.000% ao ano, indexação, congelamento de preços. Esses são fatores que conduzem a um campo fértil para os temas ligados a finanças e aplicação da matemática financeira.

Neste livro os autores reúnem a experiência acadêmica e empresarial de dois profissionais atuantes em gestão de empresas e ciências jurídicas, e transcendem a análise matemática, concentrando-se mais no aspecto pragmático. Aplicação dos conceitos na gestão de negócios, especificamente as atividades de vendas, empréstimos, finanças, crédito e cobrança, e, principalmente, ancorado na análise e uso de princípios legais que permeiam questões tão complexas em nosso sistema jurídico: juros de 12% ao ano (Constituição da República, art. 192), Código de Defesa do Consumidor (Lei nº 8.078/90), Lei da Usura (Decreto nº 22.626/33), Lei nº 4.595/64, imposto sobre operações financeiras — IOF (Decreto nº 4.494/02), normativas do Banco Central e da Receita Federal etc.

Dessa forma, este livro se torna uma ferramenta de referência valiosa para administradores de empresas, empresários, advogados e demais profissionais envolvidos com as temáticas citadas.

Prof. Takeshy Tachizawa

Introdução

O ensino e, principalmente, a prática da matemática aplicada aos negócios de empresas brasileiras talvez sejam hoje mais estimulantes e complexos do que nunca. A dinâmica das operações e as regulamentações governamentais são cruciais para o processo de gestão empresarial e decisão financeira. Entre as inúmeras excelentes publicações existentes no mercado sobre temas correlatos, idealizamos este livro procurando trazer algo diferenciado e objetivando o caráter pragmático da matemática aplicada aos negócios, especialmente em relação a crédito, vendas, finanças e cobrança.

Além de nossa experiência acadêmica e profissional, contemplamos os principais aspectos de natureza jurídica que podem ter impacto nas decisões e processos, especialmente em relação aos juros constitucionais (12% ao ano previstos no art. 192 da Constituição), ao Código de Defesa do Consumidor (Lei nº 8.078/90), à Lei da Usura (Decreto nº 22.626/33), ao imposto sobre operações financeiras — IOF (Decreto nº 4.494/02) e nuanças gerais que envolvem as operações financeiras.

Boa leitura!

Capítulo 1

Custo de oportunidade

O custo de oportunidade não deve ser confundido com o custo na sua definição contábil. Em contabilidade, custo é o consumo de um bem ou serviço atribuído ao(s) produto(s) de uma empresa, que, direta ou indiretamente, tem como finalidade produzir receita.

Horngren (1985) define custo de oportunidade como:

> Custo de oportunidade é a contribuição máxima disponível de que se abre mão utilizando-se recursos limitados para um determinado fim. Representa uma alternativa abandonada, de modo que o custo é diferente do tipo comumente encontrado de custo no sentido de não ser o custo de desembolso normalmente encontrado e discutido pelos contadores e administradores. Um custo de desembolso implica, mais cedo ou mais tarde, num dispêndio de caixa; isto é, a idéia de custo de desembolso serve de base para as avaliações típicas de ativo baseadas em custo histórico.

Um custo contábil implica obrigatoriamente um desembolso, presente ou futuro, já o custo de oportunidade se relaciona com possíveis desembolsos ou embolsos que a empresa poderia incorrer se decidisse por determinada alternativa. Embora o custo de oportunidade muitas vezes seja heurístico e de concepção simples, sua aplicação em decisões empresariais requer alguns cuidados especiais, pois proporciona resposta a questões do tipo:

- Quanto custa optar por determinada alternativa?
- Quando se decide fazer algo na empresa, qual o custo de fazê-lo?

- Se a empresa optasse por determinada alternativa, qual seria o custo ou ganho, mesmo sabendo que não vai executá-la?

Custo de oportunidade não tem nenhuma correlação com custo contábil. Podemos enquadrá-lo em categoria conceitual econômica, que representa a quantidade de recursos que uma empresa está disposta a abrir mão em detrimento de outra alternativa possível. Assim, custo de oportunidade é uma alternativa abandonada; não aparece em demonstrativos contábeis e gerenciais, mas certamente figura de forma muito clara no processo decisório.

Tomemos como exemplo uma empresa que possui uma área em importante avenida comercial. Essa área foi adquirida visando futuras instalações da administração central da empresa, que está analisando a viabilidade de investir em duas alternativas mutuamente excludentes.

- Primeira alternativa: construir o edifício da administração central, ocupar o prédio com as áreas-chave da empresa, que atualmente encontram-se dispersas em várias unidades. A administração nesse local proporcionará à empresa maior agilidade na tomada de decisões, maior facilidade de reunir os executivos, diminuição de despesas com viagens e estada em hotéis, liberação de áreas nas unidades para outros fins etc. Considerando todos os benefícios e gastos mensuráveis, essa alternativa implica despesas futuras esperadas de R$153.200 por ano, e benefícios futuros esperados de R$192 mil anuais.
- Segunda alternativa: não construir o edifício da administração central e alugar o espaço a uma empresa especializada em gerenciar estacionamento para automóveis. Com o estacionamento, a empresa obterá uma receita futura anual de R$54 mil.

Deve ser considerado também que a empresa pode ter inúmeras alternativas possíveis para uso desse espaço. Em vez de fazer uma lista e estudo detalhado de todas elas, pode escolher a melhor (segunda alternativa) de todas aquelas que a empresa não queira examinar detalhadamente e incorporar a contribuição de que abre mão como custo de suas duas alternativas selecionadas. Assim, os dados das duas alternativas finais poderiam ser tabulados em enfoque de custo de oportunidade, como demonstrado a seguir.

A tabela 1 mostra claramente que é mais vantajoso para a empresa alugar a área para fins de estacionamento (R$54 mil de receita anual do estacionamento contra R$38.800 de ganho com a construção do edifício da administração central). Entretanto, note a diferença sob a ótica do custo de oportunidade.

Tabela 1

R$	1ª alternativa Prédio da administração	2ª alternativa Estacionamento
Receita anual esperada	192.000	54.000
(−) Despesas anuais	(153.200)	—
(−) Custo de oportunidade*	—	(38.800)
(=) Contribuição para o lucro	—	15.200

* Ganho que a empresa deixa de obter com a construção do prédio ao optar pelo aluguel da área para estacionamento.

Observe que, contabilmente, a empresa registrará receita anual de R$54 mil com a segunda alternativa. Todavia, pelo custo de oportunidade, a contribuição para o lucro (desconsiderando aspectos fiscais) será de R$15.200 por ano. O custo de oportunidade raramente é incorporado aos sistemas e relatórios formais, sejam contábeis ou gerenciais. Este custo representa o lucro que deixou de ser obtido quando a empresa rejeitou a primeira alternativa.

Aspectos legais aplicáveis

Do ponto de vista legal, a análise do custo de oportunidade pode ser relevante ao se examinarem decisões tomadas pelos administradores de uma companhia.

Nesse sentido, cabe lembrar que, de acordo com o disposto na Lei nº 6.404, de 15 de dezembro de 1976 (Lei das Sociedades por Ações), "o administrador da companhia deve empregar, no exercício de suas funções, o cuidado e a diligência que todo homem ativo e probo costuma empregar na administração dos seus próprios negócios" (art. 153). Portanto, a análise de custo de oportunidade pode ser uma ferramenta importante, seja para o apoio ou ainda para a crítica de qualquer decisão da administração.

Capítulo 2

Regime de caixa e regime de competência

Esses dois regimes distintos sempre causam confusão em processos administrativos empresariais. O processo de gestão financeira (tesouraria de uma empresa) sempre está ancorado no regime de caixa.

Horngren (1985) assim define regime de caixa:

> O processo de determinação do lucro e da posição financeira está relacionado com o regime de competência, distinto do regime de caixa. No regime de competência, o impacto dos acontecimentos sobre o ativo e o passivo é reconhecido nos exercícios em que os serviços são prestados ou utilizados, e não quando se recebe ou se paga. Quer dizer, a receita é reconhecida quando obtida e as despesas são reconhecidas quando nelas se incorre, e não quando se paga ou recebe em dinheiro.

Comumente, deparamos-nos com situações em que muitos profissionais confundem a utilização desses regimes, principalmente nas decisões gerenciais. Todo processo de apuração de resultado (lucro ou prejuízo) contábil e de posições patrimoniais (ativos e passivos) está ligado ao regime de competência, distinto do regime de caixa, em que o impacto dos acontecimentos sobre o ativo, o passivo e o resultado é reconhecido nos períodos em que os respectivos fatos geradores ocorrem, e não quando se recebe ou se paga. O regime de competência está associado ao princípio contábil da competência dos exercícios. Pela competência, a folha de pagamento dos operários do mês de maio será uma despesa do mês de maio, mesmo que o efetivo pagamento só seja realizado em junho. A despesa é incorrida quando o serviço é prestado pelos operários em maio, e não quando do seu pagamento em junho.

Tomemos como exemplo uma empresa comercial cujas transações no mês de agosto de 200X constam das tabelas 2 e 3 (valores em R$).

Tabela 2
Demonstrativos financeiros em regime de competência
Balanço patrimonial

Transação	Ativo			Passivo	
	Caixa	Contas a receber	Estoques	Circulante	Patrimônio líquido
1. Integralização de capital	+100.000				+100.000
2. Compra de material para venda (à vista)	−98.000		+98.000		
3. Compra de material para venda (a prazo)			+40.000	+40.000	
4. Venda a prazo		+48.000			(receita) +48.000
4.1 Custo da venda			−36.000		(despesa) −36.000
5. Venda à vista	+110.000				(receita) +110.000
5.1 Custo da venda			−90.000		(despesa) −90.000
6. Cobrança de clientes	+25.000	−25.000			
	+137.000	+23.000	+12.000	+40.000	+132.000
Saldos em 31-8-200X		172.000			172.000

Tabela 3
Demonstração de resultados (agosto de 200X)

Vendas	158.000
(−) Custo dos produtos vendidos	(126.000)
Lucro	**32.000**

Observe, agora, os mesmos demonstrativos financeiros elaborados em regime de caixa (tabelas 4 e 5), isto é, quando ocorrem os efetivos embolsos de caixa (receitas) e os desembolsos de caixa (despesas).

Tabela 4
Demonstrativos financeiros em regime de caixa
Demonstração de resultados (agosto 200X)

Vendas	110.000
Cobrança de clientes	25.000
(–) Compra de mercadorias	(98.000)
Lucro	**37.000**

Tabela 5
Balanço patrimonial

Transação	Capital	Caixa
Integralização de capital	100.000	37.000
Lucro	37.000	
Capital do acionista	137.000	

No regime de caixa praticamente não há sentido em fazer o balanço patrimonial e a demonstração de resultados, porque não oferecem utilidade prática. Uma planilha com o fluxo de caixa da empresa, contendo as programações e projeções de pagamentos e recebimentos no tempo é muito mais importante para a gestão do capital de giro.

As demonstrações financeiras (balanço patrimonial e demonstração de resultados) em regime de caixa foram elaboradas apenas para mostrar como o regime de caixa distorce a apuração de resultados (lucro e prejuízo), assim como as posições patrimoniais (ativo e passivo), pois não considera o efeito das exigibilidades das contas a pagar e receber, estoques, custo dos produtos produzidos/comercializados, possíveis despesas antecipadas etc. Apesar de parecer incompleto e deficiente, o regime de caixa é muito usado por pessoas físicas (como, por exemplo, na declaração do imposto de renda) e é um instrumento adequado e fundamental para a empresa administrar sua tesouraria ao analisar investimentos; selecionar e negociar alternativas de financiamento; administrar o capital de giro; planejar o fluxo financeiro de pagamentos e recebimentos (fluxo de caixa).

Como exemplo, ilustraremos os dois regimes (caixa e competência) no tempo, com as seguintes transações de uma empresa no mês de março de 200X (tabela 6):

- t1 — aquisição de estoques (R$80 mil à vista);
- t2 — saldo de disponibilidade (R$120 mil);
- t3 — venda de produtos mantidos em estoque para recebimento em 30 dias (R$90 mil);

- t4 — pagamento de compras diversas (R$20 mil);
- t5 — recebimento de venda a prazo realizada no mês de fevereiro/199x (R$45 mil);
- t6 — compra de materiais diversos para pagamento em 30 dias (R$34 mil).

Tabela 6
Representação das transações em regime de caixa e regime de competência

Transação	Regime Competência março/200X	Regime Competência abril/200X	Regime Caixa março/200X	Regime Caixa abril/200X
t1 — estoque	−80.000		−80.000	
t2 — disponibilidade	+120.000		+120.000	
t3 — venda	+90.000			+90.000
t4 — compras	−20.000		−20.000	
t5 — recebimento			+45.000	
t6 — compra	−34.000			−34.000
Saldo	+76.000	0	+65.000	+56.000

Dessa forma, todas as análises que envolvem seleção de investimentos, decisão entre alternativas de financiamento, gestão de capital de giro, planejamento do fluxo financeiro de pagamentos e recebimentos devem ser realizadas com dados e informações em regime de caixa, pois o regime de competência pode levar a decisões inconsistentes porque não considera o valor do dinheiro no tempo e registra dados/valores históricos.

ASPECTOS LEGAIS APLICÁVEIS

A Lei das Sociedades por Ações é expressa ao determinar que as mutações patrimoniais sejam registradas "segundo o regime de competência" (art. 177, *caput*). Além disso, como a legislação tributária determina que a apuração da base de cálculo do imposto de renda de pessoa jurídica seja feita com base no *regime de competência*, outras sociedades além das sociedades por ações (por exemplo, as sociedades limitadas) acabam forçosamente adotando tal regime.

O regime de caixa, por outro lado, tem sido utilizado mais comumente na apuração da base de cálculo do imposto de renda de pessoa física. Isso se deve, fundamentalmente, a duas razões: simplicidade de aplicação, já que receitas e despesas somente são registradas quando pagas em dinheiro; e compatibilização com o próprio caixa da pessoa física, que naturalmente reflete o saldo líquido de todos os seus pagamentos.

Diagrama de fluxo de caixa

O diagrama de fluxo de caixa é apenas uma ferramenta didática para apoio demonstrando os movimentos de empréstimos, aplicação de recursos, investimentos etc., realizados em regime de caixa num determinado período de tempo.

Através do diagrama de fluxo de caixa é possível identificar quais foram as entradas e respectivas saídas de recursos, para ilustrar o evento analisado (empréstimo, aplicação, investimento etc.). Uma outra aplicação útil para o diagrama de fluxo de caixa é orientar o uso e a solução de problemas no âmbito das calculadoras financeiras e softwares de apoio no processo decisório.

O diagrama de fluxo de caixa (figura 1) consiste em estabelecer uma linha de tempo, pautada em dias, meses, anos etc., dependendo da periodicidade dos recebimentos e pagamentos (em regime de caixa), e sinalizar com uma seta para cima os recebimentos (entradas de caixa), e com uma seta para baixo os pagamentos (saídas de caixa).

Figura 1

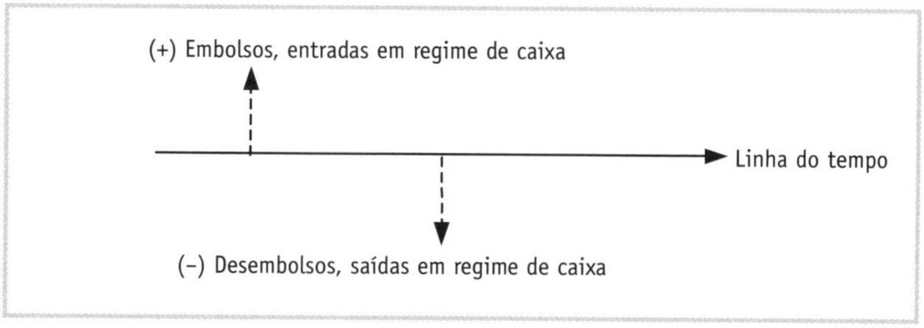

A tabela 7 mostra os lançamentos na conta corrente de uma empresa decorrentes de um empréstimo de R$10 mil contratado no dia 5 de um determinado mês.

Tabela 7

Dia	Lançamento	Entrada (R$)	Saída (R$)
5	Crédito pelo recebimento do empréstimo	10.000,00	
5	Tarifa		20,00
5	IOF		0,41
8	CPMF		38,08
10	Débito pelo pagamento do empréstimo		10.060,00
13	CPMF		38,23

A figura 2 mostra todos os movimentos desse empréstimo através do diagrama de fluxo de caixa.

Figura 2

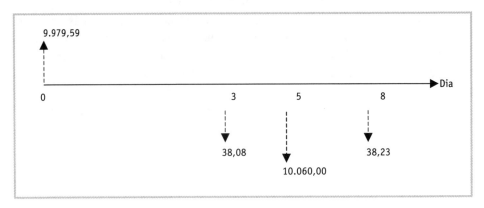

Esse diagrama de fluxo de caixa será a base para: demonstrar para a empresa as reais entradas e saídas de caixa do empréstimo ao longo do contrato; programar as datas de recebimento e pagamento; e realizar cálculo de juros efetivos.

Capítulo 3

Juros

Existem várias teorias e interpretações sobre os juros: recompensa ou remuneração futura à renúncia ao consumo presente, aluguel pelo uso do capital de terceiros etc. O economista austríaco Schumpeter considerava juros uma forma de imposto sobre o lucro. John Maynard Keynes defendia que a taxa de juros se determina (como os demais preços) com base nos movimentos de oferta e de demanda de recursos. A oferta é exercida pelos detentores de moeda (capital) como mercadoria para empréstimo, e a demanda é exercida pelas pessoas físicas e jurídicas que necessitam de recursos para consumo, investimentos, capital de giro etc. Proibidos por quase durante toda a Idade Média pelos pensadores católicos, certamente influenciados pela condenação aristotélica sobre acumulação de riqueza e cobrança de juros, os juros foram reconhecidos pela Igreja Católica no final da Idade Média, admitidos como:

- *dammum emergens* (dano emergente), juros de mora;
- *lucrum cessans* (lucro cessante), juros como recompensa pelo custo de oportunidade;
- *periculum sortis* (risco), juros em função do risco assumido pelo emprestador.

Independentemente das correntes históricas, eclesiásticas e conceituais do tema, atualmente no Brasil a taxa de juros é um dos mais importantes instrumentos de política monetária que o governo possui. Com ela o Banco Central interfere no nível de atividade econômica e na formação de preços. Existem vários tipos de juros, representados pelas taxas de caderneta de poupança, aplicações financeiras (CDB, fundos etc.), empréstimos/financiamentos para aquisição de bens e serviços, e algumas outras operações que possuem juros de forma não-direta, ou seja, não declaram a existência formal de juros, mas cobram indiretamente do cliente, tais como *leasing* financeiro, consórcio, locação etc.

Podemos classificar os juros em três categorias em termos de *periculum sortis*: curto, médio e longo prazos — um dos motivos da grande variedade de taxas — em função do prazo e do risco que cada tomador representa ao credor. Com as muitas taxas de juros existentes no Brasil, o governo controla, através do Banco Central, somente a taxa do mercado de reservas bancárias — taxa Selic, certamente um mercado não muito conhecido pelo brasileiro —, influenciando assim as demais taxas da nossa economia. Todavia, as taxas de juros que mais interferem no dia-a-dia dos brasileiros são aquelas praticadas pelos bancos (aplicações financeiras em geral, cheque especial e empréstimos) e pela indústria, comércio e prestadores de serviços em geral nas vendas a prazo. A interferência do governo nessas taxas se dá de forma indireta, ou seja, existem também componentes de mercado que regulam diretamente a formação do preço-taxa.

Os bancos comerciais são obrigados a manter no Banco Central um percentual sobre os depósitos à vista — depósito compulsório — que compõe a conta de reservas bancárias (recursos sem e com remuneração), cuja função é permitir aos bancos realizar transações rotineiras com o Banco Central. Toda transação (compensação de cheques, compra e venda de moeda estrangeira etc.) que ocorre no sistema bancário passa pela conta de reservas. O Banco Central atua nesse mercado como único agente de oferta de reservas pelas operações de: mercado aberto (*open market*), mercado privativo das instituições financeiras onde ocorre troca de reservas bancárias, lastreadas em títulos públicos federais; e redesconto, empréstimos a instituições financeiras.

Aspectos legais aplicáveis

Os instrumentos de política monetária e creditícia comumente utilizados pelas autoridades monetárias (Conselho Monetário Nacional e Banco Central do Brasil) estão previstos na Lei nº 4.595, de 31 de dezembro de 1964.

Ali se vê que o Conselho Monetário Nacional pode, entre outras coisas, disciplinar o crédito, em todas as suas modalidades, e limitar, sempre que necessário, as taxas de juros, descontos, comissões e qualquer outra forma de remuneração de operações e serviços bancários. Além disso, também é função do Conselho Monetário Nacional determinar recolhimentos compulsórios e encaixes.

continua

> A Constituição Federal de 5 de outubro de 1988 previu a edição de uma (nova) lei complementar que teria a função de substituir a Lei nº 4.595/64. Até agora, porém, o Congresso Nacional ainda não chegou a um consenso sobre o assunto e, por esse motivo, a Lei nº 4.595/64 continua sendo a lei fundamental de todo o sistema bancário.

O Banco Central utiliza o *open market* como um importante instrumento de política monetária, vendendo títulos quando há excesso de recursos na economia ou resgatando-os quando é necessário aumentar a liquidez (mais dinheiro no sistema). No processo de gestão operacional diária dos bancos, alguns podem apresentar excesso de liquidez e outros posição contrária. Nesse caso os bancos poderiam trocar reservas (quem tem liquidez em excesso emprestaria para quem precisa de liquidez). Sem a atuação do governo, a taxa de juros entre os bancos poderia subir ou cair dependendo dos movimentos de oferta e procura; porém, essa taxa é fixada pelo Banco Central — monopolista do mercado de reservas. Ao fixar a taxa de juros primária (Selic) em torno de 26% a.a. para compra e venda de reservas em 2003, os seguintes movimentos poderão ocorrer: se o mercado bancário estiver com excesso de reservas, nenhum banco superavitário emprestará reservas a uma taxa inferior a 26% a.a.; em contrapartida, nenhum banco deficitário pagaria mais do que 26% a.a. para captar recursos no mercado interbancário.

É com esse mecanismo que a taxa de juros básica é balizada em 26% a.a. — taxa válida somente por um dia — e a partir dessa taxa arbitrada pelo Banco Central as demais taxas de juros são formadas no mercado, daí o nome de taxa básica ou primária. O Selic (Sistema Especial de Liquidação e Custódia) foi criado em 1972 para simplificar, controlar, movimentar e ofertar publicamente e sistematizar a negociação e custódia de títulos públicos no mercado (reservas bancárias). A sua gestão é de responsabilidade do Banco Central e da Andima (Associação Nacional das Instituições do Mercado Aberto). É basicamente um sistema *real time* onde as instituições credenciadas registram e liquidam os negócios realizados com títulos públicos. Ou seja, eletronicamente (online) é transferida a titularidade ao banco comprador e creditado ao banco vendedor — ambos acompanham a transparência e validação da operação. É possível acompanhar os volumes diários de títulos negociados no Selic através de publicação da Andima e jornais de negócios.

As figuras a seguir mostram as taxas compatíveis com a nossa taxa Selic praticadas em diversos países do mundo.

Figura 3

Financial markets

	Currency units per $ Jan 1st	Currency units per $ year ago	Currency units per £ Jan 1st	Interest rates short-term % p.a.	Stockmarkets Jan 1st	one week	% change on Dec 31st 2001 in local currency	% change on Dec 31st 2001 in $ terms
China	8.28	8.28	13.3	na	1,419.1**	−4.5	− 17.1	− 17.2
Hong Kong	7.80	7.80	12.6	1.50	9,321.3**	−2.5	− 18.2	− 18.2
India	48.0	48.2	77.2	5.47	3,390.1	+1.1	+ 3.9	+ 4.4
Indonesia	8,950	10,415	14,406	13.67	424.9††	−0.2	+ 8.4	+ 26.0
Malaysia	3.80	3.80	6.12	3.10	646.3**	+0.8	− 7.1	− 7.1
Philippines	53.4	51.7	85.9	7.13	1,018.4††	+0.9	− 12.8	− 15.7
Singapore	1.73	1.85	2.79	0.81	1,341.0**	+0.3	− 17.4	− 12.1
South Korea	1,186	1,312	1,909	4.90	627.6‡‡	−7.4	− 9.5	+ 0.2
Taiwan	34.7	35.0	55.8	1.75	4,452.4**	−0.7	− 19.8	− 19.0
Thailand	43.1	44.2	69.4	1.92	356.5††	+0.9	+ 17.3	+ 20.3
Argentina	3.37	1.00	5.42	6.30	525.0**	+0.3	+ 77.7	− 47.2
Brazil	3.54	2.30	5.70	24.90	11,268.5‡‡	−1.8	− 17.0	− 45.8
Chile	720	654	1,159	2.76	5,019.0‡‡	+0.6	− 7.0	− 14.6
Colombia	2,867	2,290	4,615	7.73	1,608.7‡‡	−0.9	+ 50.2	+ 19.3
Mexico	10.36	9.11	16.7	7.56	6,127.1**	−0.4	− 3.8	− 14.9
Peru	3.50	3.44	5.64	3.56	1,392.0††	−0.7	+ 18.4	+ 16.4
Venezuela	1,389	760	2,235	27.00	8,015.2§	na	+ 22.0	− 33.5
Egypt	4.63	4.59	7.45	5.53	5,371.4**	−1.2	+ 1.9	+ 0.7
Israel	4.77	4.45	7.68	6.14	329.6	−1.7	− 26.2	− 31.7
South Africa	8.6	12.3	13.8	13.45	9,277.2**	−0.9	− 11.2	+ 24.3
Turkey	1,660,000	1,445,500	2,671,936	42.00	10,369.9**	−4.7	− 24.8	− 34.1
Czech Republic	30.1	35.1	48.4	2.59	460.7‡‡	+1.7	+ 16.8	+ 38.0
Hungary	225	271	362	8.38	7,798.3**	−1.1	+ 9.4	+ 33.8
Poland	3.83	3.94	6.16	6.87	14,366.7**	+0.5	+ 3.2	+ 6.5
Russia	32.0	30.5	51.4	21.00	359.1**	+2.2	+ 44.7	+ 38.1
EMF (MSCI)*	1.00	1.00	1.61	na	292.1**	−1.6	na	− 8.0
EMBI+†	1.00	1.00	1.61	na	228.9**	+0.1	na	+ 14.2

*Emerging Mkts Free. †J.P. Morgan Chase's Emerging Mkts Bond Index Plus. ‡ In $ terms. §Nov 29th. **Dec 31st. ††Dec 27th. ‡‡Dec 30th.

Sources: National statistics offices, central banks and stock exchanges: Thomson Datastream; Economist Intelligence Unit; Reuters; UBS Warburg; J.P. Morgan Chase; Hong Kong Monetary Authority; Centre for Monitoring Indian Economy; FIEL; EFG-Hermes; Bank Leumi Le-Israel; Standard Bank Group; Garanti Bank; Deutsche Bank; Russian Economic Trends.

Economist.com/markets Track and chart global stocks and indices, download tables, currency tools and more

Podemos também considerar que juros podem ser a relação percentual existente entre o capital e a sua remuneração. A política monetária do governo federal é um componente básico no processo de formação dos juros finais para o tomador de crédito. O Decreto nº 3.088, de 21 de junho de 1999, estabelece a sistemática de metas para a inflação como diretriz para a determinação do regime de política monetária. Todavia, outros componentes também são importantes e determinantes da taxa de juros final:

Figura 4

	Money supply* % change on year ago		3-mth money market		Interest rates % p.a. (Dec 31st 2002) 2-year	10-year gov't bonds		corporate
	narrow	broad	latest	year ago	gov't bonds	latest	year ago	bonds
Australia	− 8.1	+ 9.7 Nov	4.84	4.25	4.54	5.16	5.91	5.91
Britain	+ 6.8	+ 5.8 Nov	3.97	4.00	3.73	4.39	4.99	5.83
Canada	+ 9.8	+ 6.1 Nov	2.67	1.92	3.04	4.79	5.46	na
Denmark	+ 6.6	+ 6.2 Nov	2.15	3.75	3.08	4.40	5.07	6.80
Japan	+28.6	+ 3.2 Nov	0.02	0.02	0.04	0.90	1.35	na
Sweden	+ 1.8	+ 4.8 Sep	3.55	3.65	3.63	4.63	5.23	4.26
Switzerland	−12.3	+ 5.1 Nov	0.62	1.83	0.81	2.17	3.47	3.18
United States	+ 3.2	+ 6.6 Nov	1.29	1.77	1.55	3.82	5.16	6.19
Euro area†	+ 8.2	+ 7.0 Oct	2.87	3.28	2.72	4.15	4.89	na

*Narrow: M1 except Britain and Sweden M0; broad: M2 or M3 except Britain M4. †Germany for bonds. Benchmarks: US 30-year 4.76%. Japan No.244 0.95%. Central bank rates: US fed funds 1.25%, ECB refinancing 2.75%, BOJ overnight call 0.002%, BOE repo 4.00%. Sources: Commerzbank, Danske Bank, J.P. Morgan Chase, Royal Bank of Canada, Stockholmsborsen, UBS Warburg, Global Insight, Westpac, Thomson Datastream. Rates cannot be construed as banks' offers.

- nível de liquidez da economia;
- expectativa de inflação (quando se tratar de operação prefixada);
- risco do cliente e garantias envolvidas;
- impostos e encargos diretos e indiretos incidentes sobre os vários produtos de crédito;
- custos de captação (*funding*);
- *overhead* das instituições financeiras (despesas de funcionamento);
- lucro das operações.

Tabela 8
Histórico das taxas de juros fixadas pelo Copom e evolução da taxa Selic

Reunião					TBC/ meta da taxa Selic % a.m. (1)	TBAN % a.m. (2)	Taxa Selic % (3)	% a.a. (4)
Nº	Data	Período de vigência						
1ª	26-6-1996	1-7-1996	a	31-7-1996	1,90		1,93	23,28
2ª	30-7-1996	1-8-1996	a	31-8-1996	1,90		1,97	25,01
3ª	21-8-1996	1-9-1996	a	30-9-1996	1,88		1,90	25,40
4ª	23-9-1996	1-10-1996	a	31-10-1996	1,82	1,93	1,86	23,48
5ª	23-10-1996	1-11-1996	a	30-11-1996	1,78	1,90	1,80	25,27

continua

Matemática aplicada à gestão de negócios

Reunião					TBC/ meta da taxa Selic % a.m. (1)	TBAN % a.m. (2)	Taxa % (3)	Selic % a.a. (4)
Nº	Data	Período de vigência						
6ª	27-11-1996	1-12-1996	a	31-12-1996	1,74	1,90	1,80	23,94
7ª	18-12-1996	1-1-1997	a	31-1-1997	1,70	1,88	1,73	21,73
8ª	22-1-1997	1-2-1997	a	28-2-1997	1,66	1,84	1,67	26,14
9ª	19-2-1997	1-3-1997	a	31-3-1997	1,62	1,80	1,64	24,11
10ª	19-3-1997	1-4-1997	a	30-4-1997	1,58	1,78	1,66	21,84
11ª	16-4-1997	1-5-1997	a	31-5-1997	1,58	1,78	1,58	21,91
12ª	21-5-1997	1-6-1997	a	30-6-1997	1,58	1,78	1,61	21,08
13ª	18-6-1997	1-7-1997	a	31-7-1997	1,58	1,78	1,60	19,04
14ª	23-7-1997	1-8-1997	a	31-8-1997	1,58	1,78	1,59	20,78
15ª	20-8-1997	1-9-1997	a	30-9-1997	1,58	1,78	1,59	19,81
16ª	17-9-1997	1-10-1997	a	30-10-1997	1,58	1,78	1,53	19,05
17ª	22-10-1997	1-11-1997	a	30-11-1997	1,58	1,78	(5)	(5)
18ª ex.	30-10-1997	31-10-1997	a	30-11-1997	3,05	3,23	3,18	45,67
19ª	19-11-1997	1-12-1997	a	31-12-1997	2,90	3,15	2,97	39,87
					% a.a. (6)	% a.a. (6)		
20ª	17-12-1997	2-1-1998	a	28-1-1998	38,00	43,00	2,43	37,47
21ª	28-1-1998	29-1-1998	a	4-3-1998	34,50	42,00	2,72	34,20
22ª	4-3-1998	5-3-1998	a	15-4-1998	28,00	38,00	2,74	27,51
23ª	15-4-1998	16-4-1998	a	20-5-1998	23,25	35,25	1,92	23,16
24ª	20-5-1998	21-5-1998	a	24-6-1998	21,75	29,75	1,85	21,23
25ª	24-6-1998	25-6-1998	a	29-7-1998	21,00	28,00	1,86	20,45
26ª	29-7-1998	30-7-1998	a	2-9-1998	19,75	25,75	1,76	19,25
27ª	2-9-1998	3-9-1998	a	10-9-1998	19,00	29,75	0,45	25,49
28ª ex.	10-9-1998	11-9-1998	a	7-10-1998	19,00	49,75	2,58	40,18
29ª	7-10-1998	8-10-1998	a	11-11-1998	19,00	49,75	3,26	42,12
30ª	11-11-1998	12-11-1998	a	16-12-1998	19,00	42,25	3,02	34,93
31ª	16-12-1998	17-12-1998	a	18-1-1999	29,00	36,00	2,16	29,21
32ª	18-1-1999	19-1-1999	a	4-3-1999	25,00	41,00	3,98	37,34
33ª v.r.	4-3-1999	5-3-1999	a	24-3-1999	45,00		2,08	44,95
viés		25-3-1999	a	5-4-1999	42,00		0,84	41,96
viés		6-4-1999	a	14-4-1999	39,50		0,93	39,42
34ª v.r.	14-4-1999	15-4-1999	a	28-4-1999	34,00		1,05	33,92
viés		29-4-1999	a	7-5-1999	32,00		0,77	31,91
viés		10-5-1999	a	12-5-1999	29,50		0,31	29,53
viés		13-5-1999	a	19-5-1999	27,00		0,47	26,96
35ª v.r.	19-5-1999	20-5-1999	a	8-6-1999	23,50		1,09	23,36
viés		9-6-1999	a	23-6-1999	22,00		0,87	21,92
36ª v.r.	23-6-1999	24-6-1999	a	28-7-1999	21,00		1,90	20,88

continua

Reunião			Período de vigência			TBC/ meta da taxa Selic % a.m. (1)	TBAN % a.m. (2)	Taxa Selic % (3)	% a.a. (4)
Nº		Data							
37ª		28-7-1999	29-7-1999	a	1-9-1999	19,50		1,78	19,51
38ª		1-9-1999	2-9-1999	a	22-9-1999	19,50		1,00	19,52
39ª		22-9-1999	23-9-1999	a	6-10-1999	19,00		0,69	19,01
40ª	v.r.	6-10-1999	7-10-1999	a	10-11-1999	19,00		1,59	18,87
41ª		10-11-1999	11-11-1999	a	15-12-1999	19,00		1,67	18,99
42ª		15-12-1999	16-12-1999	a	19-1-2000	19,00		1,74	19,00
43ª		19-1-2000	20-1-2000	a	16-2-2000	19,00		1,45	18,87
44ª		16-2-2000	17-2-2000	a	22-3-2000	19,00		1,59	18,88
45ª	v.r.	22-3-2000	23-3-2000	a	28-3-2000	19,00		0,28	18,94
	viés		29-3-2000	a	19-4-2000	18,50		1,09	18,60
46ª		19-4-2000	20-4-2000	a	24-5-2000	18,50		1,57	18,55
47ª		24-5-2000	25-5-2000	a	20-6-2000	18,50		1,28	18,39
48ª	v.r.	20-6-2000	21-6-2000	a	7-7-2000	17,50		0,76	17,34
	viés		10-7-2000	a	19-7-2000	17,00		0,50	16,96
49ª		19-7-2000	20-7-2000	a	23-8-2000	16,50		1,53	16,51
50ª		23-8-2000	24-8-2000	a	20-9-2000	16,50		1,16	16,54
51ª		20-9-2000	21-9-2000	a	18-10-2000	16,50		1,16	16,60
52ª		18-10-2000	19-10-2000	a	22-11-2000	16,50		1,41	16,56
53ª		22-11-2000	23-11-2000	a	20-12-2000	16,50		1,21	16,38
54ª		20-12-2000	21-12-2000	a	17-1-2001	15,75		1,05	15,76
55ª		17-1-2001	18-1-2001	a	14-2-2001	15,25		1,13	15,19
56ª		14-2-2001	15-2-2001	a	21-3-2001	15,25		1,30	15,20
57ª		21-3-2001	22-3-2001	a	18-4-2001	15,75		1,11	15,84
58ª		18-4-2001	19-4-2001	a	23-5-2001	16,25		1,45	16,30
59ª		23-5-2001	24-5-2001	a	20-6-2001	16,75		1,17	16,76
60ª	v.r.	20-6-2001	21-6-2001	a	18-7-2001	18,25		1,34	18,31
61ª		18-7-2001	19-7-2001	a	22-8-2001	19,00		1,74	18,96
62ª		22-8-2001	23-8-2001	a	19-9-2001	19,00		1,32	19,04
63ª		19-9-2001	20-9-2001	a	17-10-2001	19,00		1,32	19,07
64ª		17-10-2001	18-10-2001	a	21-11-2001	19,00		1,60	19,05
65ª		21-11-2001	22-11-2001	a	19-12-2001	19,00		1,39	19,05
66ª		19-12-2001	20-12-2001	a	23-1-2002	19,00		1,60	19,05
67ª		23-1-2002	24-1-2002	a	20-2-2002	19,00		1,25	19,05
68ª		20-2-2002	21-2-2002	a	20-3-2002	18,75		1,38	18,80
69ª		20-3-2002	21-3-2002	a	17-4-2002	18,50		1,28	18,45
70ª		17-4-2002	18-4-2002	a	22-5-2002	18,50		1,62	18,35
71ª		22-5-2002	23-5-2002	a	19-6-2002	18,50		1,26	18,07
72ª	v.r.	19-6-2002	20-6-2002	a	17-7-2002	18,50		1,35	18,40

continua

Reunião				TBC/ meta da taxa Selic % a.m. (1)	TBAN % a.m. (2)	Taxa Selic % (3)	% a.a. (4)
Nº	Data		Período de vigência				
73ª		17-7-2002	18-7-2002 a 21-8-2002	18,00		1,64	17,86
74ª	v.r.	21-8-2002	22-8-2002 a 18-9-2002	18,00		1,31	17,87
75ª		18-9-2002	19-9-2002 a 14-10-2002	18,00		1,18	17,90
76ª	ex.	14-10-2002	15-10-2002 a 23-10-2002	21,00		0,53	20,90
77ª		23-10-2002	24-10-2002 a 20-11-2002	21,00		1,44	20,90
78ª		20-11-2002	21-11-2002 a 18-12-2002	22,00		1,58	21,90
79ª		18-12-2002	19-12-2002 a 22-1-2003	25,00			

Fonte: <www.bcb.gov.br>.

(1) No período de 1 de julho de 1996 a 4 de março de 1999, o Copom fixava a TBC e, a partir de 5 de março de 1999, com a extinção desta, passou a divulgar a meta para a taxa Selic para fins de política monetária.

(2) A TBAN foi criada em 28 de agosto de 1996 e extinta em 4 de março de 1999.

(3) Taxa de juros acumulada no período.

(4) Taxa média diária de juros, com base em 252 dias úteis por ano.

(5) As taxas de juros fixadas na 17ª reunião não entraram em vigor.

(6) A partir de 2 de janeiro de 1998, as taxas de juros passaram a ser fixadas na expressão anual.

Convenção:

ex. — reunião extraordinária;

v.r. — reunião em que a meta para a taxa Selic foi fixada com viés de redução;

v.e. — reunião em que a meta para a taxa Selic foi fixada com viés de elevação;

viés — utilização da faculdade para alterar a meta para a taxa Selic entre reuniões do Copom.

ASPECTOS LEGAIS APLICÁVEIS

No Brasil, há vasta regulamentação a respeito de juros. Em primeiro lugar, cabe distinguir entre os juros praticados por instituição financeira (bancos, sociedades de arrendamento mercantil, corretoras, distribuidoras e outras instituições integrantes do Sistema Financeiro Nacional) dos juros praticados por particulares em geral (pessoas físicas e pessoas jurídicas que não se qualificam como instituição financeira).

No primeiro caso, prevalece o princípio da liberdade na estipulação dos juros, devendo-se observar, contudo, o seguinte: as institui-

continua

ções financeiras são proibidas de praticar o anatocismo (cobrança de juros sobre juros em períodos inferiores a um ano; Decreto nº 22.626, de 7 de abril de 1933 — a Lei de Usura —, art. 4º, combinado com a Súmula nº 121, do Supremo Tribunal Federal; importante observar que a mesma regra foi adotada no Novo Código Civil), ressalvadas, porém, as hipóteses expressamente autorizadas na legislação (Súmula nº 93 do Superior Tribunal de Justiça. No momento, a Medida Provisória nº 2.170, sucessivamente reeditada, procura ampliar tal regra de exceção para toda e qualquer operação realizada por instituição financeira); a cobrança de juros pelas instituições financeiras deve obedecer às regras contidas na regulamentação baixada pelo Banco Central do Brasil.

No segundo caso, prevalece a regra geral contida na Lei de Usura, ou seja, juros remuneratórios são limitados a uma taxa máxima de 12% ao ano, sendo ainda vedado o anatocismo.

Em matéria de juros moratórios, importa notar que, no âmbito das instituições financeiras, a prática que tem prevalecido é no sentido de se cobrar a chamada comissão de permanência (que, em princípio, reflete o custo incorrido pelo banco para a rolagem do *funding* que deixou de ser pago em seu vencimento) e juros moratórios de 1% ao mês. Contudo, diante da crescente jurisprudência contrária à cobrança da comissão de permanência, é possível que, futuramente, essa prática cesse.

Em relação às operações entre particulares, a regra que passou a vigorar com a vigência do Novo Código Civil (Lei nº 10.406, de 10 de janeiro de 2002) é no sentido de que os juros moratórios podem ser fixados às mesmas taxas aplicáveis para a mora no pagamento de impostos devidos à Fazenda Nacional.

Importa esclarecer, por fim, que, ao lado das regras gerais já citadas, há diversas outras regras tratando de aspectos bastante específicos ao redor do tema juros. Assim, confira-se, por exemplo, a Lei nº 1.521, de 26 de dezembro de 1951, que define como crime contra a economia popular a cobrança de juros a taxas superiores àquelas permitidas por lei; a Lei nº 7.492, de 16 de junho de 1986, que considera crime contra o Sistema Financeiro Nacional (crime do colarinho branco) a exigência de juros em desacordo com a legislação vigente; a Lei nº 8.078, de 11 de setembro de 1990 (Código de Defesa do Consumidor), que exige, entre outras coisas, a divulgação clara e precisa do valor dos juros cobrados nos financiamentos ao consumidor.

Formas de capitalização

No Brasil, a questão dos juros é bastante complexa, principalmente pela quantidade de leis e normativas que disciplinam a questão.

- Constituição da República Federativa do Brasil, de 5 de outubro de 1988, art. 192, §3º — proíbe a cobrança de juros reais, incluindo comissões e quaisquer outras remunerações direta ou indiretamente referidas à concessão de crédito, superiores a 12% ao ano.
- Decreto-lei nº 22.626, de 7 de abril de 1933 — proíbe a cobrança de juros acima de 12% ao ano.
- Lei nº 1.521/51 (da Economia Popular) — proíbe cobrar taxas de juros superiores às já previstas.
- Lei nº 4.595, de 31 de dezembro de 1964 — reza que a política do Conselho Monetário Nacional (CMN) deve objetivar "zelar pela liquidez e solvência das instituições financeiras...".
- Resolução nº 1.559, de 22 de dezembro de 1988, do Banco Central do Brasil — "É vedado às instituições financeiras realizar operações que não atendam aos princípios de seletividade, garantia, liquidez e diversificação de riscos".
- Portaria nº 14, de 22 de junho de 1998, da Secretaria de Direito Econômico (esclarece artigos da Lei nº 8.078/90 — Código de Defesa do Consumidor) — estabelece que os juros, no caso de financiamento ou venda a prazo, quando ajustados entre o consumidor e o fornecedor, não estarão incidindo em qualquer ferimento à lei.

Observem que a riqueza de base legal é suficientemente ampla, o que pode gerar muita confusão entre credores e devedores. De qualquer forma, os juros podem ser caracterizados como:

- *preço do crédito* — numa dimensão em relação ao tempo, representa o preço de troca de ativos em momentos diferentes. Receber uma determinada quantidade de recursos hoje é melhor do que receber a mesma quantidade amanhã. Assim, os juros recebidos pela não-disponibilidade imediata (hoje) do recurso devem remunerar o adiamento do consumo. Portanto, qualquer que seja a taxa ou forma de capitalização (simples, composta ou infinitesimal), os juros recebidos sempre refletirão o sacrifício de poupar, ou seja, a postergação do consumo;
- *aluguel pago pelo devedor, pelo uso de um bem do credor (dinheiro neste caso)* — este aluguel também está sujeito às variáveis fundamentais de mercado, ou seja, os movimentos de oferta e procura de dinheiro.

Apesar dos aspectos relacionados a seguir, os juros podem ser resumidos e simplificados como a diferença entre dois valores em tempos distintos (valor presente e valor futuro ou diferença em relação ao valor presente e uma série de valores futuros).

- Instrumentos de política monetária (*open market*) — poder que o governo tem sobre a fixação da taxa básica de juros, taxa Selic.
- Teorias sobre maturidade e formação de juros:
  - a teoria das expectativas propõe que as taxas de juros de longo prazo sejam representadas pela média geométrica das taxas de juros correntes, e as taxas de juros correntes representem uma projeção das taxas futuras;
  - a teoria da preferência pela liquidez estabelece pressupostos relacionando juros com o tempo (prazo). Propõe que os rendimentos de ativos de longo prazo devam ser superiores aos rendimentos de ativos de curto prazo. Os ativos de maior prazo de maturidade devem incorporar remuneração adicional em função do risco associado;
  - a teoria da segmentação propõe que exista um equilíbrio entre as preferências dos agentes econômicos e, também, nos prazos dos ativos financeiros. Assim, as taxas de juros são estabelecidas pelos tradicionais mecanismos de oferta e procura em cada segmento.

Juros simples, juros compostos e juros contínuos ou infinitesimais

A questão dos juros simples e compostos está relacionada com a forma de capitalização do capital no tempo, ou seja, como e se os juros de cada período de capitalização serão incorporados ao capital. Denominamos juros simples aqueles em que o processo de capitalização é simples, ou seja, ao final do período, os juros devidos não são incorporados ao capital para se determinar os juros do próximo período de capitalização. Assim, a taxa tem comportamento linear no tempo, podendo ser calculada de forma proporcional através de divisões e multiplicações. Exemplos:

- 12% ao ano = 1% ao mês;
- 0,5% ao mês = 6% ao ano;
- um empréstimo de R$100 a 5% ao mês, após quatro meses, deverá ser pago com R$120 = R$100 + (R$100 × 4 × 5%).

Os juros simples no Brasil são utilizados principalmente para:

- cálculo do IOF (imposto sobre empréstimos);
- determinação dos encargos financeiros na maioria dos empréstimos no âmbito do sistema BNDES (TJLP + *spread* básico + *spread* de risco);

- cálculo de mora em caso de atraso de obrigação pecuniária;
- operações e negócios entre empresas e consumidores fora do mercado bancário (empresas não-financeiras).

Os juros compostos no Brasil são aplicados principalmente para operações e negócios realizados por instituições financeiras.

Aspectos legais aplicáveis

Historicamente, a capitalização do juros sempre foi vista com reserva, tanto que o anatocismo é proibido há tempos, como já mencionado. Entretanto, os juros compostos se tornaram uma realidade inescapável com a aceleração do processo inflacionário e a adoção de mecanismos de indexação na economia. Assim é que, ao longo dos anos, instituiu-se como prática generalizada o pagamento de juros compostos tanto nas captações efetuadas pelos bancos, como também nos empréstimos por eles realizados.

Mais recentemente, contudo, diversos tomadores de recursos decidiram questionar a prática de capitalização de juros pelas instituições financeiras. Por causa da complexidade da legislação e da existência de inúmeras regras de exceção, não se afigura oportuno discutir o assunto em profundidade neste momento. Entretanto, é preciso deixar claro que, em diversas situações, a legislação admite a cobrança de juros compostos, o que justifica o seu estudo.

Podemos ainda partir do pressuposto básico de que juros (R$) consistem no valor que representa a diferença entre:
- dois valores — valor presente e valor futuro;
- valor(es) presente(s) e valor(es) futuro(s), uniformes ou não.

Assim, é necessário convencionar de que forma essa diferença será demonstrada através da capitalização, com uma determinada taxa de juros (i) em relação ao tempo (n).

Tomemos como exemplo um empréstimo:
- valor presente (capital) — R$100,00;

- taxa de juros (i) — 10% ao mês;
- prazo (n) — 12 meses.

Existem basicamente três formas de capitalizar juros no tempo, a fim de determinar o valor futuro.

Juros simples (Csimpl = capitalização de juros simples ou linear)

Nesta modalidade, os juros (aluguel) incidem somente sobre o valor principal ou valor presente (capital), ou seja, os juros de cada operação são incorporados apenas sobre o capital — juros não incorporados na mesma data do seu cálculo (juros não reinvestidos), e o montante (*VF*) a ser pago no futuro pode ser calculado da seguinte forma:

$$VF = VP + (VP \times n \times i)$$

Onde:
VF = valor futuro ou montante;
VP = valor presente ou capital;
i = taxa de juros;
n = prazo da operação.

$$VF = R\$100{,}00 + (R\$100{,}00 \times 12 \times 0{,}1)$$

$$VF = R\$220{,}00$$

Juros compostos (Ccomp = capitalização de juros composta ou exponencial)

Nesta modalidade, os juros são apropriados ou capitalizados com base no valor principal mais os juros do período de capitalização. Daí a expressão "juros sobre juros" ou anatocismo. Assim, os juros são incorporados na mesma data de seu cálculo; isto é, são reinvestidos no fluxo.

O montante (*VF*) de um capital pode ser calculado da seguinte forma:

$$VF = VP \times (1 + i)^n$$

Onde:
VF = valor futuro ou montante;
VP = valor presente ou capital;
i = taxa de juros a ser capitalizada;
n = prazo de capitalização.

$$VF = R\$100{,}00 \times (1 + 0{,}1)^{12}$$

$$\boxed{VF = R\$313{,}84}$$

Juros contínuos (Ccont = capitalização de juros contínua ou infinitesimal)

Esta é uma forma diferenciada de apropriar juros, onde o valor principal é submetido a capitalizações com base no $e = 2{,}718282$ (número utilizado no cálculo de logaritmos neperianos). A aplicação de capitalização contínua se justifica quando o número de capitalizações for muito grande, geralmente tendendo a infinito.

$$\boxed{VF = VP \times e^{i \times n}}$$

Onde:
VF = valor futuro ou montante;
VP = valor presente ou capital;
i = taxa de juros a ser capitalizada (Csimpl, Ccomp ou Ccont);
n = prazo de capitalização;
e = 2,718282 (número utilizado no cálculo de logaritmos neperianos).

$$VF = R\$100{,}00 \times 2{,}718282^{(0{,}1 \times 12)}$$

$$\boxed{VF = R\$332{,}01}$$

A tabela 9 e a figura 5 comparam o valor futuro de um empréstimo de R$100, a juros de 10% ao mês, pelo prazo de 12 meses, pelos diferentes métodos de capitalização: simples, composto e contínuo.

Tabela 9
Valor futuro

Mês	Csimpl	Ccomp	Ccont
0	100,00	100,00	100,00
1	110,00	110,00	110,52
2	120,00	121,00	122,14
3	130,00	133,10	134,99
4	140,00	146,41	149,18
5	150,00	161,05	164,87
6	160,00	177,16	182,21
7	170,00	194,87	201,38
8	180,00	214,36	222,55
9	190,00	235,79	245,96
10	200,00	259,37	271,83
11	210,00	285,31	300,42
12	220,00	313,84	332,01

Figura 5
Valor futuro (R$)

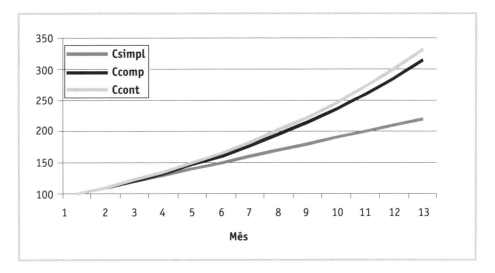

Taxas de juros equivalentes

Taxas equivalentes são taxas que produzem montantes (valores futuros) idênticos ou equivalentes em relação a um mesmo capital de prazo. Por exemplo, 5,95% ao mês (5,9463094% para ser exato) e 100% ao ano são equivalentes porque produzem o mesmo montante em prazo idêntico. Para o aplicador é indiferente aplicar recursos à taxa de 5,95% ao mês ou a 100% ao ano.

A tabela 10 explica o comportamento (em %) das taxas equivalentes considerando juros de 10% ao mês.

Tabela 10
Taxas equivalentes

Mês	Csimpl	Ccomp	Ccont
0	0,00	0,00	0,00
1	10,00	10,00	10,52
2	20,00	21,00	22,14
3	30,00	33,10	34,99
4	40,00	46,41	49,18
5	50,00	61,05	64,87
6	60,00	77,16	82,21
7	70,00	94,87	101,38
8	80,00	114,36	122,55
9	90,00	135,79	145,96
10	100,00	159,37	171,83
11	110,00	185,31	200,42
12	120,00	213,84	232,01

Para minimizar as muitas confusões que existem no mercado em relação às taxas e aos sistemas de capitalização (simples, composto, efetivo, real, linear, juros por fora, juros por dentro etc.), seria bastante útil uma padronização para determinadas operações, principalmente quando envolver venda a prazo e financiamento ao público em geral (consumidores pessoas físicas e micro e pequenas empresas) que tem maior dificuldade em lidar com essas questões de natureza técnica. Talvez o Banco Central seja a autoridade mais apta a promover essa padronização.

ASPECTOS LEGAIS APLICÁVEIS

A padronização de cálculos é uma medida de grande importância, especialmente por eliminar incertezas durante as negociações. Nesse sentido, a Andima (Associação das Instituições do Mercado Aberto), por exemplo, tem trabalhado arduamente para padronizar os critérios de cálculo de remuneração aplicáveis a debêntures (o trabalho de orientação sobre cálculos pode ser encontrado no site da entidade — <www.andima.com.br>), para facilitar sua negociação pelos bancos, como também nos empréstimos por eles realizados.

O sistema de capitalização contínua é utilizado apenas para cálculos atuariais. Nas operações de mercado financeiro, é comum a prática de juros compostos e, em algumas situações, juros simples. Nos EUA, as taxas infinitesimais são mais comuns nas operações de longo prazo no mercado financeiro. Observe na tabela 11 uma taxa de juros de 100% ao ano e as suas respectivas taxas equivalentes (capitalizações simples e composta), ao longo de um período de 24 meses.

Tabela 11
Taxas equivalentes

Mês	Csimpl (%)	Ccomp (%)
0	0,00	0,00
1	8,33	5,95
2	16,67	12,25
3	25,00	18,92
4	33,33	25,99
5	41,67	33,48
6	50,00	41,42
7	58,33	49,83
8	66,67	58,74
9	75,00	68,18
10	83,33	78,18
11	91,67	88,77
12	**100,00**	**100,00**
13	108,33	111,89
14	116,67	124,49
15	125,00	137,84
16	133,33	151,98
17	141,67	166,97
18	150,00	182,84
19	158,33	199,66
20	166,67	217,48
21	175,00	236,36
22	183,33	256,36
23	191,67	277,55
24	200,00	300,00

Quadro 1

Período/mês	Taxas equivalentes a 100% ao ano
1º ao 11º mês	Os juros compostos apresentam equivalência mensal inferior em relação aos juros simples
12º mês	Os juros compostos apresentam equivalência mensal igual aos juros simples
A partir do 12º mês	Os juros compostos apresentam equivalência mensal superior em relação aos juros simples

Figura 6
Taxa equivalente (%)

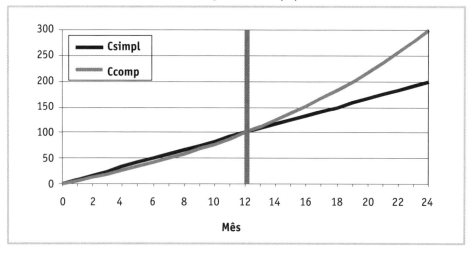

No 12º mês há um ponto de inflexão em relação às taxas simples e compostas.

Por exemplo, um empréstimo de R$100,00, para pagamento único ao final de um período que pode variar de um a 24 meses, a uma taxa equivalente a 100% ao ano, terá o comportamento de juros em % como na tabela 11, e na tabela 12, em R$.

Tabela 12
Juros em R$

Mês	Csimpl	Ccomp
0	0,00	0,00
1	8,33	5,95
2	16,67	12,25
3	25,00	18,92
4	33,33	25,99
5	41,67	33,48
6	50,00	41,42

continua

Mês	Csimpl	Ccomp
7	58,33	49,83
8	66,67	58,74
9	75,00	68,18
10	83,33	78,18
11	91,67	88,77
12	100,00	100,00
13	108,33	111,89
14	116,67	124,49
15	125,00	137,84
16	133,33	151,98
17	141,67	166,97
18	150,00	182,84
19	158,33	199,66
20	166,67	217,48
21	175,00	236,36
22	183,33	256,36
23	191,67	277,55
24	200,00	300,00

Quadro 2

Período/mês	Comportamento dos juros mensais (R$)
1º ao 11º mês	O montante apurado de juros simples é maior do que o montante de juros apurado por juros compostos
12º mês	O montante apurado de juros simples é igual ao montante de juros apurado por juros compostos
A partir do 13º mês	O montante apurado de juros simples é menor do que o montante de juros apurado por juros compostos

Quadro 3

Regime de capitalização	Características
Linear (juros simples)	Os juros de cada operação são incorporados ao capital inicial (VP) somente ao final da operação; ou seja, os juros (aluguel pelo uso do capital) não são incorporados na mesma data do seu cálculo (juros não reinvestidos).
Composta (juros compostos)	Os juros de cada operação são incorporados ao capital inicial (VP) que deu origem ao cálculo desses juros; ou seja, os juros são incorporados na mesma data do seu cálculo (juros são reinvestidos).
Contínua (juros infinitesimais)	Juros são aplicados de forma proporcional, por um número muito grande de períodos, geralmente tendendo a infinito. Os juros de cada operação são incorporados ao capital inicial (VP) na mesma data do cálculo (juros são reinvestidos).

Para calcular uma taxa equivalente, a expressão desenvolvida por Mathias e Gomes (1979:127) pode ser utilizada:

$$I_q = \sqrt[q]{1+i} - 1$$

Onde:
I_q = taxa de juros equivalente relativa a uma parte de um intervalo de tempo;
q = número de partes do intervalo de tempo considerado.

Aplicando a expressão do exemplo anterior, temos a seguinte taxa de juros mensal, equivalente a 100% ao ano:

❑ $q = 12$ meses;
❑ $i = 100\%$ ao ano.

$$I_{12} = \sqrt[12]{1+1} - 1$$

$I_{12} = 0,059463094$
$I_{12} = 5,95\%$ ao mês (valor arredondado com duas casas após a vírgula).

Juros racionais e percentuais

Não é raro encontrarmos profissionais, geralmente não oriundos das áreas de economia e finanças, com dúvida acerca dessa questão básica envolvendo juros racionais e percentuais. Por exemplo, um empréstimo de R$100 que deverá ser pago após 30 dias por R$110. A taxa de juros racional representa a remuneração de uma unidade de capital (R$).

$$i \text{ (racional)} = \frac{i \text{ percentual}}{100}$$

i (racional) $= 0,1$

$$i \text{ (percentual)} = i \text{ (racional)} \times 100$$

i (percentual) $= 10\%$ ao mês

O i **(percentual)** é a taxa adequada para ser utilizada no processo de comunicação comercial, propaganda, divulgação e formalização de contratos. O i (racional) já é adequado somente para realização de cálculos financeiros e solução de equações matemáticas e deve ser evitado no processo de comunicação, pode confundir os participantes.

Juros nominais e efetivos

Para calcular os juros incidentes sobre determinado capital devemos observar se a taxa i (percentual) está expressa no prazo adequado em que os juros são devidos. Por exemplo:

- uma operação cujo prazo final de pagamento (principal + juros) é após um ano, exige que se trabalhe com uma taxa de juros para o prazo de um ano;
- para cálculo do valor da prestação mensal — i (racional) — de um empréstimo com pagamentos periódicos e consecutivos (principal + juros, tabela Price), deve-se trabalhar com uma taxa de juros para 30 dias.

A maioria dos produtos comercializados pelo mercado financeiro possui preço expresso em taxa de juros i (percentual). O dia é a menor unidade de tempo para fins de cálculo e divulgação de juros no mercado. A partir de uma determinada taxa diária, os vários produtos são comercializados e operados de maneira diferente: a taxa divulgada i (percentual) para o CDB, por exemplo, é expressa em % ao ano, porém a maioria das operações é realizada com prazo inferior a um ano — geralmente 30 dias.

A taxa de juros nominal é o que podemos denominar uma taxa de referência usada para montagem de operações financeiras ou não. É importante que a forma de cálculo seja previamente estabelecida e acertada entre as partes a fim de evitar possíveis questionamentos metodológicos *a posteriori*. Já a taxa de juros efetiva representa a taxa de juros obtida entre os valores inicial e final, ou de um fluxo de caixa, da operação. Assim, a taxa de juros efetiva obedece à equivalência entre os capitais que compõem o fluxo total da operação; isto é, a soma algébrica dos capitais (entradas e saídas em regime de caixa) de uma operação é sempre igual a zero em qualquer data, quando calculados com a taxa de juros efetiva.

O exemplo mais clássico que podemos adotar para exemplificar essa questão é a tradicional caderneta de poupança. Ela oferece atualmente ao aplicador (poupador), uma rentabilidade de 6% ao ano, além da variação da TR (taxa referencial). Podemos definir essa taxa de 6% ao ano como taxa de juros nominal. Todavia, as capitalizações dos juros são mensais. Assim, podemos calcular a taxa de juros anual efetiva dessa popular forma de aplicação no Brasil.

Juros mensais proporcionais = 6% a.a. / 12 meses
Juros mensais proporcionais = 0,5% ao mês

Os juros mensais proporcionais de 0,5% sofrem capitalizações mensais. Dessa forma, a taxa de juros de 0,5% ao mês pode ser denominada taxa de juros mensal efetiva, pois o poupador receberá 0,5% ao mês sobre o valor do capital aplicado na data de início da aplicação. Portanto, a seguir demonstramos como os juros nominais de 6% ao ano se transformam em juros efetivos de 6,1677812% ao ano.

> *Juros anuais efetivos* = $[(1 + 0{,}005)^{12} - 1] \times 100$
>
> *Juros anuais efetivos* = 6,1677812%

Juros antecipados e postecipados

Os aspectos sobre antecipação ou postecipação dos juros estão relacionados ao momento em que os juros da operação são pagos ou cobrados pelo credor. Os juros antecipados são aplicados em operações específicas em que os juros são cobrados:

- de uma só vez no início da operação (independentemente do principal), tais como desconto de duplicatas, *factoring* etc.;
- em qualquer sistema de amortização (pagamento parcelado) que capitalize os juros no início de cada período de capitalização — este sistema não é comum no mercado brasileiro.

Os juros postecipados são aplicados em operações em que os juros são cobrados:

- de uma só vez ao final do prazo da operação;
- em qualquer sistema de amortização (pagamento parcelado) que capitalize os juros no final de cada período de capitalização — a tabela Price por exemplo é comum no mercado brasileiro.

Aspectos legais aplicáveis

Do ponto de vista legal, é interessante observar que, recentemente, o Banco Central do Brasil editou a Resolução nº 2.878, de 26 de julho de 2001, por meio da qual foram instituídas várias regras que têm por objetivo exigir dos bancos maior transparência em suas operações. Assim, especificamente no que concerne a juros, devem os bancos explicitar com clareza os critérios de apropriação de juros, de modo a facilitar a compreensão dos encargos a serem assumidos por seus clientes.

Juros reais

Essas nomenclaturas sobre juros podem até causar confusão, principalmente para os que não estão familiarizados com as aplicações no âmbito dos campos acadêmico e do mercado. O conceito de juros reais é um pouco mais sofisticado e decorre de operações de mercado e de tributação que envolvem apuração de taxa após determinado índice de inflação.

A inflação é o fenômeno conhecido como o aumento persistente e contínuo de preços de bens e serviços. A conseqüência direta é que a moeda perde seu poder aquisitivo. Por exemplo, se a inflação for de 200% ao ano, implica que, em média, os preços dos produtos triplicaram. Se antes da inflação R$500 compravam determinado produto, após a inflação de 200%, compram apenas 1/3 desse produto.

Lidar com a inflação é uma tarefa muito difícil nos campos dos negócios e da matemática, pois existem muitos fatores que afetam a inflação: escassez de produtos, déficit e emissão de dinheiro pelo governo, balanço de pagamentos desequilibrado etc. Outro aspecto que dificulta a tomada de decisão em ambiente inflacionário é a diversidade de indicadores e institutos que medem a variação de preços: FGV, Fipe, IBGE, sindicatos etc.

Assim, podemos definir juros reais como os juros efetivos de uma operação num determinado período, menos a variação da inflação no período. Os juros reais (r) de uma operação, dadas uma taxa de inflação (f) e uma taxa de juros (i), podem ser expressos da seguinte forma, na modalidade de capitalização juros compostos:

$$r = \left[\frac{1+i}{1+f} - 1\right] \times 100$$

A análise e o acompanhamento das taxas de juros e inflação são fundamentais para o equilíbrio dos mercados e dos produtos financeiros existentes. Por exemplo, uma pessoa que aplicou recursos por 30 dias num CDB, com remuneração líquida após o imposto de renda de 1,2% a.m. e inflação no período da aplicação (30 dias) de 0,65%, os juros reais auferidos pelo aplicador foram de:

- 0,5464% (juros compostos) = $\left[\frac{1 + 0,012}{1 + 0,0065} - 1\right] \times 100$

- 0,55% (juros simples) = 1,2% – 0,65%.

A tabela 13 mostra o caso de uma aplicação financeira *versus* inflação.

Tabela 13

Mês	Remuneração	Inflação	Remuneração (juros) real auferida pelo aplicador (juros simples)	Remuneração (juros) real auferida pelo aplicador (juros compostos)
1	1%	1%	1% − 1% = 0	1% − 1% = 0
2	1%	0,5%	1% − 0,5% = 0,5%	1% − 0,5% = 0,4975124%
3	1%	1,5%	1% − 1,5% = −0,5% (perda)	1% − 1,5% = −0,49261084% (perda)

Em juros compostos:

$$\text{Mês } 2 = \left[\frac{(1 \div 100) + 1}{(0,5 \div 100) + 1} - 1\right] \times 100$$

$$\text{Mês } 3 = \left[\frac{(1 \div 100) + 1}{(1,5 \div 100) + 1} - 1\right] \times 100$$

A tabela 14 traz a variação mês-a-mês da taxa Selic e do IGP-M no ano de 2002.

Tabela 14

2002	Selic (%)	IGP-M (%)
Janeiro	1,53	0,36
Fevereiro	1,25	0,06
Março	1,37	0,09
Abril	1,48	0,56
Maio	1,42	0,83
Junho	1,33	1,54
Julho	1,54	1,95
Agosto	1,44	2,32
Setembro	1,38	2,40
Outubro	1,65	3,87
Novembro	1,54	5,19
Dezembro	1,74	3,75

Calculamos na tabela 15 a variação percentual acumulada durante o ano da taxa Selic e do IGP-M.

Tabela 15

2002	Selic % mês	Selic % acumulado	IGP-M % mês	IGP-M % acumulado
Janeiro	1,53	1,53	0,36	0,36
Fevereiro	1,25	2,80	0,06	0,42
Março	1,37	4,21	0,09	0,51
Abril	1,48	5,76	0,56	1,07
Maio	1,42	7,25	0,83	1,91
Junho	1,33	8,68	1,54	3,48
Julho	1,54	10,35	1,95	5,50
Agosto	1,44	11,94	2,32	7,95
Setembro	1,38	13,49	2,40	10,54
Outubro	1,65	15,36	3,87	14,82
Novembro	1,54	17,13	5,19	20,78
Dezembro	1,74	19,18	3,75	25,31

Considerando que a taxa Selic é a taxa básica de referência (livre de risco) para o mercado e o IGP-M a inflação do período, podemos calcular os juros reais básicos praticados no Brasil em 2002, usando o IGP-M como indicador da inflação do período.

$$\text{Juros reais em } 2002 = \left[\frac{(19{,}18 \div 100) + 1}{(25{,}31 \div 100) + 1} - 1 \right] \times 100$$

Juros reais em 2002 = –5,69% ao ano

Assim, com base na inflação medida pelo IGP-M, os juros reais básicos praticados no Brasil em 2002 foram negativos em 5,69% ao ano.

Figura 7
% acumulado (ano)

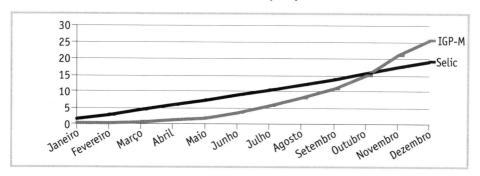

Aspectos legais aplicáveis

Juridicamente, o termo juros reais é empregado por oposição a juros nominais. Assim, quando alguém empresta R$100 e, depois de algum tempo, recebe de volta R$110, é preciso distinguir o que são juros nominais dos juros reais. No primeiro caso, a operação é simples: ela consiste em calcular a diferença entre o valor resgatado (R$110) e o valor aplicado (R$100). Se o valor assim encontrado for positivo, isso significará juros nominais positivos (no exemplo dado, R$10). No segundo caso, adota-se procedimento semelhante, com a única diferença de que o valor aplicado é atualizado monetariamente até a data do resgate. Nessa hipótese, o que se procura fazer é apurar o efetivo acréscimo patrimonial que o emprestador auferiu.

Durante os anos em que as taxas de inflação se mantiveram elevadas, os juros reais eram base de cálculo do imposto de renda na fonte cobrado em aplicações financeiras. Contudo, com o recrudescimento do processo inflacionário, a tributação voltou a se basear nos juros nominais, como se faz, por sinal, em diversos outros países.

Um país que permite a existência de mecanismos legais e estruturados que acabam se transformando em verdadeiros esquemas para proteção de "inadimplentes espertos", precisa refletir melhor sobre a estruturação de certos aspectos.

- Por que no Brasil existe uma "indústria" que vive dos inadimplentes?
- Por que a taxa Selic atual ronda os 25% ao ano, a maioria das aplicações financeiras renumera em torno de 0,8% ao mês e o cheque especial para o cliente pessoa física e pequena pessoa jurídica cobra 250% ao ano?
- Por que o segmento empresarial tem pouco acesso ao crédito?

Juros e correção monetária

Juros são a remuneração do capital, enquanto a correção monetária tem como função básica atualizar o poder de compra do capital no tempo. Tomemos como exemplo o clássico caso de uma instituição financeira que capta recursos através de caderneta de poupança para financiar mutuários (pessoas físicas) que desejam adquirir imóveis residenciais.

Abordaremos agora os principais aspectos relativos a juros e correção monetária exemplificados na figura 8 — clássica operação de financiamento para aquisição de imóvel residencial.

Figura 8

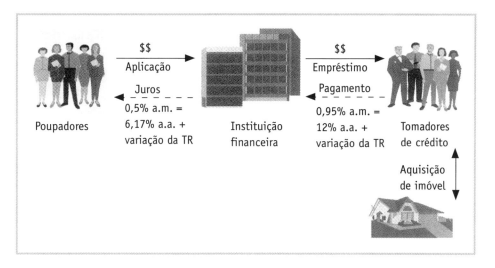

Quadro 4

Poupador	Instituição financeira	Tomador de crédito
Poupa recursos = aplica, recebe juros de 0,5% a.a. + TR (indexador)	Atua como intermediário do capital = capta recursos do poupador e empresta ao tomador de crédito	Empresta recursos para aquisição de imóvel = paga juros de 0,95% a.m. + TR (indexador)
Juros	Recebidos pelo poupador e pagos pelo tomador = composto, conforme analisado	
Indexador	Taxa referencial = funciona como um instrumento de proteção contra possível perda de poder aquisitivo do capital, ou seja, objetiva recompor/manter o valor do capital ao longo da operação. A legislação que instituiu o Plano Real somente permite indexação de operações cujo prazo seja superior a 12 meses	
O ganho ou margem bruta da instituição financeira é a diferença entre os juros cobrados do tomador e os juros pagos para o poupador = 0,95% a.m. – 0,5% a.m. ou 12% – 6,15% quando capitalizados anualmente		

Aspectos legais aplicáveis

Com a aceleração do processo inflacionário no Brasil — que se iniciou já na década de 1950 —, as autoridades monetárias decidiram introduzir mecanismos de correção monetária.

Embora esses mecanismos tivessem sido duramente criticados, o fato é que sem eles os poupadores não tinham qualquer incentivo para manter depósitos junto às instituições financeiras (havia o risco de a inflação absorver parcela substancial ou mesmo a totalidade dos juros) e as próprias instituições corriam sérios riscos ao emprestar recursos (pois a inflação poderia eliminar quaisquer retornos oriundos da cobrança de juros).

A correção monetária, ao neutralizar alguns dos efeitos nocivos do processo inflacionário, acabava contribuindo para alimentar o próprio processo inflacionário. Por essa razão, vários planos econômicos introduzidos já a partir da década de 1980 (Plano Cruzado, Plano Cruzado Novo, Plano Bresser), na vã tentativa de eliminar o processo inflacionário por decreto, congelavam índices de correção monetária ou ainda interferiam de modo indevido em sua aplicação. A história mostrou que o máximo que esses planos conseguiam era estabilizar o processo inflacionário por alguns meses...

Com o Plano Real, abandonaram-se esses artificialismos. Entretanto, para que se evitasse o efeito nocivo da retroalimentação inflacionária, a legislação limitou genericamente a aplicação da correção monetária no tempo (a periodicidade mínima para sua aplicação passou a ser de um ano, ressalvadas algumas poucas hipóteses de exceção).

Observem que o ganho bruto (0,95% – 0,5% ou 12% – 6,15% quando capitalizado anualmente) auferido pela instituição financeira precisa ser suficiente para suportar os impostos incidentes, custos e lucro. A margem para a inadimplência é muito pequena nessas operações, e a instituição que intermediou o capital pode enfrentar sérias dificuldades para cumprir os movimentos de queda no volume de captação (saques na poupança maior do que os depósitos). Esse é um fenômeno atual porque a remuneração dos últimos meses da caderneta de poupança tem perdido para os principais fundos, CDB e até a inflação.

A questão da correção monetária (indexador) deve ser complementada com o conceito de juros pré e pós-fixados.

Juros pré e pós-fixados

Podemos dizer que, nas operações prefixadas, a taxa de juros engloba dois componentes básicos e distintos: remuneração do capital ou aluguel pelo uso do capital e taxa de inflação esperada ou correção monetária.

A taxa de inflação muitas vezes se confunde com a própria correção monetária do período, onde somente ao final das operações será possível separar a inflação e/ou a correção monetária dos juros reais. Podemos ainda estabelecer uma relação simples com o cenário econômico, pois em situações onde a expectativa presente é de aumento de inflação no futuro e/ou sinais futuros de instabilidade nos mercados de juros, câmbio etc., as operações prefixadas podem não trazer segurança aos participantes, pois os juros negociados (contratados) podem até não ser suficientes para recompor o poder de compra do capital (inflação do período). Outro fator que contribui para essa insegurança é a nossa recente história econômica em função dos vários "pacotes" e choques econômicos a que fomos submetidos: deflator, tablita, URV, controle de preços, congelamento etc.

Já as operações pós-fixadas apresentam parcial independência com relação à inflação e são resultantes de uma série de fatores econômicos e conjunturais. Com um índice ou indexador (correção monetária) negociado entre os participantes, e às vezes determinado pelas autoridades monetárias (Banco Central), uma operação pós-fixada atualiza, corrige ou recompõe o poder de compra do capital, para em seguida aplicar os juros do período.

Quando há inflação elevada ou quando há expectativa de aumento significativo de inflação futura, as operações pós-fixadas podem causar insegurança aos participantes, pois: o indexador negociado (contratado) pode não refletir adequadamente a inflação/variação de poder aquisitivo do período; e o Brasil tem um passado que ainda pode gerar incertezas quanto à possibilidade futura de choque econômico, congelamento, interferência governamental em indexadores contratuais, preços, juros, inflação etc.

Outro aspecto relevante é o possível descasamento entre ativo e passivo — algumas empresas e até instituições financeiras podem (não é recomendado) operar dessa forma. Exemplos:

- instituição financeira que capta recursos indexados à variação do CDI (Certificado de Depósito Interfinanceiro, passivo) e empresta a clientes (ativo) indexado à variação da TR (taxa referencial);
- empresa industrial/comercial que contrata empréstimo (passivo) sujeito a juros + variação cambial (dólar) e vende seus produtos (receita) somente para o mercado interno — sem a possibilidade concreta de repassar a variação cambial para os preços.

Abordamos até aqui as várias modalidades, formas, denominações e conceitos sobre juros. Para concluir e entender o que é anatocismo, é preciso analisar os principais regimes ou sistemas de amortização nos contextos conceitual e legal, pois o anatocismo é uma clássica questão que tem causado muita polêmica nos meios judicial, financeiro e comercial atrapalhando muitas vezes o curso natural das operações.

Por exemplo, em 12 de janeiro de 2000 uma pessoa contratou um empréstimo no valor de R$100 ($C$), a juros de 5% ao mês (i), para ser pago após quatro meses (n) — pagamento único. Antes de calcular o valor a ser pago (M), é necessário definir como será realizada a capitalização dos juros (simples ou composta). Vejam as duas situações a seguir.

Juros simples e compostos

Por juros simples:

$$M = C + (C \times i \times n)$$

$M = R\$100 + (R\$100 \times 0{,}05 \times 4)$
$M = R\$\ 120$

Por juros compostos:

$$M = C \times (1 + i)^n$$

$M = R\$100 \times (1 + 0{,}05)^4$
$M = R\$121{,}55$

Por que no Brasil praticamente todos os mercados operam com juros compostos? Para entender melhor essa questão, vamos calcular o montante (M) do exemplo a seguir por juros simples e juros compostos.

- Empréstimo: R$10 mil.
- Prazo: 60 meses.
- Inflação mensal: 45%.
- Taxa de juros: 50% a.m.

No cálculo através de juros compostos, o valor final único a ser pago é maior do que o valor por juros simples porque nos juros compostos existe um conceito de capitalização diferente dos juros simples: o anatocismo. Atualmente essa palavra é praticamente um palavrão, principalmente no meio judicial. Todavia, o que está implícito no cálculo através de juros compostos é um conceito muitas vezes mal-entendido entre os participantes. A tabela 16 exemplifica os dois casos.

Tabela 16

Data	Juros simples (R$)		Juros compostos (R$)	
	Dívida	Juros	Dívida	Juros
1-1-2000	100,00	—	100,00	—
1-2-2000	105,00	5,00	105,00	5,00
1-3-2000	110,00	5,00	110,25	5,25
1-4-2000	115,00	5,00	115,76	5,51
1-5-2000	120,00	5,00	121,55	5,79

Observe que em 1º de fevereiro de 2000 a dívida total (principal + juro = R$105) é a mesma nos dois sistemas. A partir daí os juros compostos passam a assumir valores maiores do que nos juros simples. O aluguel, encargo ou juros (i) é aplicado somente sobre o valor original do empréstimo (R$100), enquanto na capitalização composta os juros são aplicados sobre o capital mais os juros apropriados no período — daí a expressão *juros sobre juros* (anatocismo). Três aspectos devem ser considerados na análise dessa questão.

Aspectos legais aplicáveis

Para efeitos legais, é preciso verificar se no exemplo aqui oferecido haveria algum suporte legal para que a capitalização se desse em períodos inferiores a um ano (acima desse prazo, a capitalização é sempre admitida). Assim, se se tratar de uma cédula de crédito bancário, por exemplo, não haveria qualquer problema, uma vez que a lei que a criou admite expressamente a apropriação de juros sobre juros em prazos inferiores a um ano. Entretanto, se o crédito tiver sido concedido por meio de um simples contrato de mútuo, ainda que o credor seja uma instituição financeira a cobrança será considerada indevida.

Custo de oportunidade

Se o devedor fosse pagar a dívida em 1º de fevereiro de 2000, pagaria R$105, independentemente do sistema de capitalização utilizado (simples ou composto). Assim, caso recebesse os R$105, o credor poderia emprestá-los para outra pessoa, auferindo em 1º de março de 2000 R$110,25 e não R$110 como calculado pelos juros simples. É por esse mecanismo/conceito que os juros compostos recompõem ou contemplam com maior propriedade o custo de oportunidade do credor. Dessa forma, é como se ele realizasse quatro operações de empréstimo de 30 dias. Porém, existe o forte argumento de que a operação foi contratada pelo período de quatro meses.

Aspectos legais aplicáveis

Em relação a esse argumento, pode-se objetar que as instituições financeiras captam recursos de terceiros e os emprestam a terceiros. Ao fazê-lo, no entanto, as instituições financeiras devem emparelhar suas captações e respectivos empréstimos (ou seja, se a instituição capta R$100 por 90 dias, deve emprestar esses recursos por até 90 dias), de modo a evitar descasamentos e imprevistos em seus fluxos de pagamentos (ou seja, se a instituição capta por 30 dias, mas empresta por 90, corre o risco de, no fim do prazo de 30 dias, não conseguir novo *funding* ou ainda *funding* em condições financeiras razoáveis que lhe permitam manter o empréstimo em bases rentáveis).

O procedimento descrito, que integra um conjunto de regras chamadas de princípios de boa técnica bancária (porque fornecem diretrizes para o bom funcionamento dos bancos), levaria o cliente a argumentar que o fato de o banco estar lhe emprestando recursos com *funding* de prazo inferior ao de seu empréstimo é um fato alheio à sua vontade e não pode ser invocado para aumentar os ônus que ele, cliente, já incorre naturalmente ao contrair o empréstimo.

As coisas se complicam um pouco mais, no entanto, se se considerar que o banco, naturalmente, já corre um risco de descasamento em seu *funding*.

Explicando melhor, embora o assunto tenha sido objeto de várias controvérsias, atualmente tem prevalecido o entendimento no sentido de que o tomador de um empréstimo sempre tem o direito de pagá-lo antecipadamente (regra contida no Código de Defesa do Consumidor). Portanto, às vezes torna-se necessário que os bancos emprestem recursos a partir de um *mix* de captações com prazos diversos (com isso, eles reduzem o risco de receberem pagamentos antecipados e ficarem sem alternativas de investimento pelo prazo remanescente, de modo a remunerar o investidor que lhes proveu *funding*; alternativamente, é procedimento comum dos bancos cobrar uma penalidade de seus tomadores pelo pagamento antecipado de dívidas, como forma de mitigar tal risco), o que nos leva de volta à necessidade de se adotar o critério de custo de oportunidade na análise do problema.

Figura 9
Estrutura de *funding* da operação

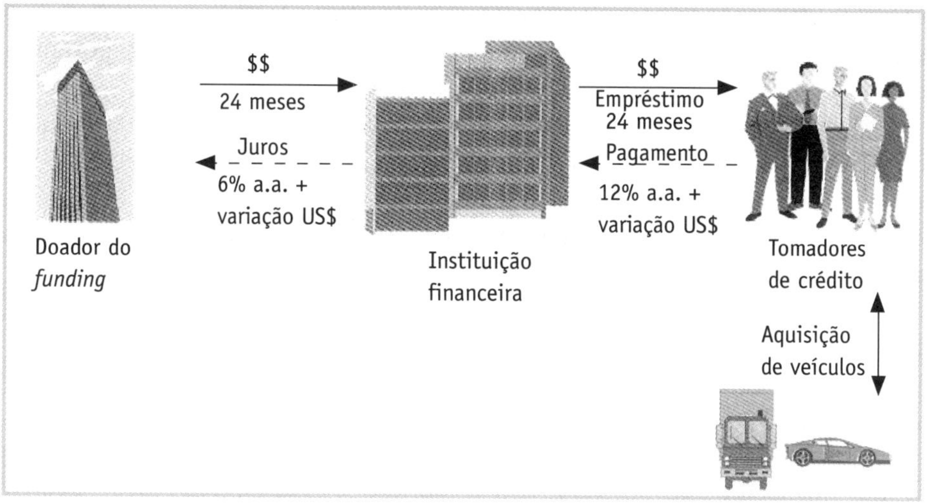

Concluindo a questão relativa aos juros *pré e pós*, o aspecto relativo à inflação também deve ser considerado pelos tomadores de crédito. O quadro 5 relaciona de forma simplificada os principais movimentos do mercado quanto à oferta de crédito diante da expectativa ou tendência de inflação.

Quadro 5

Expectativa ou tendência	Juros Pré	Juros Pós
Inflação	Incluso na taxa de juros	Parcial independência = mecanismo de correção monetária
Inflação em alta	Mercado tende a diminuir a oferta de operações	Mercado tende a aumentar a oferta de operações
Inflação em baixa	Mercado tende a aumentar a oferta de operações	Mercado tende a dimuinuir a oferta de operações

Taxa over e mercado monetário

A taxa *over* é uma taxa nominal, capitalizada por dia útil, bastante utilizada no mercado financeiro em diversas operações. A capitalização ocorre unicamente em dia de funcionamento do mercado financeiro. A taxa *over* costuma ser expressa ao mês, pela multiplicação da taxa ao dia por 30.

Mercado monetário

A taxa *over* está inserida no contexto do mercado monetário, para controlar o nível de liquidez monetária da nossa economia. Títulos de alta liquidez são negociados nesse mercado ancorados numa taxa referencial de juros — importante moeda de transação.

Os principais títulos negociados nesse mercado são os emitidos pelo Banco Central destinados à execução da política monetária do governo federal (BBC — Bônus do Banco Central, NTN — Notas do Tesouro Nacional e outros, que geralmente financiam o orçamento público). Também são negociados títulos públicos emitidos por estados e municípios, Certificados de Depósitos Interfinanceiros (CDI, títulos exclusivos para operações entre instituições financeiras), e títulos de emissão privada, como Certificados de Depósito Bancário (CDBs, títulos para captação de recursos pelas instituições financeiras) e debêntures (títulos para captação de recursos pelas empresas não-financeiras).

Em 1979 foi criado pelo Banco Central e pela Andima (Associação Nacional das Instituições do Mercado Aberto), o Sistema Especial de Liquidação e Custódia (Selic), destinado a operar com títulos públicos de emissão do Banco Central e do Tesouro Nacional. O Selic é um sistema que recebe o registro eletrônico das operações, controla a compra e venda de títulos e faz sua custódia, seja ela física ou escritural.

Já em 1986 foi criada a Central de Custódia e de Liquidação Financeira de Títulos Privados (Cetip), sistema análogo ao Selic, mas registrando e controlando títulos privados, como CDB/RDB, debêntures, CDI etc. A Cetip também pode operar com títulos públicos, desde que estejam em poder de empresas privadas.

Dessa forma, os dois importantes sistemas de liquidação e custódia (Selic e Cetip) têm por função básica promover o registro, controle e liquidação das operações do mercado monetário, promovendo maior segurança e até autenticidade às transações. Através do Selic, as instituições financeiras podem adquirir e vender títulos todos os dias úteis, gerando assim uma taxa denominada *overnight*, representativa de operações de um dia útil, cujos títulos são de grande liquidez e de risco muito baixo (teoria keynesiana), a taxa *over* resultante desse sistema é aceita como uma taxa referencial livre de risco da economia, servindo de âncora para a formação dos juros praticados nos mercados financeiro e de crédito.

Sistemática de cálculo

Termos-chave: mercado monetário; curto/curtíssimo prazo (geralmente um dia); prefixada; juros simples; mês base — 30 dias; válida somente para dias úteis.

A tabela 17 mostra uma operação no valor de R$100 mil, realizada em 3 de outubro de 2001, para pagamento em 11 de outubro de 2001, juros acumulados pela taxa CDI-Cetip, pagamento ao final (juros + principal).

Tabela 17

Dia		Taxa *over*-CDI		Fator acumulado
		% a.m.	% a.d.	
3-10	Quarta	2,5	0,08333...*	1,0008333...**
4-10	Quinta	2,8	0,09333...	1,000842674
5-10	Sexta	2,7	0,09%	1,000851682
8-10	Segunda	2,9	0,09666...	1,000861357
9-10	Terça	2,9	0,09666...	1,000871032
10-10	Quarta	3,1	0,10333...	1,000881374
11-10	Quinta	3,2	0,10666...	1,000892050

* $0,083333...\% = \dfrac{2,5\%}{30}$

** $1,0008333...\% = 1 \times \left[\dfrac{0,083333...\%}{100} + 1 \right]$

Para determinação do valor a ser pago em 11 de outubro de 2001:

R$100.000,00 × 1,000881374 = **R$100.088,14**

Intermediação financeira

Numa economia ou sistema onde os agentes econômicos têm renda superior ao seu consumo e necessidade de investimento, os poupadores podem entrar em contato direto com os agentes que precisam de recursos: captadores. Essa é uma modalidade de difícil operacionalização, pois requer que haja perfeito casamento de necessidades de ambas as partes (poupador e captador), no que se refere a valor (montante de recursos) da transação, prazos, garantias, forma de amortização etc.

Figura 10

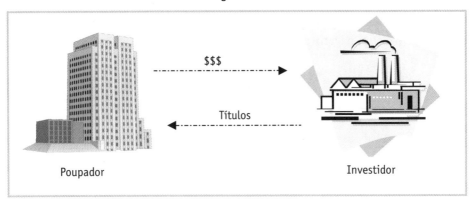

Numa economia moderna, assim como no nosso modelo de sistema financeiro, predomina a intermediação financeira, onde as instituições financeiras se interpõem entre poupadores e investidores, obtendo *funding* para realizar empréstimos.

Figura 11

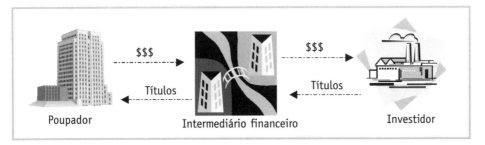

O intermediário financeiro realiza os seguintes processos:

- *adequação do tamanho* — agrega a poupança de muitos poupadores e assim pode emprestar grandes valores a alguns poucos investidores ou pequenos valores a muitos pequenos investidores;
- *adequação de prazos (vencimentos)* — pode, no conjunto e na dinâmica da sua base de captação, captar a prazos curtos e emprestar a prazos mais longos. Essa é a situação típica do financiamento da habitação com recursos da caderneta de poupança;
- *transformação de risco* — o risco para o poupador passa a ser o risco do intermediário financeiro, e não o risco direto do investidor. Todavia, essas duas carteiras (ativo e passivo) de uma instituição financeira possuem estreita relação.

Certamente, na dinâmica do processo de intermediação financeira existem variáveis e interfaces mais complexas, como a questão da escassez de recursos, a lei de rendimentos decrescentes, a formação de preços no mercado, aspectos como renda, investimento e poupança, meios de pagamentos, agregados monetários, criação de moeda pelas instituições financeiras e muitos outros.

Aspectos legais aplicáveis

Uma questão que merece ser analisada com bastante cuidado é a que diz respeito às implicações dos arcabouços legislativo e judiciário relativamente ao risco bancário. Conforme ressaltado, o processo de intermediação financeira transfere riscos. Por esse motivo, há uma crescente tendência, na área regulatória bancária, no sentido de se limitarem os riscos incorridos pelos bancos e outros agentes que interferem no mercado de crédito. Isso se dá de diversas maneiras, dependendo dos objetivos visados.

Assim, existem princípios de boa técnica bancária, que nada mais são do que preceitos que devem ser observados pelos bancos com o objetivo de manterem uma operação saudável e apropriada. Entre eles:

- o princípio da seletividade, de acordo com o qual os bancos devem oferecer crédito a clientes que demonstrem capacidade de repagamento;
- o princípio garantia, de acordo com o qual os bancos, ao concederem crédito, devem munir-se de garantias adequadas (seja do tomador ou de terceiros) e assegurar-se da correta formalização jurídica do negócio.

Ao lado dos princípios citados, há ainda um conjunto de regras que interferem na própria organização da atividade bancária, como:

- regras de imobilização (bancos não podem manter imóveis não destinados à exploração da própria atividade bancária; nesse caso, entende-se que uma imobilização excessiva pode tornar um banco ilíquido, com risco para os poupadores);
- regras de concentração de riscos (bancos não podem emprestar além de um certo limite para um único tomador; nesse caso, entende-se que uma concentração excessiva expõe o banco a um risco de contaminação na hipótese de quebra do tomador);

continua

- regras de alavancagem (bancos somente podem emprestar até um certo limite, que atualmente é calculado em função da qualidade dos seus ativos; nesse caso, prevalece a idéia de que a garantia dos depositantes de um banco reside justamente nos créditos que esse banco concede);
- regras sobre controles internos (bancos devem ter uma estrutura de controles internos, *compliance*, adequada e suficiente para controlar os riscos a que eles normalmente se sujeitam, de modo a evitar ou sanear os problemas que possam ocorrer nas suas operações).

Em contraste com a tendência dominante no plano regulatório (aperfeiçoamento dos mecanismos de controle de risco), é preciso reconhecer ainda a existência de certas áreas de incerteza, tanto no plano legislativo quanto no judiciário. Nesse sentido, convém lembrar que, passados quase 15 anos desde a edição da Constituição Federal de 1988, ainda não foi aprovada a lei complementar disciplinando o funcionamento do Sistema Financeiro Nacional. Além disso, ainda não foi definitivamente resolvida a questão sobre aplicabilidade ou não do Código de Defesa do Consumidor (que data de 1990) às operações bancárias. Apenas em função dessas duas lacunas, têm sido abertas inúmeras possibilidades de questionamento em operações bancárias (taxas de juros limitadas ou não a 12% ao ano; capitalização de juros em prazo inferior a um ano; cobrança de multa moratória a taxas superiores a 2% etc.), muitas vezes com reflexos desastrosos, como o demonstrou o caso das operações de *leasing* atreladas à variação cambial.[1]

Além disso, apesar de várias inovações introduzidas nos últimos anos, o processo judicial de cobrança de débitos bancários ainda é custoso e demorado. Também o é a legislação falimentar brasileira, que data

continua

---

[1] Como muitos devem lembrar, até janeiro de 1999, a quase inexistente desvalorização do real diante das moedas estrangeiras tornava bastante atrativos os financiamentos atrelados ao câmbio. Contudo, com a forte desvalorização ocorrida no início de janeiro de 1999, inúmeros tomadores viram-se em dificuldade para sanar seus débitos e vários deles foram à Justiça alegando necessidade de uma revisão nos termos de seus contratos. Com base em princípios contidos no Código de Defesa do Consumidor, vários foram atendidos nos seus pleitos, sem que se tivesse atentado para o fato de que os bancos financiadores haviam concedido aqueles empréstimos com base em captações efetuadas em moeda estrangeira. Ou seja, os bancos foram obrigados a aceitar menos do que haviam contratado, mas continuavam obrigados a pagar o mesmo que haviam ajustado junto a seus credores, o que lhes criava um perigoso descasamento entre ativos e passivos.

de 1945. E isso, demora e custos envolvidos na recuperação de créditos, acaba contribuindo, às vezes de maneira decisiva, para o aumento dos riscos incorridos pelos bancos,[2] já que estes não conseguem postergar o pagamento de seus depositantes, tanto quanto seus devedores conseguem adiar o pagamento daquilo que lhes devem.

Em suma, o processo de intermediação financeira é bastante delicado e sutil: os bancos captam poupança popular e emprestam esses mesmos recursos. Sempre que os bancos tiverem dificuldades para reaver os recursos por eles emprestados, também poderão ter dificuldades para devolver os depósitos de seus clientes. Portanto, é sempre desejável que se removam as incertezas associadas ao crédito bancário.

Dias úteis, dias corridos e data de aniversário

A questão do cômputo de datas é um outro aspecto que deve ser considerado numa transação financeira ou comercial, pois existem operações que trabalham com dias corridos, consecutivos, outras têm como base dias úteis etc.

Contagem de dias úteis

A quantidade de dias úteis entre duas datas de uma operação financeira é igual ao número de dias corridos menos a soma dos sábados, domingos e feriados nacionais (ocorridos entre segunda e sexta-feira) entre as duas datas.

Na determinação do número de dias úteis de uma operação, também é computado o dia inicial como base para remuneração ou capitalização de juros, e o dia final como não remunerado ou capitalizado, pois entende-se que ao final do período o capital estará disponível para ser aplicado novamente.

Como exemplo, vamos calcular o número de dias úteis entre as datas 1 e 30 de novembro de 2002.

---

[2] É interessante observar que a inadimplência de devedores foi talvez a principal causa das dificuldades por que passou o Banco Boavista. Um ano antes de ele ser vendido, havia sido o banco com maior rentabilidade no seu setor; contudo, um aumento significativo na inadimplência de seus clientes acabou por fragilizá-lo. Outro exemplo foi o das Lojas Arapuã. Embora não fossem um banco, as Lojas Arapuã tinham uma carteira de financiamento bastante expressiva e quebraram algum tempo depois, por força de um aumento nos níveis de inadimplência.

29 dias corridos
(–) 5 sábados
(–) 4 domingos
(–) 1 dia (feriado do dia 15)

(=) 19 dias úteis

Contagem de dias corridos

A quantidade de dias corridos entre duas datas de uma operação financeira é igual à diferença entre as duas datas. O dia inicial da operação conta como base para remuneração ou capitalização de juros, e o dia final como não remunerado ou capitalizado, pois entende-se que ao final do período o capital estará disponível para ser aplicado novamente.

O número de dias úteis entre as datas 1 e 30 de novembro de 2002 é de 29 dias corridos.

Se usar um calendário, o leitor observará que o número de dias entre as datas 1 e 30 de novembro de 2002 é igual a 30. Mas para fins de cálculo financeiro o dia inicial da operação conta como base para remuneração ou capitalização de juros e o dia final como não remunerado ou capitalizado, o resultado a ser considerado é de 29 dias corridos. Nesse cálculo deve ser considerado o número real de dias de cada ano, incluindo os anos bissextos.

Dias corridos e data de aniversário

A legislação brasileira não trata desse assunto. Assim, devedores e credores devem estabelecer a forma adequada, preferencialmente em contrato, considerando as abordagens a seguir. Por exemplo, um financiamento nas seguintes condições:

- Valor: R$100 mil.
- Entrada: R$20 mil (20%).
- Valor financiado: R$80 mil (80%).
- Taxa de juros: 2,5% ao mês.
- Sistema de amortização: tabela Price.

As tabelas 18 a 21 mostram os cálculos de acordo com o prazo de pagamento.

Juros 65

Tabela 18

Prazo: 12 meses

Data 30 dias	Aniversário	Mês	Dívida	Juros	Amortização	Prestação
3-4-2002	3-4-2002	0	80.000,00	—	—	—
3-5-2002	3-5-2002	1	74.201,03	2.000,00	5.798,97	7.798,97
2-6-2002	3-6-2002	2	68.257,09	1.855,03	5.943,94	7.798,97
2-7-2002	3-7-2002	3	62.164,54	1.706,43	6.092,54	7.798,97
1-8-2002	3-8-2002	4	55.919,69	1.554,11	6.244,86	7.798,97
31-8-2002	3-9-2002	5	49.518,71	1.397,99	6.400,98	7.798,97
30-9-2002	3-10-2002	6	42.957,71	1.237,97	6.561,00	7.798,97
30-10-2002	3-11-2002	7	36.232,68	1.073,94	6.725,03	7.798,97
29-11-2002	3-12-2002	8	29.339,52	905,82	6.893,15	7.798,97
29-12-2002	3-1-2003	9	22.274,04	733,49	7.065,48	7.798,97
28-1-2003	3-2-2003	10	15.031,92	56,85	7.242,12	7.798,97
27-2-2003	3-3-2003	11	7.608,75	75,80	7.423,17	7.798,97
29-3-2003	3-4-2003	12	(0,00)	190,22	7.608,75	7.798,97

Diferença: 5 dias

Tabela 19

Prazo: 24 meses

Data 30 dias	Aniversário	Mês	Dívida	Juros	Amortização	Prestação
3-4-2002	3-4-2002	0	80.000,00	—	—	—
3-5-2002	3-5-2002	1	77.526,97	2.000,00	2.473,03	4.473,03
2-6-2002	3-6-2002	2	74.992,12	1.938,17	2.534,85	4.473,03
2-7-2002	3-7-2002	3	72.393,90	1.874,80	2.598,22	4.473,03
1-8-2002	3-8-2002	4	69.730,72	1.809,85	2.663,18	4.473,03
31-8-2002	3-9-2002	5	67.000,96	1.743,27	2.729,76	4.473,03
30-9-2002	3-10-2002	6	64.202,96	1.675,02	2.798,00	4.473,03
30-10-2002	3-11-2002	7	61.335,01	1.605,07	2.867,95	4.473,03
29-11-2002	3-12-2002	8	58.395,36	1.533,38	2.939,65	4.473,03
29-12-2002	3-1-2003	9	55.382,22	1.459,88	3.013,14	4.473,03
28-1-2003	3-2-2003	10	52.293,75	1.384,56	3.088,47	4.473,03
27-2-2003	3-3-2003	11	49.128,07	1.307,34	3.165,68	4.473,03
29-3-2003	3-4-2003	12	45.883,24	1.228,20	3.244,82	4.473,03

continua

66 Matemática aplicada à gestão de negócios

Data 30 dias	Aniversário	Mês	Dívida	Juros	Amortização	Prestação
28-4-2003	3-5-2003	13	42.557,30	1.147,08	3.325,94	4.473,03
28-5-2003	3-6-2003	14	39.148,21	1.063,93	3.409,09	4.473,03
27-6-2003	3-7-2003	15	35.653,89	978,71	3.494,32	4.473,03
27-7-2003	3-8-2003	16	32.072,21	891,35	3.581,68	4.473,03
26-8-2003	3-9-2003	17	28.400,99	801,81	3.671,22	4.473,03
25-9-2003	3-10-2003	18	24.637,99	710,02	3.763,00	4.473,03
25-10-2003	3-11-2003	19	20.780,91	615,95	3.857,08	4.473,03
24-11-2003	3-12-2003	20	16.827,41	519,52	3.953,50	4.473,03
24-12-2003	3-1-2004	21	12.775,07	420,69	4.052,34	4.473,03
23-1-2004	3-2-2004	22	8.621,42	319,38	4.153,65	4.473,03
22-2-2004	3-3-2004	23	4.363,93	215,54	4.257,49	4.473,03
23-3-2004	3-4-2004	24	(0,00)	109,10	4.363,93	4.473,03

Diferença: 11 dias

Tabela 20

Prazo: 36 meses

Data 30 dias	Aniversário	Mês	Dívida	Juros	Amortização	Prestação
3-4-2002	3-4-2002	0	80.000,00	—	—	—
3-5-2002	3-5-2002	1	78.603,87	2.000,00	1.396,13	3.396,13
2-6-2002	3-6-2002	2	77.172,84	1.965,10	1.431,03	3.396,13
2-7-2002	3-7-2002	3	75.706,04	1.929,32	1.466,81	3.396,13
1-8-2002	3-8-2002	4	74.202,56	1.892,65	1.503,48	3.396,13
31-8-2002	3-9-2002	5	72.661,50	1.855,06	1.541,06	3.396,13
30-9-2002	3-10-2002	6	71.081,91	1.816,54	1.579,59	3.396,13
30-10-2002	3-11-2002	7	69.462,84	1.777,05	1.619,08	3.396,13
29-11-2002	3-12-2002	8	67.803,28	1.736,57	1.659,56	3.396,13
29-12-2002	3-1-2003	9	66.102,24	1.695,08	1.701,04	3.396,13
28-1-2003	3-2-2003	10	64.358,67	1.652,56	1.743,57	3.396,13
27-2-2003	3-3-2003	11	62.571,51	1.608,97	1.787,16	3.396,13
29-3-2003	3-4-2003	12	60.739,67	1.564,29	1.831,84	3.396,13
28-4-2003	3-5-2003	13	58.862,03	1.518,49	1.877,63	3.396,13
28-5-2003	3-6-2003	14	56.937,46	1.471,55	1.924,58	3.396,13
27-6-2003	3-7-2003	15	54.964,77	1.423,44	1.972,69	3.396,13

continua

Data		Mês	Dívida	Juros	Amortização	Prestação
30 dias	Aniversário					
27-7-2003	3-8-2003	16	52.942,76	1.374,12	2.022,01	3.396,13
26-8-2003	3-9-2003	17	50.870,20	1.323,57	2.072,56	3.396,13
25-9-2003	3-10-2003	18	48.745,83	1.271,76	2.124,37	3.396,13
25-10-2003	3-11-2003	19	46.568,35	1.218,65	2.177,48	3.396,13
24-11-2003	3-12-2003	20	44.336,44	1.164,21	2.231,92	3.396,13
24-12-2003	3-1-2004	21	42.048,72	1.108,41	2.287,72	3.396,13
23-1-2004	3-2-2004	22	39.703,81	1.051,22	2.344,91	3.396,13
22-2-2004	3-3-2004	23	37.300,28	992,60	2.403,53	3.396,13
23-3-2004	3-4-2004	24	34.836,66	932,51	2.463,62	3.396,13
22-4-2004	3-5-2004	25	32.311,45	870,92	2.525,21	3.396,13
22-5-2004	3-6-2004	26	29.723,11	807,79	2.588,34	3.396,13
21-6-2004	3-7-2004	27	27.070,06	743,08	2.653,05	3.396,13
21-7-2004	3-8-2004	28	24.350,69	676,75	2.719,37	3.396,13
20-8-2004	3-9-2004	29	21.563,33	608,77	2.787,36	3.396,13
19-9-2004	3-10-2004	30	18.706,29	539,08	2.857,04	3.396,13
19-10-2004	3-11-2004	31	15.777,82	467,66	2.928,47	3.396,13
18-11-2004	3-12-2004	32	12.776,14	394,45	3.001,68	3.396,13
18-12-2004	3-1-2005	33	9.699,42	319,40	3.076,72	3.396,13
17-1-2005	3-2-2005	34	6.545,78	242,49	3.153,64	3.396,13
16-2-2005	3-3-2005	35	3.313,29	163,64	3.232,48	3.396,13
18-3-2005	3-4-2005	36	(0,00)	82,83	3.313,29	3.396,13

Diferença: 16 dias

Tabela 21

Prazo: 48 meses

Data		Mês	Dívida	Juros	Amortização	Prestação
30 dias	Aniversário					
3-4-2002	3-4-2002	0	80.000,00	—	—	—
3-5-2002	3-5-2002	1	79.119,52	2.000,00	880,48	2.880,48
2-6-2002	3-6-2002	2	78.217,03	1.977,99	902,49	2.880,48
2-7-2002	3-7-2002	3	77.291,98	1.955,43	925,05	2.880,48
1-8-2002	3-8-2002	4	76.343,80	1.932,30	948,18	2.880,48
31-8-2002	3-9-2002	5	75.371,91	1.908,59	971,88	2.880,48
30-9-2002	3-10-2002	6	74.375,73	1.884,30	996,18	2.880,48
30-10-2002	3-11-2002	7	73.354,64	1.859,39	1.021,09	2.880,48

continua

Matemática aplicada à gestão de negócios

Data 30 dias	Data Aniversário	Mês	Dívida	Juros	Amortização	Prestação
29-11-2002	3-12-2002	8	72.308,03	1.833,87	1.046,61	2.880,48
29-12-2002	3-1-2003	9	71.235,25	1.807,70	1.072,78	2.880,48
28-1-2003	3-2-2003	10	70.135,65	1.780,88	1.099,60	2.880,48
27-2-2003	3-3-2003	11	69.008,56	1.753,39	1.127,09	2.880,48
29-3-2003	3-4-2003	12	67.853,30	1.725,21	1.155,27	2.880,48
28-4-2003	3-5-2003	13	66.669,15	1.696,33	1.184,15	2.880,48
28-5-2003	3-6-2003	14	65.455,40	1.666,73	1.213,75	2.880,48
27-6-2003	3-7-2003	15	64.211,31	1.636,39	1.244,09	2.880,48
27-7-2003	3-8-2003	16	62.936,11	1.605,28	1.275,20	2.880,48
26-8-2003	3-9-2003	17	61.629,03	1.573,40	1.307,08	2.880,48
25-9-2003	3-10-2003	18	60.289,28	1.540,73	1.339,75	2.880,48
25-10-2003	3-11-2003	19	58.916,03	1.507,23	1.373,25	2.880,48
24-11-2003	3-12-2003	20	57.508,45	1.472,90	1.407,58	2.880,48
24-12-2003	3-1-2004	21	56.065,68	1.437,71	1.442,77	2.880,48
23-1-2004	3-2-2004	22	54.586,85	1.401,64	1.478,84	2.880,48
22-2-2004	3-3-2004	23	53.071,04	1.364,67	1.515,81	2.880,48
23-3-2004	3-4-2004	24	51.517,34	1.326,78	1.553,70	2.880,48
22-4-2004	3-5-2004	25	49.924,79	1.287,93	1.592,55	2.880,48
22-5-2004	3-6-2004	26	48.292,43	1.248,12	1.632,36	2.880,48
21-6-2004	3-7-2004	27	46.619,26	1.207,31	1.673,17	2.880,48
21-7-2004	3-8-2004	28	44.904,26	1.165,48	1.715,00	2.880,48
20-8-2004	3-9-2004	29	43.146,39	1.122,61	1.757,87	2.880,48
19-9-2004	3-10-2004	30	41.344,57	1.078,66	1.801,82	2.880,48
19-10-2004	3-11-2004	31	39.497,70	1.033,61	1.846,87	2.880,48
18-11-2004	3-12-2004	32	37.604,67	987,44	1.893,04	2.880,48
18-12-2004	3-1-2005	33	35.664,30	940,12	1.940,36	2.880,48
17-1-2005	3-2-2005	34	33.675,43	891,61	1.988,87	2.880,48
16-2-2005	3-3-2005	35	31.636,84	841,89	2.038,59	2.880,48
18-3-2005	3-4-2005	36	29.547,28	790,92	2.089,56	2.880,48
17-4-2005	3-5-2005	37	27.405,48	738,68	2.141,80	2.880,48
17-5-2005	3-6-2005	38	25.210,14	685,14	2.195,34	2.880,48
16-6-2005	3-7-2005	39	22.959,91	630,25	2.250,23	2.880,48
16-7-2005	3-8-2005	40	20.653,43	574,00	2.306,48	2.880,48
15-8-2005	3-9-2005	41	18.289,29	516,34	2.364,14	2.880,48
14-9-2005	3-10-2005	42	15.866,04	457,23	2.423,25	2.880,48
14-10-2005	3-11-2005	43	13.382,21	396,65	2.483,83	2.880,48
13-11-2005	3-12-2005	44	10.836,29	334,56	2.545,92	2.880,48
13-12-2005	3-1-2006	45	8.226,72	270,91	2.609,57	2.880,48
12-1-2006	3-2-2006	46	5.551,91	205,67	2.674,81	2.880,48
11-2-2006	3-3-2006	47	2.810,22	138,80	2.741,68	2.880,48
13-3-2006	3-4-2006	48	(0,00)	70,26	2.810,22	2.880,48

Diferença: 21 dias

Observem que o mesmo empréstimo, quando as datas de vencimentos das parcelas são calculadas pelo critério 30 dias corridos, tem uma dimimuição no seu prazo total comparado com o critério de vencimento das parcelas mensais data de aniversário de cinco dias por ano.

Tabela 22
Vencimento das parcelas de 30 dias corridos

Prazo (meses)	Diminuição no prazo total do empréstimo (dias)
12	5
24	11
36	16
48	21

O quadro 6 mostra os impactos que o critério de cálculo de vencimento das parcelas de 30 dias corridos provocam nos participantes (credor e devedor).

Quadro 6

Item	Credor	Devedor
Possibilidade de dois vencimentos num único mês (agosto de 2002 nos exemplos)	Melhora o fluxo de recebimentos	Pode ser penalizado, principalmente os assalariados
Antecipação de recebimentos em até 21 dias ao longo de 48 meses	Melhora o fluxo de recebimentos, possibilidade de aplicação dos recursos	Pode ser penalizado, principalmente os assalariados

Aspectos legais aplicáveis

Do ponto de vista regulatório, é interessante lembrar que, a Circular nº 2.905, do Banco Central do Brasil, estabelece algumas regras em matéria de prazos mínimos e remuneração de operações ativas (empréstimos) e passivas (captações) das instituições financeiras. Entre tais regras destaca-se aquela que impõe intervalos mínimos para pagamento de remuneração, em função do critério para tanto utilizado (por exemplo: operações com remuneração atrelada à TR ou à TJLP têm periodicidade mínima de um mês para pagamento de remuneração).

Capítulo 4

Valor do dinheiro no tempo

O valor do dinheiro no tempo é um conceito básico em finanças, envolvendo também aspectos ligados à economia e à contabilidade, muito embora possa causar polêmica até entre os profissionais mais experientes. O princípio predominante é que R$1 hoje tem valor diferente de R$1 amanhã ou em qualquer outro dia. Quando alguém (pessoa física ou jurídica) vende mercadorias ou serviços a prazo, empresta dinheiro, ou realiza uma aplicação financeira, está confiando a terceiros recursos financeiros e, durante esse período, privando-se de usá-los (lembrar do conceito de custo de oportunidade já analisado) e assumindo riscos, principalmente o de não receber por qualquer motivo.

Os juros que o credor cobra do devedor são, entre outras coisas, o reflexo do valor que o dinheiro assume no tempo, representando um sacrifício de consumo no presente, uma renúncia temporária de se realizarem outros negócios (custo de oportunidade) que representem lucro ou ainda um preço pela assunção de riscos associados ao empréstimo, sendo o principal deles a inadimplência do devedor. Os juros (separar o capital ou principal) são, portanto, uma recompensa legítima, geralmente recebida no futuro (existem operações onde os juros são pagos antecipadamente). As figuras 12 e 13 mostram isso.

Figura 12
Momento 1 — empréstimo

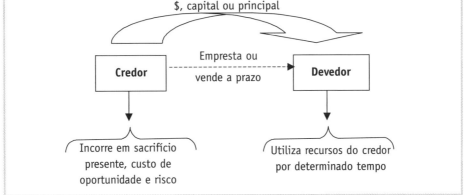

Figura 13
Momento 2 — retorno do empréstimo (pagamento pelo devedor)

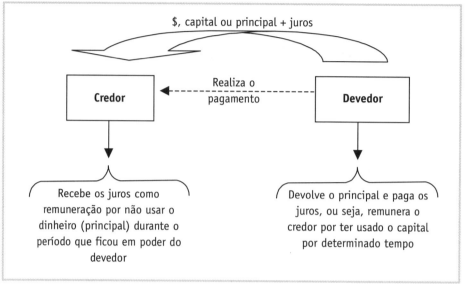

É importante lembrar que na maioria das operações a pessoa jurídica trata esses aspectos de forma diferenciada da pessoa física, principalmente em função de regras contábeis e fiscais, pois na pessoa jurídica:

- os juros recebidos estão sujeitos a tributação do imposto de renda;
- os juros pagos podem ser deduzidos da base de cálculo do imposto de renda;
- a aquisição de ativo imobilizado gera depreciação;
- a depreciação pode ser deduzida da base de cálculo do imposto de renda;
- os empréstimos geram passivos etc.

Assim, as variáveis básicas para a matemática aplicada a finanças, que trata do assunto envolvendo o valor do dinheiro no tempo, são:

- *moeda* — unidade básica de referência correspondente às operações de empréstimos e recebimentos de transações realizadas;
- *tempo* — prazo que o credor ficou sem usar o recurso emprestado ao devedor (sacrifício de consumo), ou seja, é o prazo que o devedor ficou usando o recurso (capital) do credor;
- *juros* — remuneração ou preço pelo capital usado pelo devedor.

Podemos então definir que os juros representam o preço, a quantificação ou mensuração monetária do valor do dinheiro no tempo, conforme acordado entre as partes (credor e devedor). Assim, por exemplo, uma pessoa toma um empréstimo de R$100 (capital) e, após um mês, devolve ao credor os R$100 tomados como empréstimo mais R$5 como juros. Nesse exemplo consideramos um pagamento único após um mês (principal + juros). No entanto, já analisamos que também é possível usar sistemas de amortização ou prestações (Price, SAC etc.). Comumente denominamos que houve um pagamento de R$105 pelo devedor, quando na verdade o devedor pagou apenas R$5 pelo uso do capital. Os R$100 foram devolvidos ou retornados ao credor. Esses R$5 pagos pelo devedor como juros (uso do capital durante um mês) são o valor do dinheiro no tempo acordado entre as partes pela transação de empréstimo de R$100 por um mês.

Podemos então expressar esse valor de juros de duas formas:

- *em quantidade de moeda* — R$5 por mês;
- *em percentual* sobre o capital — 5% ao mês.

Se analisarmos a questão sob a ótica de valor presente (capital) e valor futuro (capital + juros), teremos as seguintes posições em percentual sobre o capital.

Em juros simples:

$$J = VP \times i \times n$$

$$VF = VP + J$$

Onde:
J = juros (R$);
VP = valor presente (R$);
VF = valor futuro (R$);
i = juros (%);
n = tempo (nesse exemplo, um mês).

$$VF = VP + (VP \times i \times n)$$

$105 = 100 + (100 \times i \times 1)$
$100 \times i + 100 = 105$
$100 \times i = 105 - 100$
$100 \times i = 5$
$i = 5 \div 100$
$i = 0{,}05$
i = 5% ao mês

Em juros compostos:

$$VF = VP \times (1 + i)^n$$

Onde:
J = juros (R$);
VP = valor presente (R$);
VF = valor futuro (R$);
i = juros (%);
n = tempo (nesse exemplo, um mês).
$105 = 100 \times (1 + i)^1$
$1 + i = 105 \div 100$
$i = (105 \div 100) - 1$
$i = 0,05$
i = 5% ao mês

Nesse caso, com o período de um mês, os juros na forma percentual são de 5% sobre o capital tanto para juros simples quanto para juros compostos. Podemos então concluir que o valor do dinheiro no tempo, representado pelo capital de R$100, emprestado pelo credor ao devedor, é de R$5 após prazo de um mês, ou seja, os R$100 de capital emprestados no momento n_0 valem R$105 no momento $n + 1$ (após um mês). Para o credor, R$100 hoje (data do empréstimo) valerão R$105 dentro de um mês. Os juros de R$5 ou 5% ao mês são o preço a ser pago pelo devedor, correspondente aos seguintes itens para o credor:

- *custo de oportunidade* — sacrifício de não usar (aplicar em outro negócio) ou consumir os R$100 durante um mês;
- *riscos* — sendo o principal deles a possibilidade do devedor não devolver os R$100 emprestados e também não pagar os R$5 de juros.

A mensuração dos riscos é um tema complexo no campo das finanças, e merece análise apropriada. Neste livro não abordaremos as metodologias para medir riscos nas operações, mas apenas os consideraremos como variável importante e integrante do conceito aqui tratado.

Segundo Aurélio Buarque de Holanda, risco significa perigo ou possibilidade de perigo ou perda, e tradicionalmente tem uma conotação negativa. Todavia, encontramos na escrita chinesa e reproduzimos na figura 14 o símbolo que oferece um significado mais profundo para caracterizar o risco.

Figura 14

O primeiro símbolo significa perigo, já o segundo, oportunidade. Assim, operar ou fazer negócios com risco é uma mistura de exposição ao perigo com oportunidade. A concessão de crédito reflete exatamente essa dualidade.

RISCO = PERIGO + OPORTUNIDADE

O crédito como atividade ponderadora do ímpeto ou desejo da área comercial de cada vez mais aumentar a participação da empresa no mercado (vender mais), determinando se o cliente deve recebê-lo e quais os limites quantitativos a serem impostos, administra a relação perigo e oportunidade.

Figura 15

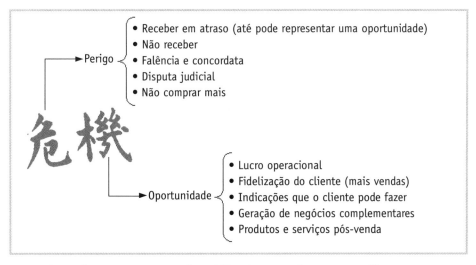

Quando uma operação de crédito é aprovada para um cliente, a empresa credora passa a incorrer no risco = perigo + oportunidade. Assim, em termos de custo de oportunidade, temos as seguintes ponderações a considerar no processo decisório:

- *crédito concedido* — pela metodologia de análise e/ou julgamento: *oportunidade > perigo*;
- *crédito negado* — pela metodologia de análise e/ou julgamento: *oportunidade < perigo*.

Com relação ao dimensionamento do risco, o valor do dinheiro no tempo poderá ser aplicado mais proficuamente se considerarmos o conceito de juros reais que analisamos no capítulo 3. A seguir, ilustraremos e analisaremos algumas situações possíveis para fins de consideração do valor do dinheiro no tempo tendo em vista os efeitos da inflação.

A inflação é um fato da economia, estando associada a uma perda no poder de compra da moeda. Em finanças, a compreensão dos efeitos da inflação é da maior importância, pois aquele que empresta recursos deseja não só receber o capital emprestado e os juros, mas também e sobretudo o capital com o mesmo poder de compra da época em que foi contratado o empréstimo.

Um exemplo ajuda a compreender melhor esse aspecto. Tomemos a pessoa A, que não tem aparelho de TV em casa, está interessada em comprar um e dispõe de R$500, suficientes para adquirir uma TV de 20 polegadas.

Quadro 7

Pessoa A — situação atual		
Tem	Não tem	Poder de compra dos R$500
R$500	TV	TV de 20"

Suponhamos agora que um amigo, *B*, pede emprestado a *A* os R$500 que ela estava reservando para comprar a TV, para uma emergência. *B* promete devolver os R$500 (capital) após três meses, e pagar juros de R$46,36 por esse período. *A* aceita a proposta.

Quadro 8

Pessoa A — situação pós-empréstimo			
Tem	Não tem	Custo de oportunidade*	Principais riscos
Possibilidade de ter R$546,36 em três meses	TV	Não assistir à TV por três meses	*Comercial* máximo: não ter de volta os R$500 e não receber os juros de R$46,36 após três meses. *Inflação*: recebendo os R$546,36 após três meses, não conseguir comprar uma TV de 20".

* Sacrifício presente, não consumo.

Do ponto de vista do credor:

- o *risco comercial* pode ser coberto ou minimizado (talvez nunca eliminado) através de processo e técnicas de análise de crédito;
- o *risco da inflação* pode ser coberto ou minimizado de duas formas básicas — inserir a expectativa de inflação do credor na taxa de juros prefixada, como no exemplo; ou indexar o empréstimo a uma taxa pós-fixada ou variável.

Analisaremos a seguir algumas situações possíveis em relação à variável inflação e os respectivos impactos sobre o valor do dinheiro no tempo.

Inflação zero

Supondo que no período do empréstimo (três meses), a inflação foi zero.[3] A recebe de B os R$546,36 e imediatamente compra a TV desejada. Nesse caso, é possível comprar a TV de 20" por R$500 porque não houve inflação no período. Durante os três meses, período do empréstimo, A incorreu nos seguintes custos principais: *risco* de não receber de volta os R$500 mais os juros combinados de R$46,36 e *custo de oportunidade* por ter ficado três meses sem assistir à TV.

Assim, para o credor, os juros de R$46,36 representam:

- *o valor do dinheiro no tempo* sobre os R$500 do empréstimo pelos três meses;
- *os juros* ou o preço pago pelo devedor pelo uso dos R$500 do credor pelos três meses;
- *a remuneração*, ganho, benefício ou recompensa para o credor por ter ficado três meses sem assistir à TV e assumido os riscos inerentes à operação.

Não é possível determinar se os juros de R$46,36 foram suficientes para pagar ou compensar os três meses que A (credor) ficou sem assistir à TV. Em princípio, devem ter sido, porque o credor aceitou emprestar os R$500 em troca dos R$46,36 pelo sacrifício de não assistir à TV por três meses mais os riscos envolvidos na operação.

Quadro 9

Pessoa A — situação pós-recebimento do empréstimo			
Tem	**Preço da TV de 20"**	**Custo de oportunidade**	**Ganho, benefício ou remuneração**
R$546,36	R$500	Não ter assistido à TV por três meses	R$46,36 de juros pelo custo de oportunidade + riscos assumidos

---

[3] Consideraremos inflação a variação de preço da TV de 20".

Assim, para o credor, R$500 no início da operação (valor presente no momento do empréstimo), valem R$546,36 (valor futuro) decorridos três meses, pois o preço fixado pela privação do uso do capital mais os riscos da operação foi estabelecido em R$46,36.

Inflação positiva (3% ao mês)

Supondo que no período de empréstimo (três meses), a inflação foi de 3% ao mês.[4] A recebe de B os R$546,36, e imediatamente compra a TV desejada — agora pelo preço de R$546,36 porque houve reajuste de preço pela inflação do período.[5] Nesse caso é possível comprar a TV de 20" por R$546,36. Durante os três meses, período do empréstimo, A incorreu nos seguintes custos principais:

- risco de não receber de volta os R$500 mais os juros combinados de R$ 46,36;
- custo de oportunidade por ter ficado três meses sem assistir à TV.

Assim, para o credor, os juros de R$46,36 deveriam representar:

- o valor do dinheiro no tempo — valor dos R$500 por três meses;
- os juros — preço pago pelo devedor por usar os R$500 do credor por três meses;
- a remuneração — ganho, benefício ou recompensa para o credor por ter ficado três meses sem assistir à TV e assumido os riscos inerentes à operação.

Agora, é possível assumir que os juros de R$46,36 não foram suficientes para pagar ou remunerar os três meses em que o credor ficou sem assistir à TV mais os riscos assumidos na operação.

Quadro 10

Pessoa A — situação pós-recebimento do empréstimo			
Tem	Preço da TV de 20"	Custo de oportunidade	Perda
R$546,36	R$546,36	Não ter assistido à TV por três meses	Custo de oportunidade + riscos assumidos

Inflação negativa (1% ao mês)

Supondo que no período de empréstimo (três meses) houve inflação negativa (deflação) de 1% ao mês.[6] A recebe de B os R$546,36 e imediatamente compra a TV desejada — agora pelo preço de R$485,15 porque houve reajuste a menor pela inflação negativa do período.[7] Durante os três meses, A incorreu nos seguintes custos principais:

---

[4] Consideraremos inflação a variação de preço da TV de 20".
[5] Preço da TV após inflação de 3% ao mês: R$546,36 = R$500 (1 + 0,03)^3.
[6] Consideraremos inflação a variação de preço da TV de 20".
[7] Preço da TV após a deflação de 1% ao mês: R$485,15 = R$500 (1 − 0,01)^3.

- *risco* de não receber de volta os R$500 mais os juros combinados de R$46,36;
- *custo de oportunidade* por ter ficado três meses sem assistir à TV.

Assim, os juros de R$46,36 representam:

- *o valor do dinheiro no tempo* — valor dos R$500 por três meses;
- *os juros* — preço pago pelo devedor por usar os R$500 do credor por três meses;
- *a remuneração* — ganho, benefício ou recompensa para o credor por ter ficado três meses sem assistir à TV e assumido os riscos inerentes à operação.

Assim, podemos afirmar que os juros de R$46,36 foram suficientes para pagar ou remunerar os três meses que o credor ficou sem assistir à TV mais os riscos assumidos na operação.

Quadro 11

Pessoa A — situação pós-recebimento do empréstimo			
Tem	Preço da TV de 20"	Custo de oportunidade	Ganho, benefício ou remuneração
R$546,36	R$485,15	Não ter assistido à TV por três meses	R$46,36 de juros pelo custo de oportunidade + riscos assumidos R$14,85 pela deflação do período, queda no preço da TV

Quadro 12
Resumo do exemplo citado

Credor (empréstimo a juros de 3% ao mês)			
Inflação do período	Poder de compra do VF (capital + juros)*	Riscos incorridos	Ganho (perda)
< zero (deflação)	Mantido	Comercial	Juros de R$46,36 Deflação de preço da TV, R$14,85 (Custo de oportunidade)
Zero	Mantido	Comercial	Juros de R$46,36 (Custo de oportunidade)
0 < 3% ao mês	Mantido	Comercial Inflação	(Parte dos juros) (Custo de oportunidade)
= 3% ao mês	Mantido	Comercial Inflação	(Juros de R$46,36) (Custo de oportunidade)
> 3% ao mês	Não mantido	Comercial Inflação	(Juros de R$46,36) (Parte do capital para adquirir uma TV de 20") (Custo de oportunidade)

* Para adquirir ou repor uma TV de 20", equivalente ao poder de compra do capital (valor presente) no início do empréstimo.

Dependendo do ponto de vista, o risco da inflação pode estar incluso no risco comercial da operação. Todavia, o importante é considerar que a inflação pode interferir na relação de valor do dinheiro no tempo, tanto para o credor quanto para o devedor. O credor estará sempre analisando e ajustando o preço do capital (juros) em relação aos riscos mais o custo de oportunidade do capital. Nas operações onde há incidência de IOF (ver capítulo 10), o credor é um agente de arrecadação desse tributo. Dessa forma, quando o IOF for financiado para o devedor, este valor, ao ser somado ao capital, passa a integrar o risco comercial da operação.

Aspectos legais aplicáveis

Antes de finalizar este capítulo, é importante lembrar que a inflação é medida por índices de correção monetária, que não se confundem com taxas de juros. Explicando melhor: tanto as taxas de juros prefixadas quanto as pós-fixadas podem conter, na sua composição, uma certa estimativa de inflação (por exemplo uma taxa prefixada de 5% ao mês pode ter sido assim determinada tendo em vista uma inflação mensal de 0,25%). Entretanto, há situações nas quais se pode exigir a correção monetária explícita e destacada dos juros (por exemplo, empréstimos com prazo superior a um ano) e há situações em que isso não é possível (por exemplo, empréstimos bancários de 30 dias).

Além disso, deve-se ter em mente que nem todo e qualquer índice de correção monetária é passível de adoção em contrato. Assim, no caso de contratos bancários, somente são passíveis de utilização os índices de correção monetária que possuem série regularmente calculada e de conhecimento público (por exemplo o IGP-M, calculado e divulgado pela Fundação Getulio Vargas).

Capítulo 5

Desconto

Desconto financeiro simples (racional)

O desconto financeiro é um tradicional (secular) produto do mercado financeiro, sendo praticado em *operações de curto prazo*. Ocorre quando o proprietário de um título de crédito, com valor e vencimento futuro certos, cede a sua propriedade a uma instituição financeira, em troca do recebimento de seu valor de face descontando determinada importância ou taxa, denominada juros antecipados, *taxa antecipada* ou desconto.

Exemplo: título de crédito, valor nominal (Vn) R$100, descontado com dois meses (n) para o vencimento com taxa de desconto (id) de 24% a.a.

Figura 16

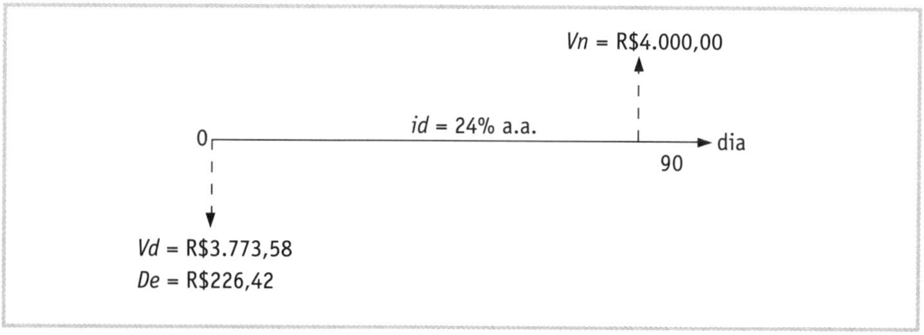

Vn = R$4.000,00

id = 24% a.a.

90 dia

Vd = R$3.773,58
De = R$226,42

$$De = \frac{Vn \times id \times n}{1 + id \times n}$$

$$Vd = Vn - De$$

Onde:
De = desconto financeiro (R$);
Vn = valor nominal do título de crédito (R$);
id = taxa de desconto (%);
Vd = valor descontado (R$).

Logo:

$$De = \frac{R\$4.000 \times 0{,}02 \times 3}{1 + 0{,}02 \times 3}$$

$$\boxed{De = R\$226{,}42}$$

Vd = R$4.000,00 − R$226,42

$$\boxed{Vd = R\$3.773{,}58}$$

Para o devedor, R$226,42 representam o valor de desconto (De) que está deixando de pagar por saldar a dívida antecipadamente (três meses antes do vencimento). Assim, o valor líquido de pagamento (valor descontado, Vd) é de R$3.773,58.

Aspectos legais aplicáveis

É importante observar que, no desconto, a operação se faz entre o banco e o beneficiário do título de crédito. Por essa razão, não pode o devedor do título descontado pleitear direito a abatimento dos juros (cobrados pelo banco do beneficiário original) em caso de pagamento antecipado.

Desconto financeiro composto

O desconto financeiro composto é também um produto do mercado financeiro, sendo praticado em *operações de longo prazo*.

Exemplo: título de crédito, valor nominal (Vn) R$50 mil, descontado com três meses (n) para o vencimento com taxa de desconto (id) de 5% a.m.

Figura 17

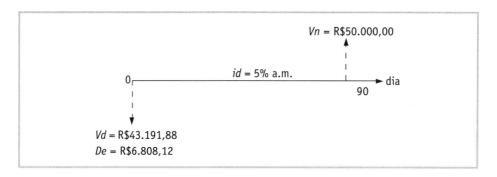

$$Vd = \frac{Vn}{(1+id)^n}$$

$$De = Vn - De$$

Onde:
De = desconto financeiro (R$);
Vn = valor nominal do título de crédito (R$);
id = taxa de desconto (%);
Vd = valor descontado (R$).

Logo:

$$Vd = \frac{R\$50.000,00}{(1+0,05)^3}$$

$$Vd = R\$43.191,88$$

De = R$50.000,00 − R$43.191,88

$$De = R\$6.808,12$$

Para o devedor, R$6.808,12 representam o valor de desconto (De) que está deixando de pagar por saldar a dívida antecipadamente (três meses antes do vencimento). Assim, o valor líquido de pagamento (valor descontado, Vd) é de R$43.191,88.

Desconto comercial simples

O desconto comercial ocorre quando uma empresa faz um abatimento sobre o valor de face de um título, geralmente devido à antecipação de seu pagamento ou alguma ocorrência com o produto/entrega etc. Considera-se também desconto comercial o abatimento que a empresa faz sobre o preço de venda de um produto ou serviços, por ocasião de liquidações ou promoções.

Exemplo: fatura de valor nominal (Vn) R$4 mil, descontada com três meses (n) para o vencimento com taxa de desconto (id) de 24% a.a.

Figura 18

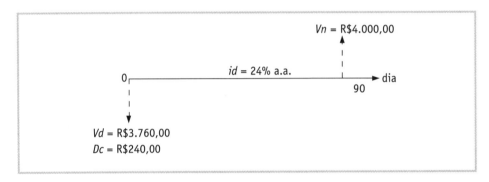

$$Vd = Vn \times (1 - id \times n)$$

$$Dc = Vn \times id \times n$$

Onde:
Dc = desconto comercial (R$);
Vn = valor nominal da fatura (R$);
id = taxa de desconto (%);
Vd = valor descontado (R$).

Logo:

$$Vd = R\$4.000,00 \times (1 - 0,02 \times 3)$$

$$Vd = R\$3.760,00$$

$$Dc = R\$4.000,00 \times 0,02 \times 3$$

$$Dc = R\$240,00$$

Para o devedor (cliente), R$240,00 representam o valor de desconto (*Dc*) que está deixando de pagar por saldar a fatura antecipadamente (três meses antes do vencimento). Assim, o valor líquido de pagamento (valor descontado, *Vd*) é de R$3.760,00.

Aspectos legais aplicáveis

Em suas operações, os comerciantes muitas vezes deparam-se com situações em que pode ser mais vantajoso não financiar o cliente e deixar que o banco o faça.

Ao financiar seu cliente, o comerciante é levado a incluir no preço de venda o custo do dinheiro; todavia, quando isso ocorre, é possível que sobre esse valor adicional incidam impostos sobre a produção e o consumo (fundamentalmente, ICMS e IPI), elevando sobremaneira o preço final do produto. Desse modo, uma alternativa para esse comerciante (que já foi largamente utilizada no passado e é ainda hoje conhecida como *vendor*) seria praticar o preço à vista e fazer com que o banco financie diretamente o cliente (normalmente o financiamento é concedido mediante prestação de garantia por parte do comerciante). Essa alternativa, porém, exige que o custo tributário do empréstimo (IOF) não seja superior ao dos impostos sobre a produção e o consumo.

Desconto comercial composto

Exemplo: fatura de valor nominal (*Vn*) R$35 mil, descontada com três meses (*n*) para o vencimento com taxa de desconto (*id*) de 5% a.m.

Figura 19

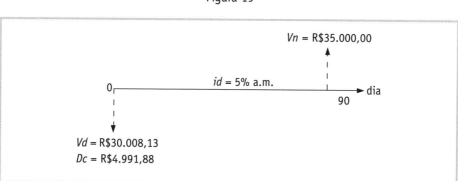

$$Vd = Vn \times (1 - id)^n$$

$$Dc = Vn \times [1 - (1 - id)^n]$$

Onde:
Dc = desconto comercial (R$);
Vn = valor nominal da fatura (R$);
id = taxa de desconto (%);
Vd = valor descontado (R$).

Logo:

$$Vd = R\$35.000,00 \times (1 - 0,05)^3$$

$$Vd = R\$30.008,13$$

$$Dc = R\$35.000,00 - R\$ 30.008,13$$

$$Dc = R\$4.991,88$$

Para o devedor (cliente), R$4.991,88 representam o valor de desconto (Dc) que está deixando de pagar por saldar a fatura antecipadamente (três meses antes do vencimento). Assim, o valor líquido de pagamento (valor descontado, Vd) é de R$30.008,13.

Capítulo 6

Sistemas de amortização

Os sistemas de amortização envolvem o pagamento de empréstimos e financiamentos de forma parcelada, e têm sido objeto de muita controvérsia e entendimento confuso. Quando os pagamentos/recebimentos são realizados de forma parcelada, é necessário definir ou negociar alguns parâmetros e adotar um método para o parcelamento (sistema de amortização). A legislação não estabelece, em geral, regras quanto aos sistemas de amortização, periodicidade das parcelas etc., cabendo, portanto, às partes decidir a respeito. A seguir definiremos alguns termos e aspectos importantes sobre o parcelamento.

Valor principal ou capital e juros

Os juros incidem sempre sobre o capital emprestado. No pagamento parcelado, o devedor geralmente devolve ao credor, em prestações ou parcelas, capital e juros na forma negociada.

Parcela ou prestação

É o valor que o devedor pagará periodicamente ao credor (determinado em contrato), cuja função é devolver o capital mais juros combinados. É possível também incluir na parcela encargos como impostos e outras taxas. Nesse caso, é importante explicitar o valor de cada item. As parcelas são periódicas e não-periódicas quando os intervalos de tempo entre elas são iguais, ou seja, pagamentos mensais, semestrais etc. Dentro da classificação de periódica, o mercado utiliza as seguintes modalidades:

- data de aniversário — é quando a prestação ou parcela tem como data de vencimento dia certo, por exemplo todo dia 10 de cada mês;
- dias corridos — é quando a prestação tem como data de vencimento 30 dias corridos a partir do período de capitalização.

A tabela 23 exemplifica um empréstimo com as seguintes características:

- R$1 mil;
- data do empréstimo — 15 de dezembro de 2000;
- juros 1% a.m.;
- prazo de cinco meses;
- prestações periódicas (Price).

Tabela 23

Prestação	Valor da prestação (R$)	Vencimento Data de aniversário	Vencimento Dias corridos
1	206,04	15-1-2001	14-1-2001
2	206,04	15-2-2001	13-2-2001
3	206,04	15-3-2001	15-3-2001
4	206,04	15-4-2001	14-4-2001
5	206,04	15-5-2001	14-5-2001

As parcelas são *não-periódicas* — quando o intervalo de tempo entre as parcelas são diferentes, conforme exemplo a seguir:

- R$1 mil;
- data do empréstimo — 15 de dezembro de 2000;
- juros 1% a.m.

Tabela 24

	Data	Prestação (R$)	Saldo devedor (R$)	Juros (R$)	Amortização (R$)
	15-12-2000	—	1.000,00	—	—
1	15-1-2001	500,00	510,00	10,00	490,00
2	25-2-2001	200,00	316,85	6,85	193,15
3	10-4-2001	100,00	221,51	4,66	95,34
4	25-4-2001	100,00	122,61	1,10	98,90
5	15-5-2001	122,61	—	0,82	122,61

Sistemas de amortização 89

Price

Entre as maneiras existentes para se amortizar o valor principal de um empréstimo, o mercado de *leasing* normalmente utiliza a tabela Price[8] para cálculo do valor da prestação. Entretanto, alguns contratos podem também utilizar o sistema SAC[9] (Sistema de Amortização Constante).

Sistema Price — o valor das parcelas é constante e pode ser obtido pela seguinte expressão:

$$Pe = \frac{Ve}{\frac{(1+i)^n - 1}{(1+i)^n \times i}}$$

Onde:
Pe = valor da prestação;
Ve = valor do empréstimo;
i = taxa de juros;
n = prazo da operação.

Figura 20

Fonte: *Gazeta Mercantil*, 6 jun. 2001, p. 4.

---

[8] A origem do nome tabela Price é o do matemático inglês Richard Price, que concebeu no século XIX este método de cálculo, também conhecido como sistema Price ou sistema francês. Nesse sistema de amortização as prestações são iguais e consecutivas, a partir do momento em que começam a ser amortizadas. As amortizações são crescentes e o valor dos juros decrescentes.

[9] O sistema SAC consiste em se fazer com que todas as amortizações sejam iguais. Assim, os valores da prestação e dos juros são decrescentes, pois incidem sobre o saldo devedor.

Figura 21

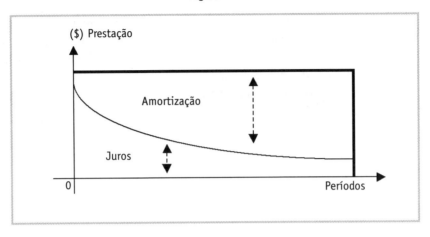

SAC (sistema de amortização constante)

No SAC o valor das parcelas é decrescente e a amortização é constante, e pode ser determinado construindo-se uma planilha analítica destacando os juros, a amortização do principal e o saldo devedor. As variáveis podem ser obtidas com as seguintes expressões:

$$Pe = Am + J$$
$$J = i \times Sdi$$
$$Am = Sdi / n$$

Onde:
Pe = valor da prestação;
J = valor dos juros inclusos na Pe;
Am = valor da amortização do Sdi incluso na Pe;
Sdi = saldo devedor inicial;
i = taxa de juros;
n = período/prazo.

Exemplo:

- prazo — seis meses;
- juros — 10% ao mês;
- valor do empréstimo — R$100.

Tabela 25
Sistema Price

Mês	Sdi	J	Am	Pe
0	100,00			
1	87,04	10,00	12,96	22,96
2	72,78	8,70	14,26	22,96
3	57,10	7,28	15,68	22,96
4	39,85	5,71	17,25	22,96
5	20,87	3,98	18,98	22,96
6	0	2,09	20,87	22,96

Tabela 26
SAC

Mês	Sdi	J	Am	Pe
0	100,00			
1	83,33	10,00	16,67	26,67
2	66,66	8,33	16,67	25,00
3	49,99	6,67	16,67	23,34
4	33,32	4,99	16,67	21,66
5	16,65	3,33	16,67	20,00
6	0	1,67	16,67	18,34

Os sistemas Price e SAC demonstram o comportamento das prestações ao longo do tempo, ou seja, seis meses. Os sistemas apresentam juros, amortização e prestações nominais diferentes no tempo, e os juros aplicados sobre os saldos devedores foram de 10% ao mês.

Sistema Price — fluxos de caixa nos respectivos meses

0	1	2	3	4	5	6
−100	22,96	22,96	22,96	22,96	22,96	22,96

VPL dos fluxos de caixa descontada a taxa de 10% ao mês:

$$VPL = -100 + \sum \frac{22,96}{(1 + 0,1)^6}$$

$$VPL = 0,003$$

Sistema SAC — fluxos de caixa nos respectivos meses

0	1	2	3	4	5	6
−100	26,67	25,00	23,34	21,66	20,00	18,34

VPL dos fluxos de caixa descontada a taxa de 10% ao mês:

$$VPL = -100 + \frac{26,67}{(1+0,1)^1} + \frac{25}{(1+0,1)^2} + \frac{23,34}{(1+0,1)^3} +$$

$$+ \frac{21,66}{(1+0,1)^4} + \frac{20}{(1+0,1)^5} + \frac{18,34}{(1+0,1)^6}$$

$$VPL = 0,003$$

Figura 22

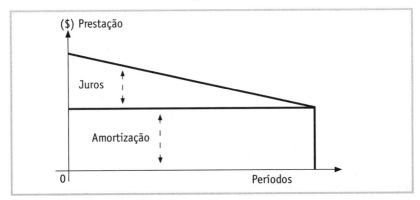

As parcelas são *constantes* quando seus valores são iguais. Essa é a forma usual na maioria das operações de financiamento e venda a prazo no varejo. O sistema de amortização utilizado é a tabela Price. A tabela 27 mostra o exemplo de prestação periódica adotado.

Tabela 27

Parcela	Saldo devedor	Juros %	Juros R$	R$ Amortização	R$ Prestação
0	1.000,00	—	—	—	—
1	803,96	1	10,00	196,04	206,04
2	605,96	1	8,04	198,00	206,04
3	405,98	1	6,06	199,98	206,04
4	204,00	1	4,06	201,98	206,04
5	—	1	2,04	204,00	206,04

O cálculo pelo método Price estabelece prestações constantes. A prestação é composta de amortização e juros. Assim, quando o cliente paga a primeira prestação, está pagando R$10 de juros e R$196,04 de amortização do principal. Portanto, os juros pagos na primeira, assim como nas demais prestações, são calculados aplicando-se a alíquota negociada sobre o respectivo saldo devedor, o que não configura anatocismo.

$$\% \text{ de juros na 1ª prestação} = \frac{R\$10,00 \ (juros)}{R\$1.000,00 \ (saldo \ devedor)} \times 100 = 1\%$$

$$\% \text{ de juros na 2ª prestação} = \frac{R\$8,04 \ (juros)}{R\$803,96 \ (saldo \ devedor)} \times 100 = 1\%$$

Sistema americano

No sistema americano, o pagamento do capital ou principal é realizado pelo devedor de uma só vez, no final do período contratual (também conhecido como *balloon payment*). Geralmente os juros são pagos periodicamente, mas também podemos encontrar operações onde os juros são capitalizados e pagos de uma só vez, junto com o principal.

Por exemplo, uma operação de empréstimo no valor de R$100 mil ($Dv_0$), pagamento do capital ou principal após dois anos, e pagamento de juros semestrais de 15% (i).

Tabela 28

Semestre	Dívida — Dv (R$)	Amortização — Am (R$)	Juros — Jr (R$)	Prestação — Pt (R$)
0	100.000,00	—	—	—
1	100.000,00	—	15.000,00	15.000,00
2	100.000,00	—	15.000,00	15.000,00
3	100.000,00	—	15.000,00	15.000,00
4	—	100.000,00	15.000,00	115.000,00
Total		100.000,00	60.000,00	160.000,00

Onde:
$Dv(n) = Dv(n-1) - Am(n)$
$Am = Dv \div n$
$Jr(n) = Dv(n-1) \times i$
$Pt = Am + Jr$

Cheque especial — método hamburguês

O método hamburguês é bastante utilizado pelo sistema bancário, principalmente para fins de cálculo de encargos sobre cheque especial. Este método permite calcular, de forma simplificada, os juros produzidos por vários capitais (C_1, C_2, ... C_v), durante determinado período de tempo (n_1, n_2, ... n_v), sujeitos a uma taxa de juros cuja capitalização é linear ou simples (i).

Os juros, montante em reais no período (J), podem ser calculados da seguinte forma:

$$J = J_1 + J_2 + ... + J_v$$

$$J_1 = C_1 \times n_1 \times i$$
$$J_2 = C_2 \times n_2 \times i$$
$$\vdots$$
$$J_v = C_v \times n_v \times i$$

$$J = i(C_1 n_1 + C_2 n_2 + ... + C_v n_v)$$

$$J = i \times \sum_{k=1}^{v} C_k n_k$$

A tabela 29 mostra o extrato de um cliente de um banco que cobra 6% ao mês de juros (sem contar os encargos de IOF e CPMF) sobre os saldos devedores de cheque especial no período de 1 a 31 de janeiro de 2003.

Tabela 29

Data	Saldo (R$)	Débito (D) Crédito (C)
2-1-2003	10.200,00	C
8-1-2003	5.800,00	D
13-1-2003	125.750,00	D
15-1-2003	8.875,22	C
26-1-2003	64.325,99	D
31-1-2003	3.215,00	D

Para calcular o valor dos juros é necessário apurar quantos dias a conta permaneceu com saldo a descoberto (negativo).

Tabela 30

Data	Saldo (R$)	D/C	Número de dias com saldo negativo (Ndsn)	Ndsn x saldo negativo (R$)
2-1-2003	10.200,00	C	—	—
8-1-2003	5.800,00	D	4	23.200,00
13-1-2003	125.750,00	D	3	374.250,00
15-1-2003	8.875,22	C	—	—
26-1-2003	64.325,99	D	8	514.607,92
31-1-2003	3.215,00	D	2	6.430,00

A taxa diária de juros que o banco cobra pelo cheque especial é de 0,20%.

$$0,20\% \text{ ao dia} = \frac{6\%/100}{30} \times 100$$

O total de juros (J) devido no período pela utilização do cheque especial (sem contar o IOF e a CPMF), considerando que o cliente tem limite de crédito, é de R$1.836,98.

$$J = \frac{0,20\%}{100} \times (R\$23.200,00 + R\$374.250,00 + R\$514.607,92 + R\$6.430,00)$$

Carência ou diferimento

O período diferido ou de carência ocorre quando o credor concede ao devedor um prazo ou período de não-pagamento (*grace period*). A carência pode ser concedida para:

- *juros* — quando o devedor não realiza pagamento de juros no prazo que separa o início da operação do período de capitalização da primeira parcela. Os juros relativos a esse período poderão ser incorporados às parcelas, pagos no final ou conforme negociado entre as partes;
- *amortização* — quando o devedor não realiza pagamento do principal no prazo que separa o início da operação do período de capitalização da primeira parcela. Parte do principal relativo a esse período poderá ser incorporada às parcelas, paga no final ou conforme negociado entre as partes;

- *amortização e juros* — quando o devedor não realiza pagamento de juros e principal no prazo que separa o início da operação do período de capitalização da primeira parcela. Os juros e o principal relativos a esse período poderão ser incorporados às parcelas, pagos no final ou conforme negociado entre as partes.

As operações de Finame, por exemplo, possuem dois tipos de diferimento ou carência: da amortização durante o período de carência, onde os juros são pagos trimestralmente; e de juros quando a TJLP ultrapassa o limite de 6% ao ano, ou seja, os juros que excedem 6% ao ano são incorporados nas parcelas subseqüentes.

A carência se justifica em operações onde o devedor precisa de um fôlego para fins de fluxo de caixa e/ou onde o projeto requer maior tempo de maturação para geração de caixa operacional.

Existe uma certa confusão no mercado quando se trata de carência e parcela antecipada e postecipada.

Exemplo:

- empréstimo — R$1.000;
- data de liberação — 15 de dezembro de 2000;
- vencimento das parcelas — data de aniversário;
- juros — 1% a.m.;
- prazo — cinco meses;
- prestações periódicas (Price).

Parcela postecipada

Ocorre quando existe intervalo de tempo entre o início da operação (data de liberação do recurso para o devedor) e o início de pagamento pelo devedor.

Tabela 31

Parcela	Vencimento	Saldo devedor (R$)	Juros (R$)	Amortização (R$)	Prestação (R$)
—	15-12-2000	1.000,00	—	—	—
1	15-1-2001	803,96	10,00	196,04	206,04
2	15-2-2001	605,96	8,04	198,00	206,04
3	15-3-2001	405,98	6,06	199,98	206,04
4	15-4-2001	204,00	4,06	201,98	206,04
5	15-5-2001	—	2,04	204,00	206,04

Parcela antecipada

Ocorre quando não existe intervalo de tempo entre o início da operação (data de liberação do recurso para o devedor) e o início de pagamento pelo devedor.

Tabela 32

Parcela	Vencimento	Saldo devedor (R$)	Juros R$	Amortização (R$)	Prestação (R$)
1	15-12-2000	796,00	—	204,00	204,00
2	15-1-2001	599,96	7,96	196,04	204,00
3	15-2-2001	401,95	5,99	198,01	204,00
4	15-3-2001	201,97	4,02	199,98	204,00
5	15-4-2001	—	2,02	201,97	204,00

O conceito aceito no comércio em geral é que as parcelas de um empréstimo sejam postecipadas, ou seja, quando a periodicidade é mensal, o cliente iniciará os pagamentos 30 dias após a data de liberação do empréstimo.

Na tabela 32:

❏ o empréstimo foi de fato realizado em quatro parcelas, a primeira tem vencimento coincidente com a data de liberação do empréstimo;
❏ o valor do empréstimo foi de R$796 e não de R$1 mil porque o cliente amortizou R$204 quando pagou a primeira prestação (entrada).

Falta padronização de práticas e até abuso de alguns poucos credores no mercado, o que acaba colaborando para a criação de uma imagem onde os integrantes do Sistema Financeiro Nacional são vistos como "lobos em peles de cordeiro".

Capítulo 7

Inflação e correção monetária (indexação)

Certamente nenhum país no mundo desenvolveu sistema de indexação e correção monetária tão sofisticado e completo como o Brasil até meados do primeiro mandato do governo de Fernando Henrique Cardoso (1995-98). Isso porque o Brasil foi um dos campeões mundiais de inflação — principalmente no final do governo Sarney (1989). Desde 1950 não experimentávamos um único ano com taxa de inflação inferior a dois dígitos.

A incorporação explícita da indexação à política econômica tornou a experiência brasileira singular no planeta, aliada a uma legislação omissa que não proibia, mas também não patrocinava, a indexação. Mais um fator que levou os nossos tribunais a montanhas de processos onde devedores e credores gastaram e ainda gastam muita energia em demandas.

Até os anos 1930 o Brasil não tinha inflação que justificasse a utilização de contratos indexados. Os registros históricos mostram que os preços mantiveram-se estáveis durante o Império e a inflação que surgiu nos primeiros anos da República foi totalmente controlada pelo governo Campos Salles. A idéia da indexação não surgiu no Brasil, é bastante antiga e foi proposta inicialmente pelo financista inglês John Wheatley em 1808, tendo sido defendida com maior ênfase no século XIX pelo economista Alfred Marshall, como fórmula capaz de manter o equilíbrio econômico dos contratos ante as flutuações de preços.

A proposta de Marshall não foi aceita com muita facilidade porque não havia indexadores confiáveis e transparentes para serem aceitos pelas partes. Até o final da II Guerra Mundial o uso de indexadores de preços em contratos era muito restrito.

Sabemos que a inflação corrói, gradualmente ou de forma rápida, as três funções clássicas da moeda defendidas por Keynes. Primeiramente a moeda deixa de ser usada como reserva de valor. Depois começa a ser substituída por outras unidades que representem maior estabilidade em relação ao poder aquisitivo e, finalmente, em processos hiperinflacionários a moeda acaba sendo não aceita como instrumento de troca. O fenômeno da hiperinflação alemã nos anos 1920 é um exemplo clássico. Amaury Temporal, em agosto de 1989 quando apresentou a edição brasileira da obra de Costantino Bresciani-Turroni, ilustrou de maneira ímpar a evidência numérica brasileira em relação à diluição pelas três reformas monetárias realizadas no período 1967-89: cruzeiro novo, cruzado e cruzado novo, com corte de nove zeros. A tabela 33 compara o cruzeiro de 1967 e o marco alemão de 11 de novembro de 1923.

Tabela 33

Item	Em marcos alemães	Em cruzeiros
1kg de pão	429 bilhões	2 bilhões
1kg de manteiga	5.600 bilhões	16,5 bilhões
1 jornal	200 bilhões	1 bilhão
1 passagem de trem urbano	150 bilhões	0,15 bilhão
1 selo simples para carta	100 bilhões	0,21 bilhão

A correção monetária tem como função básica atualizar o valor nominal de itens que sobem de preço (efeito da inflação). Com ela também podemos determinar ganhos ou perdas reais em relação à inflação. Assim, correção monetária está diretamente vinculada ao fenômeno inflação.

Tabela 34
Inflação brasileira no período 1830-2002

Ano	Taxa anual (%)	Ano	Taxa anual (%)
1830 a 1834	0,8	1953	15,1
1835 a 1844	2,7	1954	30,3
1845 a 1857	0,9	1955	13,1
1858 a 1860	(0,9)	1956	19,2
1861 a 1874	1,2	1957	12,5
1875 a 1881	1,0	1958	12,2
1882 a 1887	3,3	1959	37,7
1888 a 1896	8,9	1960	30,9
1897 a 1900	(1,9)	1961	38,1
1901 a 1912	(0,1)	1962	53,2
1913	2,0	1963	78,0
1914	(5,0)	1964	87,8
1915	3,6	1965	55,4
1916	6,3	1966	38,2
1917	10,2	1967	25,0
1918	(10,8)	1968	25,5
1919	30,5	1969	20,1
1920	10,1	1970	19,3

continua

Ano	Taxa anual (%)	Ano	Taxa anual (%)
1921	2,4	1971	19,5
1922	9,5	1972	15,7
1923	10,3	1973	15,5
1924	16,6	1974	34,5
1925	6,7	1975	29,4
1926	2,7	1976	46,3
1927	2,7	1977	38,8
1928	(1,5)	1978	40,8
1929	(0,07)	1979	77,2
1930	(9,2)	1980	97,9
1931	(3,3)	1981	95,2
1932	0,0	1982	99,7
1933	0,0	1983	211,0
1934	7,4	1984	223,8
1935	5,2	1985	235,1
1936	12,8	1986	65,0
1937	9,6	1987	415,8
1938	4,0	1988	1.037,6
1939	2,7	1989	1.782,9
1940	4,9	1990	1.476,6
1941	10,9	1991	480,2
1942	12,0	1992	1.157,9
1943	14,9	1993	2.708,6
1944	27,3	1994	1.092,7
1945	16,7	1995	14,7
1946	16,5	1996	9,19
1947	6,3	1997	7,48
1948	9,2	1998	1,70
1949	9,0	1999	19,98
1950	13,4	2000	9,81
1951	19,8	2001	10,40
1952	10,3	2002	26,41

Fontes: Yoshitake e Hoji (1997); Agência Dinheiro Vivo.
Obs.: 1830 a 1912 — inflações médias com base em variações absolutas de cada período; 1912 a 1945 — comportamento provável dos preços ao consumidor (custo de vida); 1946 a 1969 — variação do IPA; 1970 a 2002 — variação do IGP/FGV.

No Brasil, assim como em outros países, existem vários indicadores (índices) que medem a variação da inflação/correção monetária, taxa de juros e taxa de câmbio. Cada um utiliza diferentes metodologias de cálculo para finalidades específicas. É muito difícil trabalhar com indexadores no ambiente econômico brasileiro, principalmente em operações onde os prazos são longos. A escolha de um indexador requer análise de vários aspectos, como:

- atratividade/atividade operacional do devedor;
- estrutura de *funding* do credor;
- *hedge*;[10]
- riscos de mudança de critérios na metodologia de cálculo do indexador;
- extinção ou restrições de uso do indexador por determinação das autoridades monetárias etc.

Não é objetivo deste livro incluir e simular os efeitos da indexação no processo de análise e decisão sobre empréstimos a aplicações. Tal tarefa exigiria projeções de vários indexadores e conseqüente análise dos seus impactos no valor presente líquido da operação, no efeito fiscal do imposto de renda e nas demonstrações financeiras.

Entretanto, pela relevância do processo de indexação no Brasil e seus possíveis efeitos sobre as empresas, abordaremos as nuanças dos índices, suas vantagens e desvantagens para que a empresa possa analisar os impactos.

Segundo Simonsen, a idéia da indexação é antiga. Foi proposta inicialmente pelo financista inglês John Wheatley e defendida pelo economista Alfred Marshall como fórmula capaz de manter o equilíbrio econômico dos contratos ante flutuações no nível geral de preços.

No Brasil, a partir de 1964, surgiram diversas leis admitindo a estipulação de cláusulas de correção monetária nos mais variados contratos e negócios jurídicos.

Taxa referencial

Aspectos positivos:

- é divulgada no terceiro dia útil do mês de referência;
- possui redutor fixado pelo Banco Central como instrumento para expurgar os juros reais embutidos nos CDBs;
- tende a acompanhar a inflação;
- possibilita indexação diária pelo cálculo da variação *pro rata tempore*.

Aspectos negativos:

- mede a expectativa de inflação dos bancos, pois está baseada nas taxas dos CDBs mais negociados no mercado;

---

[10] *Hedge* é um mecanismo financeiro de proteção dos itens ativos e passivos. Por exemplo, uma empresa emitiu debêntures indexadas pela variação do IGP-M e aplicou os recursos num investimento que proporcionará retorno indexado à variação cambial (dólar). Nesse caso, o *hedge* é uma operação para protegê-la de um possível descasamento entre o IGP-M e a variação do dólar.

- é apurada e divulgada pelo Banco Central do Brasil;
- tem período de coleta limitado, de três dias úteis apenas;
- está sujeita a constantes alterações na legislação e na metodologia de cálculo;
- dificulta indexação de valores anteriores a 1991, ano de sua criação.

> **ASPECTOS LEGAIS APLICÁVEIS**
>
> Do ponto de vista jurídico ou econômico, a taxa referencial funciona como juros e não índice de correção monetária, apesar de (assim como a TBF e a TJLP) embutir uma expectativa inflacionária.

Dólar comercial

Aspectos positivos:

- possibilita a indexação diária;
- é o único indexador do mercado expresso em valor monetário;
- não considera a inflação da moeda americana;
- em 1990-99 não acompanhava os principais índices de inflação.

Aspectos negativos:

- valor de cotação na moeda nacional e sua decorrente variação monetária, sujeitos a arbítrio das autoridades monetárias brasileiras;
- valor de cotação apurado e divulgado pelo Banco Central do Brasil.

> **ASPECTOS LEGAIS APLICÁVEIS**
>
> Por questões de política monetária, a utilização da indexação cambial é restrita às situações nas quais a legislação interna expressamente a admite. O diploma legal básico é o Decreto-lei nº 857 de 11 de setembro de 1969.

IGP-M (índice geral de preços para o mercado)

Aspectos positivos:

- é um índice abrangente, pois mede a variação de preços no atacado, no varejo e na construção civil;

- possui ponderação relativa à produção de cada um desses setores;
- é divulgado no último dia útil de cada mês, facilitando a indexação mensal;
- é apurado por uma instituição isenta, a Fundação Getulio Vargas.

Aspectos negativos:

- o período de coleta, que inclui os últimos 10 dias do mês anterior, excluindo os últimos 10 dias do mês em referência;
- dificuldade de indexar valores anteriores a 1989, ano em que foi criado;
- impossibilidade de indexação diária.

Aspectos legais aplicáveis

Um aspecto importante a ser lembrado no que concerne a índices tais como o IGP-M é que ele tem uma certa periodicidade. Ou seja, existe um IGP-M para o mês *x* e outro para o mês *y*.

Assim, tudo é muito simples quando o IGP-M (ou outro índice com as mesmas características) cobre todo o período. Entretanto, quando isso não é possível, devem as partes cuidar para que o índice escolhido reflita mais adequadamente a periodicidade dos pagamentos. Por exemplo, um pagamento devido todo dia 15 utilizaria um índice que seja calculado no perído entre o dia 15 de um determinado mês e o dia 15 do mês subseqüente. Além de estipular regras claras sobre a aplicação proporcional (ao tempo transcorrido) do índice de correção monetária.

É importante lembrar também que, de acordo com a Lei nº 9.069 de 29 de junho de 1995 (Lei do Plano Real), embora a periodicidade mínima de aplicação das cláusulas de correção monetária (com base em índice de preços) seja anual, o devedor que antecipar o pagamento de uma obrigação sujeita a correção (anual) deve pagar a correção monetária proporcionalmente ao tempo até então transcorrido.

IGP-DI (índice geral de preços-disponibilidade interna)

Aspectos positivos:

- é um índice abrangente, medindo a variação de preços no atacado, no varejo e na construção civil;
- possui ponderação relativa à produção de cada um dos setores medidos;
- é apurado por instituição isenta, a FGV;

- possui período de coleta de dados ao longo de todo o mês de referência;
- é um índice apurado desde 1947, permitindo indexações a partir desse ano.

Aspectos negativos:

- é divulgado somente no 10º dia subseqüente ao mês de referência;
- não possibilita o processo de indexação diária.

TBF (taxa básica financeira)

Aspectos positivos:

- é divulgada diariamente através de um índice válido para os próximos 30 dias;
- mede a remuneração média (geométrica) mensal dos CDBs/RDBs prefixados com prazo entre 30 e 35 dias, ajustados pelos dias úteis de vigência;
- possibilita indexação diária pelo cálculo da variação *pro rata tempore*.

Aspectos negativos:

- mede a expectativa de inflação dos bancos, pois está baseada nas taxas dos CDBs mais negociados no mercado;
- não possui redutor (tentativa de expurgar os juros reais embutidos) como a TR;
- é apurada e divulgada pelo Banco Central do Brasil;
- está sujeita a constantes alterações na legislação e na metodologia de cálculo; e
- dificulta a indexação de valores anteriores a junho de 1995, data da sua criação.

TJLP (taxa de juros de longo prazo)

Ainda é prematuro relacionar os aspectos positivos e negativos da TJLP, citamos a seguir suas características para que o leitor analise e conclua.

- Foi instituída pela Medida Provisória nº 865, de 27 de janeiro de 1995, e regulamentada pela Resolução nº 2.121 do Banco Central do Brasil.
- É apurada e divulgada pelo Banco Central do Brasil.
- É válida por três meses, sendo expressa em termos anuais.
- Dificulta indexação anterior a dezembro de 1994, data que começou a ser divulgada.
- É calculada a partir da rentabilidade nominal média dos títulos da dívida pública externa, com prazo de resgate mínimo de dois anos (Brazil Investment Bond — BIB; Interest Due and Unpaid — IDU; Par Bond; Discount Bond; Debt Conversion Bond — DCB; Front-Loaded Interest Reduction — FLIRB; Front-

Loaded Interest Reduction with Capitalization Bond-C; New Money Bond; Eligible Interest Bond — EI Bond; outros títulos que venham a ser emitidos pela República Federativa do Brasil), e da dívida pública interna, com prazo de resgate superior a seis meses (Notas do Tesouro Nacional — NTN séries D e H; outros a critério do Banco Central do Brasil).

Tabela 35
Variação dos indexadores (%)

Mês-ano	TR	Dólar	IGP-M	IGP-DI	TBF	TJLP
7-1995	2,99	1,52	1,82	2,24	3,98	1,86
8-1995	2,60	1,60	2,20	1,29	3,84	1,86
9-1995	1,94	0,32	−0,71	−1,08	3,16	1,67
10-1995	1,65	0,83	0,52	0,23	2,98	1,67
11-1995	1,44	0,49	1,20	1,33	2,76	1,67
12-1995	1,34	0,61	0,71	0,27	2,66	1,37
1-1996	1,25	0,63	1,73	1,79	2,57	1,37
2-1996	0,96	0,57	0,97	0,76	2,28	1,37
3-1996	0,81	0,39	0,40	0,22	2,12	1,41
4-1996	0,66	0,46	0,32	0,70	1,97	1,41
5-1996	0,59	0,59	1,55	1,68	1,93	1,41
6-1996	0,61	0,60	1,02	1,22	1,82	1,20
7-1996	0,59	0,68	1,35	1,09	1,84	1,20
8-1996	0,63	0,56	0,28	0,00	1,84	1,20
9-1996	0,66	0,45	0,10	0,13	1,82	1,17
10-1996	0,74	0,60	0,19	0,22	1,80	1,17
11-1996	0,81	0,54	0,20	0,28	1,77	1,17
12-1996	0,87	0,60	0,73	0,88	1,73	0,87
1-1997	0,74	0,64	1,77	1,58	1,72	0,87
2-1997	0,66	0,52	0,43	0,42	1,63	0,87
3-1997	0,63	0,74	1,15	1,16	1,59	0,82
4-1997	0,62	0,42	0,68	0,59	1,58	0,82
5-1997	0,64	0,74	0,21	0,30	1,59	0,82
6-1997	0,65	0,49	0,74	0,70	1,59	0,81
7-1997	0,66	0,60	0,09	0,50	1,61	0,81
8-1997	0,63	0,76	0,09	−0,04	1,58	0,81
9-1997	0,65	0,44	0,48	0,59	1,60	0,75
10-1997	0,66	0,61	0,37	0,34	1,61	0,75
11-1997	1,53	0,61	0,64	0,83	2,70	0,75
12-1997	1,31	0,59	0,84	0,69	2,80	0,79
1-1998	1,15	0,65	0,96	0,88	2,59	0,79
2-1998	0,45	0,60	0,18	0,02	2,08	0,68
3-1998	0,90	0,62	0,19	0,23	2,26	0,98
4-1998	0,47	0,61	0,13	−0,13	1,63	0,84

continua

Inflação e correção monetária (indexação) 107

Mês-ano	TR	Dólar	IGP-M	IGP-DI	TBF	TJLP
5-1998	0,45	0,54	0,14	0,23	1,60	0,89
6-1998	0,49	0,56	0,38	0,28	1,64	0,85
7-1998	0,55	0,56	−0,17	−0,38	1,65	0,93
8-1998	0,37	1,16	−0,16	−0,17	1,42	0,85
9-1998	0,45	0,74	−0,08	−0,02	1,50	0,92
10-1998	0,89	0,64	0,08	−0,03	2,53	0,92
11-1998	0,61	0,67	−0,32	−0,18	2,41	0,88
12-1998	0,74	0,62	0,45	0,98	2,20	1,46
1-1999	0,52	64,08	0,84	1,15	1,97	0,96
2-1999	0,83	4,11	3,61	4,44	2,64	0,87
3-1999	1,16	−16,60	2,83	1,98	3,01	1,11
4-1999	0,61	−3,56	0,71	0,03	2,20	0,96
5-1999	0,58	3,81	−0,29	−0,34	2,04	1,06
6-1999	0,31	2,64	0,36	1,02	1,57	1,06
7-1999	0,29	1,11	1,55	1,59	1,54	1,15
8-1999	0,29	7,08	1,56	1,45	1,53	1,15
9-1999	0,27	0,33	1,45	1,47	1,48	1,10
10-1999	0,23	1,60	1,70	1,89	1,40	0,94
11-1999	0,20	−1,55	2,39	2,53	1,35	0,94
12-1999	0,30	−6,95	1,81	1,23	1,55	1,08
1-2000	0,21	0,75	1,24	1,02	1,39	0,95
2-2000	0,23	−1,88	0,35	0,19	1,42	0,95
3-2000	0,22	−1,20	0,15	0,18	1,40	0,95
4-2000	0,13	3,40	0,23	0,13	1,21	0,79
5-2000	0,25	1,10	0,31	0,67	1,44	0,92
6-2000	0,21	−1,46	0,85	0,93	1,38	0,87
7-2000	0,15	−1,40	1,57	2,26	1,27	0,82
8-2000	0,20	2,74	2,39	1,82	1,36	0,89
9-2000	0,10	1,11	1,16	0,69	1,16	0,78
10-2000	0,13	3,54	0,38	0,37	1,22	0,78
11-2000	0,12	2,65	0,29	0,39	1,19	0,74
12-2000	0,10	−0,21	0,63	0,76	1,16	0,74
1-2001	0,14	0,62	0,62	0,49	1,23	0,78
2-2001	0,04	0,23	0,23	0,34	0,97	0,63
3-2001	0,17	0,56	0,56	0,80	1,20	0,78
4-2001	0,15	1,00	1,00	1,13	1,17	0,70
5-2001	0,18	0,86	0,86	0,44	1,32	0,78
6-2001	0,15	0,98	0,98	1,46	1,24	0,70
7-2001	0,24	1,48	1,48	1,62	1,44	0,80
8-2001	0,34	1,38	1,38	0,90	1,63	0,83
9-2001	0,16	0,31	0,31	0,38	1,27	0,69
10-2001	0,29	1,18	1,18	1,45	1,53	0,84
11-2001	0,19	1,10	1,10	0,76	1,35	0,76
12-2001	0,20	0,22	0,22	0,18	1,34	0,76

continua

Mês-ano	TR	Dólar	IGP-M	IGP-DI	TBF	TJLP
1-2002	0,26	0,36	0,36	0,19	1,46	0,84
2-2002	0,12	0,06	0,06	0,18	1,20	0,68
3-2002	0,18	0,09	0,09	0,11	1,30	0,76
4-2002	0,24	0,56	0,56	0,70	1,43	0,80
5-2002	0,21	0,83	0,83	1,11	1,36	0,76
6-2002	0,16	1,54	1,54	1,74	1,27	0,72
7-2002	0,27	1,95	1,95	2,05	1,48	0,87
8-2002	0,25	2,32	2,32	2,36	1,45	0,84
9-2002	0,20	2,40	2,40	2,64	1,34	0,80
10-2002	0,28	3,87	3,87	4,21	1,50	0,87
11-2002	0,26	5,19	5,19	5,84	1,48	0,76
12-2002	0,36	3,75	3,75	2,70	1,66	0,80

A figura 23 mostra o comportamento dos indexadores listados na tabela, mês a mês, de julho de 1995 a dezembro de 2002. Verificamos que eles possuem variação muito similar no período, com exceção dos efeitos da variação cambial a partir de janeiro de 1999.

Figura 23

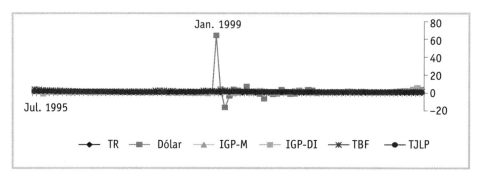

Embora aparentemente os indexadores apresentem variação semelhante (exceto o dólar), é importante analisar o comportamento do seu somatório no período.

Tabela 36
Variação acumulada jul. 1995 — dez. 2002 (%)

TR	Dólar	IGP-M	IGP-DI	TBF	TJLP
65,63	193,28	131,48	130,20	380,44	137,20

Figura 24

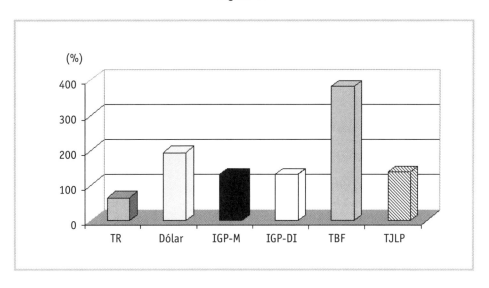

Tabela 37
Média mensal dos indexadores jul. 1995 — dez. 2002 (%)

TR	Dólar	IGP-M	IGP-DI	TBF	TJLP
0,72	2,12	1,44	1,43	4,18	1,51

Figura 25

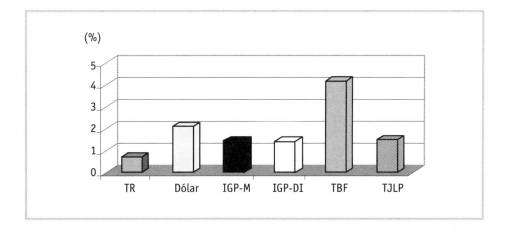

Capítulo 8

Aplicação dos sistemas Price e SAC

A adoção de sistemas de amortização é um tema bastante divulgado nos meios financeiros, sendo escassas e praticamente inexistentes literaturas e publicações a respeito dos efeitos que eles causam no mercado e no crédito.

Quando adotar sistemas de amortização?

Os sistemas de amortização são formas tradicionais ou meios para viabilizar financiamento, *leasing* financeiro, venda a prazo de produtos e serviços ou empréstimo de recursos. Nessas operações o devedor devolve ou paga ao credor:

- o valor principal;
- juros sobre o valor principal (aluguel pelo uso do valor principal) de acordo com parâmetros legais, de mercado, de risco etc.;
- impostos (IOF, ISS etc.);
- tarifas;
- outras despesas decorrentes da transação (constituição de garantias, reserva de crédito, registro de contrato etc.).

Por exemplo, um cliente (*devedor*) deseja comprar de uma loja (*credor*) um determinado produto, cujo valor é de R$3 mil. O devedor deseja pagar os R$3 mil no prazo de 10 meses. O credor aceita financiar R$3 mil ao devedor pelo prazo solicitado, com o pagamento de juros de 5% ao mês.

Caso a operação seja concretizada, o devedor deverá pagar ao credor, no prazo de 10 meses: R$3 mil (valor principal) e juros de 5% ao mês.

É necessário que devedor e credor combinem/contratem *como* e *quando* deverão ser pagos, no prazo de 10 meses, o valor principal (R$3 mil) e o valor referente aos juros (5% ao mês). Existem várias formas de o devedor pagar ao credor os R$3 mil mais os juros. Algumas comumente usadas são apresentadas a seguir.

- Pagar o valor principal e os juros ao fim do 10º mês (figura 26).
- Pagar juros mensais e o valor principal ao fim do 10º mês (figura 27).
- Pagar juros mensais e o valor principal também em parcelas mensais — esta forma precisa ser analisada com mais cuidado, pois algumas variáveis precisam ser definidas:
  - Quanto o devedor pagará mensalmente de juros ao credor?
  - Quanto o devedor pagará mensalmente do valor principal ao credor?
  - Os pagamentos mensais do devedor ao credor, juros e parte do principal, serão constantes, crescentes ou decrescentes?

Figura 26
Pagar o valor principal e os juros ao fim do 10º mês

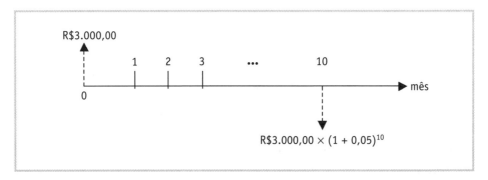

Figura 27
Pagar juros mensais e o valor principal ao fim do 10º mês

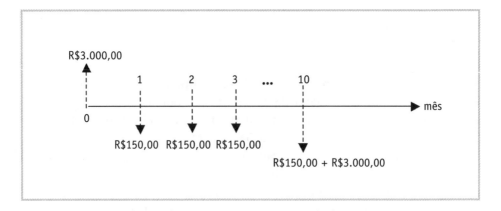

Tabela Price

Já que as parcelas (principal mais juros) são constantes, quando juros pós-fixados, e fixas, quando juros prefixados e os juros incidem sobre o saldo devedor do período imediatamente anterior, à medida que as parcelas forem pagas:

- os valores referentes à amortização do principal aumentam;
- os respectivos saldos devedores diminuem;
- os juros incidentes também diminuem.

SAC (sistema de amortização constante)

O SAC, cujo nome é auto-explicativo, caracteriza-se pelo resgate do principal através de amortizações constantes e juros sobre os respectivos saldos devedores. Dessa forma, as parcelas ou prestações do SAC são:

- *decrescentes* — com valores diminuindo quando prefixadas; quando sujeitas a correção monetária, os valores estarão atrelados ao indexador contratado;
- *imediatas* — quando não possuir carência;
- *postecipadas* — o vencimento das prestações ocorre ao final de cada período, ou seja, num plano mensal de pagamentos a primeira prestação vence um mês após a contratação;
- *periódicas* — possuem períodos de capitalização e amortização iguais.

Já que as parcelas (principal + juros) são decrescentes, quando os juros são prefixados, e os juros incidem sobre o saldo devedor do período imediatamente anterior, à medida que as parcelas forem pagas:

- os valores referentes à amortização do principal são constantes;
- os respectivos saldos devedores diminuem;
- os juros incidentes também diminuem.

Exemplo:
venda a prazo — R$3.000;
prazo — 10 meses;
juros — 5% ao mês.

Tabela 38
Planilha analítica — Price

Mês n	Saldo devedor Sd(n)	Juros Jpe(n)	Amortização Am(n)	Prestação Pe(n)
0	3.000,00	—	—	—
1	2.761,49	150,00	238,51	388,51
2	2.511,05	138,07	250,44	388,51

continua

Mês n	Saldo devedor Sd(n)	Juros Jpe(n)	Amortização Am(n)	Prestação Pe(n)
3	2.248,09	125,55	262,96	388,51
4	1.971,98	112,40	276,11	388,51
5	1.682,07	98,60	289,91	388,51
6	1.377,66	84,10	304,41	388,51
7	1.058,03	68,88	319,63	388,51
8	722,42	52,90	335,61	388,51
9	370,03	36,12	352,39	388,51
10	—	18,50	370,03	388,51

Tabela 39
Planilha analítica — SAC

Mês n	Saldo devedor Sd(n)	Juros Jpe(n)	Amortização Am(n)	Prestação Pe(n)
0	3.000,00	—	—	—
1	2.700,00	150,00	300,00	450,00
2	2.400,00	135,00	300,00	435,00
3	2.100,00	120,00	300,00	420,00
4	1.800,00	105,00	300,00	405,00
5	1.500,00	90,00	300,00	390,00
6	1.200,00	75,00	300,00	375,00
7	900,00	60,00	300,00	360,00
8	600,00	45,00	300,00	345,00
9	300,00	30,00	300,00	330,00
10	—	15,00	300,00	315,00

Aspectos comerciais

Observe que na tabela Price as parcelas ou prestações são constantes e no SAC as parcelas são decrescentes. Dependendo do tipo de produto a ser financiado e do tipo de cliente: pessoa física, pessoa jurídica, conhecimento dos sistemas Price e SAC etc., é importante considerar os efeitos mostrados no quadro 13.

Quadro 13

Discriminação	Price	SAC	Observações
Programação financeira para o devedor e o credor	Favorável	Desfavorável	Prestações constantes facilitam a programação financeira de pagamentos e recebimentos.
Anúncios diversos (jornal, TV, rádio, folhetos, *outdoor* etc.)	Favorável	Desfavorável	SAC demanda mais espaço e tempo para explicar ao cliente que as prestações serão decrescentes, o que poderá acarretar maior despesa para divulgação.
Treinamento da força de vendas (vendedores e promotores)	Favorável	Desfavorável	O SAC exige que o vendedor gaste mais energia explicando o comportamento das prestações. Na tabela Price a venda é mais direta: 10 pagamentos mensais de R$388,51.

É importante o fornecedor de produtos e serviços considerar que os processos de venda a prazo/financiamento pela tabela Price podem oferecer vantagens a ambas as partes (credor e devedor), conforme o quadro 13. Entretanto, em situações específicas o SAC pode ser utilizado com relativo sucesso.

Por exemplo, os planos de financiamento elaborados pelo Banco Volkswagen no final de 1999 e início de 2000, onde o principal atrativo explorado na mídia foi os planos com prestações decrescentes. Talvez, a intenção da Volkswagen fosse concorrer diretamente com os planos de financiamento oferecidos então pela General Motors, cujas prestações eram calculadas pela tabela Price. O efeito esperado pela Volkswagen junto ao cliente pessoa física poderia ser analisado da seguinte forma:

- se o cliente comprar o Corsa, pagará prestações mensais consecutivas iguais de R$350 (exemplo hipotético sem considerar o valor pago pelo cliente como entrada);
- se o cliente optar pelo Gol, iniciará o plano de pagamento mensal com valor inicial de R$350, e terminará pagando apenas R$215.

Mesmo nos planos de venda a prazo/financiamento sujeitos a alguma forma de indexação (correção pela variação da TR, dólar, IGP-M etc.), a tabela Price ainda oferece vantagens do ponto de vista mercadológico.

Prestações constantes facilitam a programação financeira do devedor e do credor. Geralmente o cliente pessoa física tende a comparar o valor da prestação com o seu salário. Pessoas jurídicas também o fazem, mas analisam com acurácia outros aspectos como juros efetivos que estão sendo cobrados, indexação, garantias etc. Comparar o valor da prestação com o salário é o que podemos chamar de *hedge* natural, quando se tratar de juro prefixado (sem indexação). O SAC maximiza esse *hedge* natural porque as prestações decrescem, ou seja, a cada mês que passa o devedor compromete menos do seu salário com o pagamento. Todavia, quando o cliente se depara com planos de financiamento cujas prestações são calculadas pelo SAC, pode demorar mais para decidir pela compra, em função de desconfiança. "Pode ter alguma coisa errada nesse plano! Por que as prestações vão diminuindo com o tempo?"

Anúncios diversos (jornal, TV, rádio, folhetos, outdoor etc.). O SAC exige mais espaço, tempo e, conseqüentemente, mais dinheiro para divulgar prestações decrescentes. O anúncio num pequeno jornal de bairro pode não fazer muita diferença no preço. Todavia, numa campanha englobando todo o território nacional em jornais de grande circulação, TV e rádio, o somatório de alguns segundos a mais em horário nobre em TV e rádio pode aumentar o custo da campanha ou roubar tempo e espaço de outros aspectos importantes que precisam ser evidenciados. Recorrendo ao caso Volkswagen, na campanha realizada, a empresa divulgava apenas o valor da primeira e o valor da última prestação, num plano de financiamento de 36 meses pelo SAC.

Treinamento da força de vendas. Certamente há exigência de maior complexidade comercial e operacional para o vendedor, quando trabalha com lista ou tabela de preço para venda a prazo ou financiamento pelo SAC.

Analisaremos as duas situações, usando de novo o exemplo da Volkswagen. Observe que para contemplar a mesma quantidade de planos de pagamentos da tabela Price, precisaríamos elaborar 10 tabelas contendo as condições do SAC. Existem também aspectos operacionais para levar em conta:

- *contrato* — na elaboração de contrato (se houver), este se torna mais complexo quando a forma de pagamento é pelo SAC, pois é necessário descrever o valor de todas as parcelas;
- *forma de pagamento* — dependendo da forma de pagamento, o SAC também oferece desvantagens em relação à Price. Emissão de carnê, ficha de compensação, duplicata ou cheque pré-datado podem requerer maior atenção, principalmente, quando realizados de forma não automática.

Crédito e garantias

Certamente o sistema de amortização a ser utilizado jamais implicará maior ou menor risco de crédito. Os tradicionais enfoques de concessão de crédito abrangem: conhecer o máximo possível do cliente; analisar cuidadosamente a documentação do processo; e dimensionar o risco do crédito. Dar crédito significa assumir risco.

A essência do crédito é uma relação biunívoca entre o credor e o devedor. O credor concede ao devedor uma quantidade de recursos que somente se justifica se for adequada à necessidade econômica do devedor. Onde então o sistema de amortização (SAC/Price) pode ter alguma influência no crédito? Analisemos novamente as planilhas apresentadas, que representam uma venda a prazo no valor de R$3 mil, pelo prazo de 10 meses, a juros de 5% ao mês, pelos sistemas Price e SAC.

Tabela 40

Planilha analítica — Price			
Mês	Saldo devedor	Juros	Amortização	Prestação
0	3.000,00	—	—	—
1	2.761,49	150,00	238,51	388,51
2	2.511,05	138,07	250,44	388,51
3	2.248,09	125,55	262,96	388,51
4	1.971,98	112,40	276,11	388,51
5	1.682,06	98,60	289,91	388,51
6	1.377,65	84,10	304,41	388,51
7	1.058,02	68,88	319,63	388,51
8	722,41	52,90	335,61	388,51
9	370,01	36,12	352,39	388,51
10	(0,00)	18,50	370,01	388,51
Planilha analítica — SAC			
Mês	Saldo devedor	Juros	Amortização	Prestação
0	3.000,00	—	—	—
1	2.700,00	150,00	300,00	450,00
2	2.400,00	135,00	300,00	435,00
3	2.100,00	120,00	300,00	420,00
4	1.800,00	105,00	300,00	405,00
5	1.500,00	90,00	300,00	390,00
6	1.200,00	75,00	300,00	375,00
7	900,00	60,00	300,00	360,00
8	600,00	45,00	300,00	345,00
9	300,00	30,00	300,00	330,00
10	—	15,00	300,00	315,00

Quadro 14

Item	Contabilização pelo devedor	Valor (regime de competência)
Saldo devedor	Conta de passivo, parte circulante e parte exigível a longo prazo se o prazo do empréstimo for superior a um ano	Saldo apresentado na planilha analítica
Juros	Conta de despesa financeira dedutível da base de cálculo do imposto de renda	Valor efetivamente pago referente à competência do período
Amortização	Conta redutora de passivo	Valor efetivamente pago referente à competência do período
Prestação	Conta redutora de ativo, caixa e bancos	Valor efetivamente pago referente à competência do período

Vamos supor que essa venda a prazo é de um bem de consumo durável e também que a inadimplência pode ter um forte impacto. Tendo sido provocada por fatores alheios ou não totalmente previsíveis quando da concessão do crédito, como no processo provocado no mercado de *leasing* e CDC (crédito direto ao consumidor) de veículos a pessoas físicas, decorrente da recente desvalorização do real em relação ao dólar. Os principais agentes financiadores viram seus índices de inadimplência saltarem de um patamar abaixo dos 10% para índices superiores a 50%.

Figura 28

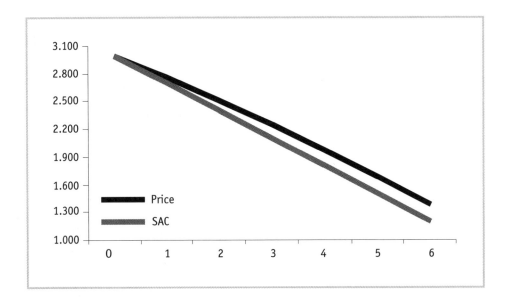

Tabela 41

Saldo devedor	Price	SAC
Ao final do sexto mês	R$1.377,66	R$1.200,00
	14,81%	100,00%

O saldo devedor da carteira de empréstimo no sexto mês no sistema Price é praticamente 15% maior do que no SAC. Algumas conseqüências desse fenômeno serão cuidadosamente analisadas a seguir.

Garantia. A maioria das operações de crédito e/ou venda a prazo são concedidas mediante garantias, reais ou fidejussórias (penhor mercantil, alienação fiduciária, reserva de domínio, caução, aval, fiança etc.). No exemplo estudado, se no sexto mês o credor for executar a garantia da operação, o SAC pode oferecer vantagens ao credor quando o valor da garantia não for suficiente para suportar o saldo devedor. Comumente encontramos situações onde o valor da garantia possui uma curva decrescente de valor; enquanto o saldo devedor apresenta curva crescente. No segmento de veículos, por exemplo, a dívida do comprador cresce na proporção dos juros e outras despesas do processo; ao passo que o valor da garantia (veículo) decresce em função da depreciação e do valor de mercado do bem. Esse *gap* precisa ser equacionado com o percentual de entrada mínima que o devedor pagará na ocasião de contratação do financiamento.

Por exemplo, o caso de um financiamento de veículo, cuja curva de valor de mercado/depreciação se comporta como descrito nas duas últimas colunas da tabela 42:

- valor — R$ 10.000;
- prazo — 24 meses;
- juros — 5% ao mês;
- amortização — tabela Price.

Tabela 42

Pe	Saldo devedor (R$)	Juros (R$)	Amortização (R$)	Prestação (R$)	Valor do bem (R$)	Depreciação (%)
0	6.837,00	—	—	—	10.000,00	—
1	6.683,37	341,85	153,63	495,48	8.000,00	20
2	6.522,05	334,17	161,32	495,48	7.840,00	2
3	6.352,67	326,10	169,38	495,48	7.683,20	2
4	6.174,82	317,63	177,85	495,48	7.529,54	2
5	5.988,08	308,74	186,74	495,48	7.378,95	2
6	5.792,00	299,40	196,08	495,48	7.231,37	2
7	5.586,11	289,60	205,88	495,48	7.086,74	2
8	5.369,94	279,31	216,18	495,48	6.945,00	2
9	5.142,95	268,50	226,99	495,48	6.806,10	2
10	4.904,61	257,15	238,34	495,48	6.669,98	2
11	4.654,36	245,23	250,25	495,48	6.536,58	2
12	4.391,60	232,72	262,77	495,48	6.405,85	2
13	4.115,69	219,58	275,90	495,48	6.277,73	2
14	3.825,99	205,78	289,70	495,48	6.152,18	2
15	3.521,81	191,30	304,18	495,48	6.029,14	2

Supondo agora que um determinado cliente contratou o financiamento nas condições citadas (R$10 mil, 24 meses, 5% ao mês, Price), pagou até o 14º mês, se tornou inadimplente e o veículo foi retomado e vendido no 15º mês pelo valor de mercado constante na tabela anterior.

Tabela 43
Posição financeira para o credor no 15º mês
(financiamento sem entrada)

Evento	R$
Venda do veículo	6.029,14
(–) Despesas com a venda: edital, leilão etc.	(1.507,29)
(–) Despesas com a retomada do veículo	(1.000,00)
(–) Saldo devedor do contrato (15º mês)	(5.151,10)
(=) Saldo	(1.629,25)

Nessa situação (cliente pagou até o 14º mês, se tornou inadimplente e o veículo foi retomado e vendido no 15º mês pelo valor de mercado constante na tabela), a venda financiada somente deveria ter sido realizada mediante uma *entrada mínima de 32%*. Somente com esse percentual de entrada o credor conseguiria zerar o saldo devedor sem precisar recorrer à cobrança de saldo remanescente.

Tabela 44
Posição financeira para o credor no 15º mês
(financiamento com entrada de 32%)

Evento	R$
Venda do veículo	6.029,14
(–) Despesas com a venda: edital, leilão etc.	(1.507,29)
(–) Despesas com a retomada do veículo	(1.000,00)
(–) Saldo devedor do contrato (15º mês)	(3.521,81)
(=) Saldo	0,04

É recomendável desenvolver um modelo de simulação para determinar o percentual mínimo de entrada para as diferentes situações de inadimplência, despesas (venda e retomada) e valor de venda do veículo retomado. Uma maneira mais simples seria o credor solicitar uma entrada com boa margem de segurança, de 50% por exemplo. Porém, essa exigência pode provocar menor competitividade nas vendas.

A figura 29 mostra o comportamento de risco do financiamento citado, sem entrada, em relação à garantia exigida (alienação ou reserva de domínio do veículo).

Figura 29

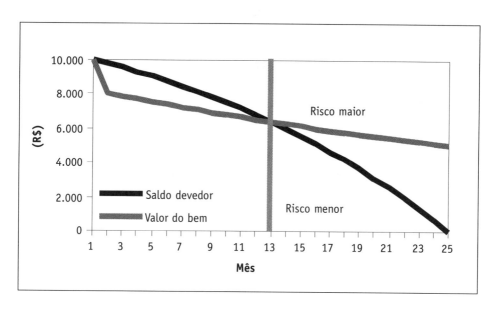

É importante observar que, somente a partir do 13º mês, o valor do veículo se torna maior do que o saldo devedor, sem considerar as despesas de retomada e venda.

Provisão de perdas. Dependendo do critério legal e/ou gerencial adotado para a provisão de perdas com devedores duvidosos, e considerando ainda a época e a forma de contabilização, haverá impactos diferenciados. Quando o credor for uma instituição financeira, deverá seguir as determinações da Resolução nº 1.748, emitida pelo Banco Central do Brasil.

Pagamento de comissões. Algumas empresas pagam diversas comissões (sobre vendas, sobre recuperação de dívidas em atraso etc.). Dependendo da base de cálculo, o valor da comissão também pode sofrer alteração em função do sistema de amortização adotado.

Independentemente do aspecto ligado ao sistema de amortização adotado, a gestão operacional de contas a receber de uma empresa reflete, e pode representar, vários aspectos de natureza interna e externa à organização:

- *qualidade da venda* — adequação do produto/serviço ao mercado, nível de informação que foi passada ao cliente sobre o produto, formas de pagamento, data de entrega, condições e riscos de uso etc.;
- *qualidade da manufatura/realização do serviço* — real utilidade ou função do produto/serviço em face das especificações e informações de catálogo/venda, funcionamento, adequação, emprego de materiais e técnicas apropriadas etc.;

- *qualidade do filtro ou do processo de concessão de crédito;*
- *conjuntura econômica e social interna e externa do país/região* — taxa de juros, câmbio, renda, emprego, crescimento do PIB, fatores climáticos, movimentos da concorrência, inflação, política monetária etc.;
- *percepção e comportamento de setores específicos:* alguns segmentos são tradicionalmente muito mais sensíveis às flutuações de demanda, operam sistematicamente com capital de giro de terceiros, possuem alto grau de dependência de recebimentos de governos (municipal, estadual e federal), não são suficientemente profissionalizados ou não possuem capacidade gerencial, podem ser ou estar vinculados a operações fraudulentas e envolvimento em escândalos, podem estar mais expostos a variáveis de natureza climática, não têm nenhuma forma de *hedge*, dependem diretamente de variáveis políticas para o sucesso do negócio etc.

ASPECTOS LEGAIS APLICÁVEIS

Qualquer operação de crédito é baseada em institutos jurídicos: um empréstimo, seja para fins de capital de giro ou financiamento de uma planta industrial, é sempre e necessariamente um contrato de mútuo, que pode ou não ter garantias, como uma hipoteca, um penhor e assim por diante. Ocorre que, por vezes, a concessão de crédito pode ser instrumentalizada com base em mecanismos novos (por exemplo: a cédula de crédito bancário), e aí devem ser considerados problemas do tipo: qual poderá ser o entendimento dos tribunais a respeito das inovações contidas nesse novo mecanismo?

Além desse aspecto, deve-se atentar também para a constante evolução das jurisprudências que, a partir de julgados isolados, vão sedimentando-se numa ou noutra direção e que, além de interferir nas situações específicas a que se aplicam, também podem irradiar efeitos para situações consideradas análogas (por exemplo: as decisões que fulminam de nulidade as cláusulas de juros calculados com base na taxa Anbid podem ser aplicadas a outras taxas de juros variáveis?).

Por fim, também é preciso ter em conta que o processo de cobrança tem várias peculiaridades. Alguns exemplos ajudam a ilustrar esse aspecto:

- a cobrança amigável é comparativamente mais célere do que a cobrança judicial, mas muitas vezes obriga o credor a renunciar a uma parcela maior do seu crédito (ou seja, prevalece a máxima *mais vale um mau acordo do que uma boa demanda*);

continua

- a cobrança judicial envolve dificuldades práticas, como a localização do devedor, dos bens dados em garantia, de bens do devedor ou do garantidor, que obrigam o credor a arriscar recursos adicionais (com peritos, investigadores, advogados etc.) sem qualquer certeza quanto ao retorno de seu "investimento" (ou seja, é o que se chama de *colocar dinheiro bom em cima de dinheiro ruim*);
- a cobrança judicial dificilmente se encerra dentro de um tempo razoável que permita ao credor a recuperação integral de seu crédito (ou seja, em quatro ou cinco anos, que é o tempo que usualmente leva um processo de execução, o custo de oportunidade perdido pelo credor praticamente anula qualquer benefício que ele possa ter numa recuperação de crédito).

Capítulo 9

Cobrança

O nível de inadimplência de uma carteira de clientes não depende apenas da qualidade do crédito. Ele deve contemplar o número máximo possível de variáveis e cenários que objetivam assegurar o recebimento. Todavia, há fatores conjunturais de difícil mensuração e previsão.

Os fatores determinantes da qualidade de uma determinada carteira de clientes/nível de inadimplência estão associados à combinação de vários *inputs*, com a cobrança no final do processo.

Figura 30

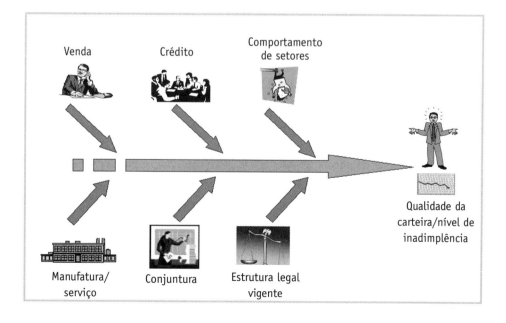

Tradicionalmente, uma política de cobrança visa:

- estabelecer os procedimentos a serem adotados quando do vencimento de um título decorrente de uma venda a prazo;
- como, quais e quanto cobrar de encargos financeiros/multa em caso de não-pagamento na data acertada;
- forma de cobrança — cartas, telefonemas, apontamentos em órgãos de proteção ao crédito (Serasa, SPC etc.), visitas pessoais, protesto de títulos, notificação extrajudicial, execução jurídica, envolvimento de avalistas, retomada/reintegração de posse quando há garantia de bens de consumo durável etc.;
- nível de perdas (clientes incobráveis) aceitável para a atividade operacional da empresa.

Existe uma estreita relação entre as políticas de cobrança e de crédito, pois, à medida que a empresa investe mais em estrutura e processos para aprimoramento do crédito, tenderá a diminuir proporcionalmente os investimentos em cobrança.

Quadro 15
Investimentos

Política de crédito	Crédito	Cobrança
Restrita	− Volume de vendas	− Inadimplência
	+ Pessoas	− Pessoas
	+ Sistemas	− Sistemas
	+ Processos	− Provisões legais
	+ Filtro	− Processos
	+ Gastos ($)	− Gastos ($)
Não restrita	+ Volume de vendas	+ Inadimplência
	− Pessoas	+ Pessoas
	− Sistemas	+ Sistemas
	− Processos	+ Provisões legais
	− Filtro	+ Processos
	− Gastos ($)	+ Gastos ($)

Figura 31

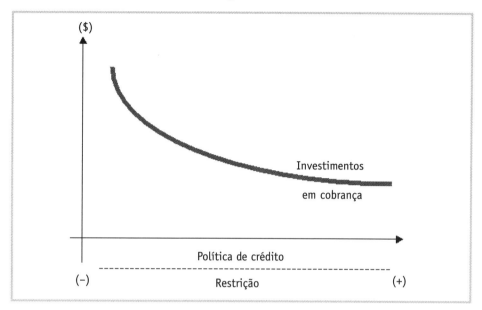

A cobrança ou área/departamento de cobrança de uma empresa existe em função de dois fatores básicos:

- venda a prazo/financiada — principal fato gerador das atividades de crédito e cobrança;
- venda à vista — quando a mercadoria é entregue ou o serviço é prestado sem o efetivo recebimento.

A estrutura de cobrança de uma empresa pode ter diversas formas.

Cobrança própria ou interna

Ocorre quando o credor investe numa estrutura própria: pessoas, sistemas, instalações etc. A cobrança própria representa um custo fixo para a empresa, cujo rateio não deve ser absorvido pelos clientes que pagam à vista — este é um equívoco muito encontrado no mercado. Alguns aspectos devem ser considerados na decisão de uma estrutura própria de cobrança:

- maior privacidade e controle da carteira de clientes;
- custo fixo da estrutura;
- o processo de cobrança e negociação com os clientes inadimplentes é realizado pelo próprio credor. Pode representar um desgaste na relação fornecedor-cli-

ente em situações específicas, ou até proporcionar uma potencial vantagem para retenção de clientes e oportunidades para novos negócios;
- menos interface, trânsito de informações e remessa de documentos com a estrutura terceirizada.

Cobrança terceirizada

Geralmente está a cargo de uma empresa especializada em cobrança, escritório de advocacia ou ambos. A cobrança terceirizada gera os seguintes tipos de custos para a empresa credora:

- custo variável representado pelas despesas classificadas como *success fee* ou ganho variável (inclusive honorários advocatícios) que o agente de cobrança receberá pelo serviço prestado;
- custo fixo representado pelas despesas decorrentes de cobrança, como comunicações diversas, notificações, cartório, protesto etc.

Alguns aspectos devem ser considerados na decisão de uma estrutura terceirizada de cobrança:

- ausência de privacidade da carteira de clientes inadimplentes;
- o processo de cobrança e negociação com os clientes inadimplentes é realizado por terceiros. Pode representar um benefício para a relação fornecedor-cliente, na medida em que não expõe o credor diretamente no processo, ou provocar uma potencial desvantagem para retenção de clientes e oportunidades para novos negócios;
- maior interface, trânsito de informações e remessa de documentos com a estrutura terceirizada.

Cobrança com estrutura mista

Tem aspectos ou fases de cobrança própria e terceirizada. É comum algumas empresas selecionarem quais clientes serão cobrados em cada estrutura, dependendo do tipo de atraso, porte, região, risco etc. Outras selecionam a estrutura por fase, ou seja, até determinado tempo em atraso (30 dias por exemplo), cobrança própria; após esse prazo, cobrança terceirizada. Não é raro também encontrar situações onde o credor deixa para a cobrança terceirizada os processos mais desgastantes, como: protesto, envolvimento de avalistas, cobrança judicial, retomada de posse de garantias reais etc.

A legislação brasileira tem caminhado no sentido de melhorar o processo de cobrança e até a performance de credores. Exemplo nesse sentido encontra-se na regulamentação de operações de securitização de recebíveis, abrindo espaço para a criação de um mercado de empresas especializadas em administração de risco.

ASPECTOS LEGAIS APLICÁVEIS

Do ponto de vista legal, a cobrança de dívidas suscita diversas questões. Assim, em primeiro lugar, de acordo com o Código de Defesa do Consumidor, um consumidor inadimplente *não pode ser exposto ao ridículo e nem tampouco sofrer qualquer espécie de constrangimento ou ameaça*. A violação de tal regra enseja o direito à reparação dos danos morais e econômicos eventualmente sofridos pelo consumidor e, por esse motivo, todo e qualquer processo de cobrança deve ser conduzido de maneira *respeitosa e dentro de parâmetros legais aceitáveis*. Desse modo, o credor pode exercer todas as faculdades que a lei lhe confere (por exemplo, protestar títulos, inscrever o nome do devedor em banco de dados, iniciar medidas judiciais de cobrança), mas não deve exceder-se (ou seja, diante de duas ou mais alternativas que igual e indistintamente lhe convém, escolher a que cause mais incômodo ou ônus ao devedor) ou ainda *prejudicar injustificadamente* o devedor, constrangendo-o (por exemplo, ligando constantemente para sua residência ou local de trabalho) ou ameaçando-o.

Esse aspecto assume grande importância sobretudo quando o credor se utiliza de cobrança terceirizada. É que, embora se trate de um terceiro, ele sempre agirá, perante o devedor, em nome e por conta do credor. Assim, se esse terceiro exceder-se, constrangendo ou ameaçando o devedor, por exemplo, quem sofrerá as conseqüências diretas de tal ato será o próprio credor. Por essa razão, a escolha da empresa terceirizada encarregada da cobrança e o acompanhamento do processo de cobrança empregado por tal empresa são elementos fundamentais para a obtenção de êxito num sistema de cobrança.

Outro aspecto que merece alguma reflexão diz respeito à cobrança de encargos. Não há dúvida de que o atraso no cumprimento de obrigações pode e deve sujeitar o devedor faltoso a certas sanções (punições). Todavia, não se pode deixar de lembrar que, juridicamente, a aplicação de tais sanções está sujeita a certos balizamentos que, se ultrapassados, podem acarretar punições também para o credor.

Nesse sentido, convém notar, primeiramente, que a *multa contratual* será sempre limitada a 2%, em se tratando de obrigações caracterizadas como relações de consumo. Nos demais casos, esse percentual pode ser elevado, dependendo da vontade das partes e da legislação porventura

continua

aplicável. No caso de *juros moratórios*, é interessante observar que enquanto o Código Civil vigente permita sua cobrança às mesmas taxas aplicáveis à cobrança dos débitos para com a Fazenda Nacional (ou seja, taxa Selic), é possível que a jurisprudência acabe limitando a cobrança à taxa de 1% ao mês, conforme já determina de longa data a chamada Lei de Usura. Quanto à *correção monetária*, é importante destacar que ela sempre pode ser cobrada, já que não representa um aumento da dívida, mas sim mera recomposição de seu valor no tempo.

Análise dos encargos legais

O quadro 16 mostra os encargos que uma empresa, não classificada como instituição financeira que outorga crédito no processo de venda de produtos e serviços, pode cobrar de um cliente inadimplente de acordo com a legislação brasileira.

Quadro 16

Encargo	Taxa	Base legal
Multa	Até 2% do valor da prestação	Lei nº 9.298 de 1996 (alterou a redação da Lei nº 8.078 de 1990, art. 52, § 1º)
Juros	Até 1% ao mês	Decreto-lei nº 22.626 de 1933, art. 5º

Considerando ainda que os juros de até 1% ao mês (Decreto-lei nº 22.626, art. 5º) devem ser exigidos proporcionalmente em relação à quantidade de dias em atraso, a tabela 45 traz os encargos totais (juros mais multa).

Tabela 45

Dias de atraso do cliente	Encargos legalmente permitidos (%) (juros de 1% a.m. + multa de 2%)
1	2,033
2	2,067
3	2,100
4	2,133

A tabela 46 mostra o que uma empresa tipo 3 (não classificada como instituição financeira que outorga crédito no processo de venda de produtos e serviços) poderá cobrar de um cliente inadimplente.

Tabela 46

Dias de atraso do cliente	O que pode ser cobrado do cliente inadimplente			
	Multa (2%)	Juros (%) (1% a.m.)	Multa + juros (%)	Multa + juros (% equivalente ao mês)
1	2,00000	0,03333	2,03333	**82,92**
2	2,00000	0,06667	2,06667	**35,91**
3	2,00000	0,10000	2,10000	**23,10**
4	2,00000	0,13333	2,13333	**17,15**
5	2,00000	0,16667	2,16667	**13,72**
6	2,00000	0,20000	2,20000	**11,49**
7	2,00000	0,23333	2,23333	**9,93**
8	2,00000	0,26667	2,26667	**8,77**
9	2,00000	0,30000	2,30000	**7,87**
10	2,00000	0,33333	2,33333	**7,16**
11	2,00000	0,36667	2,36667	**6,59**
12	2,00000	0,40000	2,40000	**6,11**
13	2,00000	0,43333	2,43333	**5,70**
14	2,00000	0,46667	2,46667	**5,36**
15	2,00000	0,50000	2,50000	**5,06**
16	2,00000	0,53333	2,53333	**4,80**
17	2,00000	0,56667	2,56667	**4,57**
18	2,00000	0,60000	2,60000	**4,37**
19	2,00000	0,63333	2,63333	**4,19**
20	2,00000	0,66667	2,66667	**4,03**
21	2,00000	0,70000	2,70000	**3,88**
22	2,00000	0,73333	2,73333	**3,75**
23	2,00000	0,76667	2,76667	**3,62**
24	2,00000	0,80000	2,80000	**3,51**
25	2,00000	0,83333	2,83333	**3,41**
26	2,00000	0,86667	2,86667	**3,31**
27	2,00000	0,90000	2,90000	**3,23**
28	2,00000	0,93333	2,93333	**3,15**
29	2,00000	0,96667	2,96667	**3,07**
30	2,00000	1,00000	3,00000	**3,00**
45	2,00000	1,50000	3,50000	**2,32**
60	2,00000	2,00000	4,00000	**1,98**
75	2,00000	2,50000	4,50000	**1,78**
90	2,00000	3,00000	5,00000	**1,64**
105	2,00000	3,50000	5,50000	**1,54**
120	2,00000	4,00000	6,00000	**1,47**
135	2,00000	4,50000	6,50000	**1,41**
150	2,00000	5,00000	7,00000	**1,36**

É importante considerar no processo de cobrança que a legislação atual parece privilegiar o devedor ou o atraso. Ou seja, quanto mais tempo o cliente permanecer inadimplente, melhor será para ele à medida que o encargo equivalente mensal vai diminuindo em função da diluição da multa fixa de 2% no período.

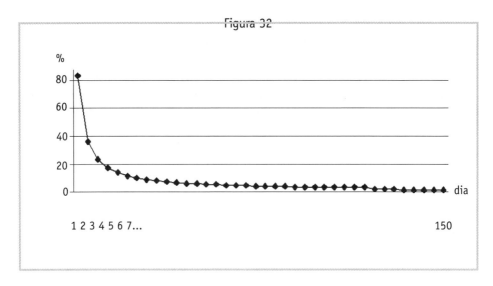

Figura 32

Temos uma situação onde nossa legislação atual é bastante injusta para com o devedor que atrasa poucos dias e muito benevolente para com o que atrasa muitos dias. Não considerando os aspectos comerciais, de apontamentos em órgãos de cadastramento de atrasos nos pagamentos (Serasa, SPC etc.) e execuções jurídicas, quanto maior o atraso, mais o devedor se beneficiará para prejuízo do credor.

Tabela 47

Atraso	O que pode ser cobrado do cliente inadimplente	
	Multa + juros (%)	Multa + juros (% equivalente ao mês)
1 dia	2,03	82,92
1 mês	3,00	3,00
2 meses	4,00	1,98
3 meses	5,00	1,64
4 meses	6,00	1,47
5 meses	7,00	1,36
6 meses	8,00	1,29
7 meses	9,00	1,24
8 meses	10,00	1,20
9 meses	11,00	1,17
10 meses	12,00	1,14
11 meses	13,00	1,12
1 ano	14,00	1,10

É fundamental que a área de cobrança (lembrar que estamos analisando uma empresa tipo 3, não classificada como instituição financeira que outorga crédito no processo de venda de produtos e serviços) estabeleça uma política com ações que assegurem a sustentabilidade da carteira de recebíveis, sem deteriorar o capital de giro do credor. Pois se a legislação for cumprida, os clientes que atrasam alguns dias serão extremamente prejudicados e até poderão migrar para outros fornecedores.

Por exemplo, o credor precisou recorrer a um empréstimo para equacionar o caixa porque o cliente não realizou o pagamento na data do vencimento. Então:

❑ pelos nove dias de atraso, o credor em tese poderia cobrar do cliente inadimplente o encargo legal de 2,3% = 2% de multa mais juros de 0,3%. Portanto o valor dos encargos seria R$7.222 = R$314.000 × 0,023;
❑ o atraso obrigou o credor a contratar um empréstimo no valor de R$200 mil.

A figura 33 mostra como os encargos decorrentes do empréstimo podem ser obtidos.

Figura 33

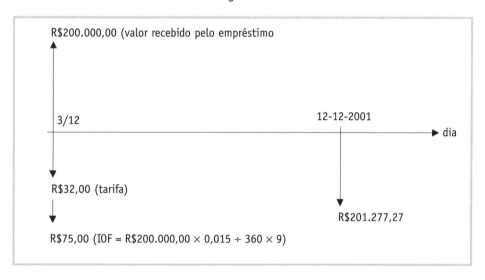

Dessa forma, o custo efetivo do empréstimo de R$200 mil é de:

❑ 0,692505491% pelo período de nove dias; ou
❑ 0,07670926% ao dia; ou
❑ 2,32706% ao mês.

Outros itens que poderiam ser considerados ou cobrados do cliente inadimplente, dependendo da política da empresa, são:

❑ CPMF de 0,38% incidente sobre alguns lançamentos a débito que passaram a existir em função da inadimplência do cliente;
❑ custo de oportunidade pela não-aplicação dos R$114 mil (R$314.000 − R$200.000), na atividade da empresa ou até mesmo no mercado financeiro.

Quadro 17

Encargos incorridos	
Quanto a legislação permite cobrar do cliente inadimplente	Perda que o credor sofreu em função da inadimplência*
R$7.222,00	R$1.384,27**

* Sem considerar a CPMF incidente sobre alguns lançamentos a débito que passaram a existir em função da inadimplência e o custo de oportunidade pela não-aplicação dos R$114 mil.
** R$1.384,27 = R$32 de tarifa + R$75 de IOF + R$1.277,27 de juros.

Amplitude para negociação entre o credor e o devedor

Dentro do limite de R$1.384,27 a R$7.222,00, o credor pode negociar com o devedor a fim de se ressarcir dos encargos sofridos em função do atraso do cliente. Não é raro encontrarmos situações onde o cliente em atraso solicita a dispensa da multa. Tudo pode ser negociado, mas é importante saber e divulgar ao cliente em atraso os reais encargos sofridos pelo credor pelo não-recebimento em dia da duplicata.

Demonstramos que é muito importante para a empresa estabelecer uma estratégia para negociar com os clientes inadimplentes, objetivando conciliar os interesses dos clientes e da empresa no sentido de recuperar os encargos decorrentes do não-recebimento em dia. É possível considerar e desenvolver uma tabela confrontando os encargos ou custos decorrentes da inadimplência *versus* o que é permitido cobrar de acordo com a legislação brasileira vigente.

A tabela 48 apresenta os valores, de acordo com o exemplo e os parâmetros adotados anteriormente.

Tabela 48

Valor referência (VR = atraso e empréstimo provocado pelo atraso)	Quanto a legislação permite cobrar do cliente inadimplente	Perda que o credor sofreu em função da inadimplência
R$314.000,00	R$7.222,00	—
R$200.000,00	—	R$1.384,27
(%) sobre (VR)	2,30%	0,44%

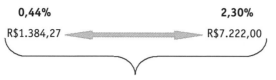

Amplitude para negociação entre o credor e o devedor

A figura 34 exemplifica essa amplitude onde é possível comparar as taxas ou os percentuais básicos para negociação (aquilo que é permitido cobrar do cliente inadimplente e os encargos incorridos pelo credor em função do atraso). A aplicação de um modelo análogo deve obedecer cuidadosamente a aspectos como:

- mercado em que a empresa atua. No segmento de varejo por exemplo é muito difícil a aplicação porque há uma grande pulverização de clientes e o *overhead* exigido para negociar caso a caso certamente não se justifica. Nesse caso pode ser recomendável a aplicação da legislação na íntegra ou o desenvolvimento de parâmetros automáticos e eletrônicos com apoio da internet para otimizar e viabilizar o processo;
- envolvimento da área comercial na decisão;
- época ou período em que o processo de negociação está ocorrendo. No varejo há momentos oportunos conhecidos, como no recebimento do 13º salário, onde os clientes inadimplentes têm maior chance de saldar débitos e recuperar (limpar) o nome junto a instituições que cadastram atrasos (Serasa, SPC etc.). Para clientes inadimplentes pessoa jurídica eventos como eleições, licitações, concorrências etc. podem indicar momentos oportunos também;
- o nível de relacionamento que a empresa mantém com determinados segmentos/clientes.

Figura 34

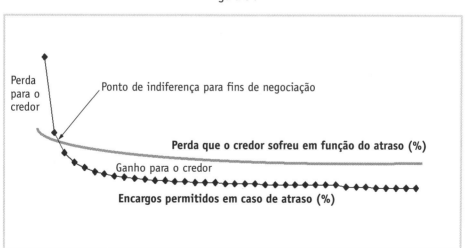

Lei nº 8.951

Abordaremos agora o dispositivo previsto na Lei nº 8.951, de 13 de dezembro de 1994, que dispõe sobre os procedimentos para as ações (depósito) em consignação. Tal operação envolve, além da cobrança, outros departamentos/áreas, tais como recepção, portaria em caso de fábrica etc., pois o processo previsto na citada lei pode interferir diretamente no resultado da cobrança e até provocar danos patrimoniais aos participantes (devedor e credor).

Segundo a lei:

> §1º Tratando-se de obrigação em dinheiro, poderá o devedor ou terceiro optar pelo depósito da quantia devida, em estabelecimento bancário oficial, onde houver, situado no lugar do pagamento, em conta com correção monetária, cientificando-se o credor por carta com aviso de recepção, assinado o prazo de 10 dias para a manifestação de recusa.
>
> §2º Decorrido o prazo referido no parágrafo anterior, sem a manifestação de recusa, reputar-se-á o devedor liberado da obrigação, ficando à disposição do credor a quantia depositada.
>
> §3º Ocorrendo a recusa, manifestada por escrito ao estabelecimento bancário, o devedor ou terceiro poderá propor, dentro de 30 dias, a ação de consignação, instruindo a inicial com a prova do depósito e da recusa.
>
> §4º Não proposta a ação no prazo do parágrafo anterior, ficará sem efeito o depósito, podendo levantá-lo o depositante.

A prerrogativa do depósito em consignação em banco oficial (federal, estadual ou municipal) pode ser utilizada pelo devedor quando há divergência em relação ao valor da dívida ou débito em questão. Esse depósito realizado pelo devedor, em conta corrente específica (aberta pelo devedor, de titularidade do credor), é uma forma de obrigar o credor a tomar as seguintes ações:

- aceitar o depósito em consignação tornando a dívida liquidada;
- recusar formalmente o depósito em consignação. Nesse caso o devedor deverá acordar o valor a ser pago com o credor ou sacar o depósito realizado em conta de credor e ingressar, no prazo de 30 dias, com uma ação judicial de consignação.

A figura 35 apresenta o fluxo básico do processo.

Cobrança 137

Figura 35
Fluxo básico do processo

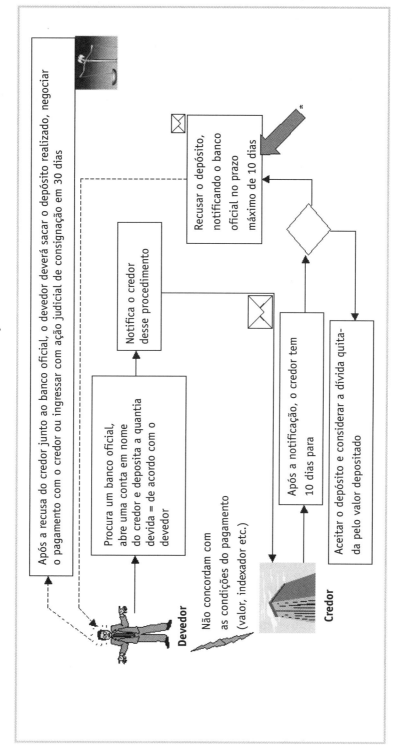

* Importante! §2º do art. 1º da lei: "Decorrido o prazo referido no parágrafo anterior, sem a manifestação de recusa, reputar-se-á o devedor liberado da obrigação, ficando à disposição do credor a quantia depositada".

Lei de Responsabilidade Fiscal (LRF) como instrumento/estratégia de cobrança

Uma estratégia específica que pode ser utilizada pela área de cobrança é a aplicação da Lei Complementar nº 101, de 4 de maio de 2000 (Lei de Responsabilidade Fiscal, LRF), quando a empresa tiver recebíveis ou créditos vencidos e não pagos decorrentes de fornecimentos diversos (produtos e serviços) junto a prefeituras. Pela LRF, as prefeituras não podem fazer novos investimentos sem quitar integralmente as dívidas existentes, mesmo quando herdadas de gestões anteriores. Uma maneira de garantir essa prerrogativa é o credor notificar à prefeitura para que a dívida vencida e não paga seja considerada/inclusa no orçamento, provocando assim uma limitação de capacidade de investimentos do município. Para resultado mais eficaz, é recomendável notificar com cópia para o Tribunal de Contas do Município e/ou a Câmara Municipal. O não-cumprimento da LRF pode implicar crime de improbidade administrativa pelo prefeito. Alguns fornecedores e instituições financeiras já estão se utilizando da LRF com bastante sucesso no recebimento de dívidas em atraso. A Lei Complementar nº 101 estabelece as punições para o descumprimento da LRF.

Alguns exemplos de transgressões à LRF e suas punições penais são apresentados no quadro 18.

Quadro 18

Transgressão	Punição
Contratação irregular de operação de crédito	Reclusão de um a dois anos
Alienação de bens sem autorização	Perda de cargo, reclusão
Descumprir o orçamento aprovado	Cassação de mandato
Não reduzir despesas com pessoal	Multa de 30% dos vencimentos
Liquidação de aros fora dos prazos legais	Perda de cargo, inabilitação

Fonte: <www.planalto.gov.br>.

Apontamentos (Serasa, SPC, Banco Central etc.)

Os apontamentos junto aos órgãos encarregados de cadastrar atrasos nos pagamentos e descumprimento de obrigações contratuais devem obedecer critérios e procedimentos consistentes a fim de proteger os clientes de possíveis enganos, e resguardar os interesses dos credores. Como recomendação geral, é importante observar:

- deixar claro para o cliente/devedor/garantidor, através de cláusula contratual, informação legível e em destaque na documentação de venda a prazo etc., que o atraso após determinado período estará sujeito a apontamento junto a esses órgãos;

- notificar extrajudicialmente o devedor principal e garantidores antes da efetiva inclusão do apontamento. Entendemos que a comunicação que o Serasa/SPC envia aos devedores sobre a inclusão não tem efeito para esse fim;
- verificar a situação do devedor antes da inclusão, pois quando ele já possui vários apontamentos junto a esses órgãos, mais um pode não provocar o efeito desejado e tornar mais lento o processo de cobrança. Nesse caso, o apontamento é recomendável, mas pode ser precedido ou realizado simultaneamente com outras ações, tais como protesto, execução etc.

Art. 993 do Código Civil

Outro aspecto relevante que deve ser considerado no processo de cobrança de uma empresa, especificamente na operacionalização e na contabilização dos recebimentos, é o art. 993 do Código Civil: "Havendo capital e juros, o pagamento imputar-se-á primeiro nos juros vencidos, e, depois, no capital, salvo estipulação em contrário, ou se o credor passar a quitação por conta do capital".

O quadro 19 mostra a ordem de precedência na liquidação do débito vencido de acordo com esse dispositivo legal, no caso de atraso no pagamento de obrigação, ou quando houver pagamento parcial ou pagamento a menor do que o devido.

Quadro 19

Ordem	Empréstimo*	*Leasing* financeiro*	Operação mercantil
1º	Comissão de permanência	Comissão de permanência	Multa
2º	Multa	Multa	Juros de mora
3º	Juros de mora	Juros de mora	Despesas inerentes
4º	Despesas inerentes	Despesas inerentes	Valor do fornecimento
5º	Capital	Contraprestação	—

*Contratado com instituição financeira.

Recomendamos que a prática dessa ordem de liquidação de débito (pagamento parcial ou pagamento a menor do que o devido) seja devidamente acompanhada e documentada através de notificação extrajudicial para o devedor e avalista(s), se houver. Por exemplo, um empréstimo contratado junto a uma instituição financeira nas seguintes condições:

- valor — R$10 mil;
- prazo — cinco meses;
- taxa de juros — 28% a.a.;
- forma de pagamento — cinco parcelas mensais e consecutivas (Price);

- IOF — 1,5% ao ano (incluso na taxa de juros de 28% a.a.);
- data da contratação — 25 de novembro de 2001;
- data de vencimento das parcelas — 25 de novembro de 2001, 25 de dezembro de 2001, 25 de janeiro de 2002, 25 de fevereiro de 2002 e 25 de março de 2002.

Tabela 49
Tabela analítica da operação

Parcela	Data	Dívida	Juros	Amortização	Prestação
0	25-10-2001	10.000,00	0	0	0
1	25-11-2001	8.081,43	207,85	1.918,57	2.126,42
2	25-12-2001	6.122,98	167,97	1.958,45	2.126,42
3	25-1-2002	4.123,83	127,26	1.999,15	2.126,42
4	25-2-2002	2.083,12	85,71	2.040,71	2.126,42
5	25-3-2002	0	43,30	2.083,12	2.126,42

Supondo que estamos no dia 4 de fevereiro de 2002, o devedor pagou pontualmente as parcelas vencidas em 25 de novembro de 2001 e 25 de dezembro de 2001, e atrasou o pagamento da parcela vencida em 25 de janeiro de 2002, e deseja pagá-la hoje. Os encargos moratórios contratados foram:

- multa — 2%;
- juros de mora — 1% a.m.;
- comissão de permanência — 5% a.m.

Valor a pagar em 4 de fevereiro de 2002 referente à parcela vencida em 25 de janeiro de 2002:

- valor da parcela — **R$2.126,42**;
- multa — **R$42,53** = R$2.126,42 × 2%;
- juros de mora (proporcionais a 10 dias de atraso) — **R$7,09** = R$2.126,42 ÷ 30 × 10 × 1%;
- comissão de permanência (proporcional a 10 dias de atraso) — **R$35,44** = R$2.126,42 ÷ 30 × 10 × 5%;
- total — **R$2.211,48** = R$2.126,42 + R$42,53 + R$7,09 + R$35,44.

Supondo agora que o cliente não pagou a totalidade do débito em 4 de fevereiro de 2002 (R$2.211,48), referente à parcela vencida em 25 de janeiro de 2002, e fez um pagamento nessa data de R$2.150. Trata-se de um caso típico de pagamento a menor pelo cliente, que pode ser tratado segundo as determinações e interpretação do art. 993 do Código Civil, cuja ordem de precedência para liquidação do pagamento a menor é mostrada no quadro 20.

Quadro 20

Ordem	Empréstimo*	R$
1º	Comissão de permanência	35,44
2º	Multa	42,53
3º	Juros de mora	7,09
4º	Despesas inerentes	0,00
5º	Juros do empréstimo	127,26
6º	Capital (amortização)	1.937,68
Total pago a menor		**2.150,00**

* Contratado com instituição financeira.

O credor poderá deduzir do saldo devedor do cliente corrigido até a data do pagamento (4-2-2002), R$1.937,68, e não os R$1.999,15 que corresponderiam ao valor da amortização do principal se a parcela tivesse sido paga no vencimento (25-1-2002). Em caso de adoção dessa forma de liquidação, é importante notificar o cliente extrajudicialmente. Existem outras formas para tratamento de pagamento a menor que dependem de política/procedimento de cada empresa.

Liquidação antecipada

A Lei nº 8.078 de 1990 (Código de Defesa do Consumidor), art. 52, § 2º, e a Resolução nº 2.878 (Código de Defesa do Consumidor Bancário), do Banco Central do Brasil, art. 7º, são bastante claros em determinar que o cliente tem assegurado o direito de liquidação antecipada do débito, total ou parcial, mediante redução proporcional dos juros.

Esses dois dispositivos poderiam trazer muitos problemas aos clientes e credores do mercado financeiro, pois a liquidação antecipada mediante redução proporcional de juros não pode ser aplicada (ou se aplicada provocaria sérios prejuízos) nas seguintes situações:

- operações de *leasing* financeiro que possuem prazo mínimo segundo a legislação brasileira (Resolução nº 2.309 de 1996 do Banco Central do Brasil) — mínimo de 24 meses para bens com vida útil igual ou inferior a cinco anos; e mínimo de 36 meses para outros bens (vida útil superior a cinco anos);
- operações com *funding* casado, onde a instituição financeira realiza uma captação específica para empréstimos a clientes.

Em 27 de setembro de 2001, com a Resolução nº 2.892, o Banco Central do Brasil alterou a Resolução nº 2.878, estabelecendo nova redação ao art. 7º: "As instituições referidas no art. 1º, nas operações de crédito pessoal e de crédito direto ao consumidor realizadas com seus clientes, devem assegurar o direito a liquidação antecipada do débito, total ou parcialmente, mediante redução proporcional dos juros".

Assim, somente as operações de empréstimo (crédito pessoal) e CDC (crédito direto ao consumidor) estão sujeitas à prerrogativa de liquidação antecipada com redução proporcional dos juros.

Recorreremos ao exemplo citado para abordar a questão da quitação antecipada.

Tabela 50
Tabela analítica da operação

Parcela	Data	Dívida	Juros	Amortização	Prestação
0	25-10-2001	10.000,00	0	0	0
1	25-11-2001	8.081,43	207,85	1.918,57	2.126,42
2	25-12-2001	6.122,98	167,97	1.958,45	2.126,42
3	25-1-2002	4.123,83	127,26	1.999,15	2.126,42
4	25-2-2002	2.083,12	85,71	2.040,71	2.126,42
5	25-3-2002	0	43,30	2.083,12	2.126,42

Se o cliente desejar quitar antecipadamente a operação nas respectivas datas de vencimentos, teremos os valores da tabela 51 para quitação e composições.

Tabela 51

Data	Valor da quitação (R$)	Composição (R$)
25-11-2001	10.207,85	2.126,42 (parcela de 25-11) + 8.081,43 (saldo devedor na data)
25-12-2001	8.249,40	2.126,42 (parcela de 25-12) + 6.122,98 (saldo devedor na data)
25-1-2002	6.250,25	2.126,42 (parcela de 25-1) + 4.123,83 (saldo devedor na data)
25-2-2002	4.209,54	2.126,42 (parcela de 25-2) + 2.083,12 (saldo devedor na data)

Podemos também exemplificar o cálculo do valor de uma liquidação antecipada em data diferente da data de vencimento. Nesse caso, será necessário apropriar determinado percentual *pro rata* de juros, entre a data de vencimento (base e periodicidade de capitalização da tabela Price) e a data efetiva de liquidação/pagamento.

A tabela 52 explica como o cliente será cobrado, no exemplo citado, pressupondo que pagou a parcela vencida em 25 de janeiro de 2002 e em 13 de fevereiro de 2002 deseja quitar antecipadamente o empréstimo.

Tabela 52

Parcela	Data	Dívida	Juros	Amortização	Prestação	Situação
0	25-10-2001	10.000,00	0	0	0	Empréstimo
1	25-11-2001	8.081,43	207,85	1.918,57	2.126,42	Pago
2	25-12-2001	6.122,98	167,97	1.958,45	2.126,42	Pago
3	25-1-2002	4.123,83	127,26	1.999,15	2.126,42	Pago
4	25-2-2002	2.083,12	85,71	2.040,71	2.126,42	Antecipar em 13-2-2002
5	25-3-2002	0	43,30	2.083,12	2.126,42	Antecipar em 13-2-2002

A questão agora é calcular o valor para liquidação em 13 de fevereiro de 2002. Uma das maneiras é considerar que após o pagamento da terceira parcela em 25 de janeiro de 2002, o saldo devedor na data era de R$4.123,83, e o cliente utilizou a taxa de juros originalmente contratada (28% a.a.), de 25 de janeiro de 2002 até 13 de fevereiro de 2002 (19 dias). Portanto, o valor para quitação em 13 de fevereiro de 2002 será o saldo devedor em 25 de janeiro de 2002 mais os juros proporcionais contratados de 28% a.a., de 25 de janeiro de 2002 até 13 de fevereiro de 2002.

Tabela 53

Data	Item	Valor (R$)
25-1-2002	Saldo devedor	4.123,83
13-2-2002	Juros *pro rata*, de 25-1 até 13-2 (19 dias)	54,08*
13-2-2002	**Saldo devedor para quitação antecipada**	**4.177,91**

* R$54,08 = [R$4.123,83 × (1 + (28 ÷ 100))$^{19/360}$] − R$4.123,83.

Em exemplos assim (instituição financeira como credora), é importante considerar o disposto na Resolução nº 2.892, de 27 de setembro de 2001, do Banco Central do Brasil, que alterou a Resolução nº 2.878.

A Resolução nº 2.892 determina no art. 7º: "As instituições referidas no art. 1º, nas operações de *crédito pessoal* e de *crédito direto ao consumidor* realizadas com seus clientes, devem assegurar o direito a liquidação antecipada do débito, total ou parcialmente, mediante redução proporcional dos juros".

Essa medida certamente minimiza ou tenta eliminar os problemas citados sobre *leasing* financeiro e *funding* casado. Todavia, outros aspectos ainda demandam ações regulatórias das autoridades monetárias e fiscais, especialmente em relação ao IOF (imposto sobre operações financeiras) quando há empréstimo com pagamento único no vencimento (final). Nesse caso, o IOF é recolhido no início da operação, e, se houver liquidação antecipada, não existe previsão para devolução ou compensação desse imposto não devido proporcionalmente ao prazo da liquidação antecipada. Quando a forma de amortização do empréstimo for através de tabela Price ou SAC, até pode ser possível o não-pagamento do IOF correspondente ao prazo da liquidação antecipada em função da metodologia de recolhimento ao fisco. A instituição financeira credora é apenas um agente arrecadador e repassador do IOF ao fisco, não devendo ser responsável por esse tipo de ressarcimento junto ao fisco.

Protesto

O protesto de títulos é um importante instrumento para ser proficuamente utilizado no processo de cobrança. O protesto é um ato público e formal, promovido pelo credor que caracteriza, prova e torna pública a impontualidade ou não-cumprimento de uma obrigação pecuniária por parte do devedor, advinda ou através de uma autoridade dotada de fé pública (cartório com serviço de protesto de títulos), cujo caráter tem efeito de autenticidade.

O credor pode levar a protesto os seguintes títulos:

- duplicatas (mercantil ou de serviços);
- notas promissórias;
- letras de câmbio;
- cheques;
- cédulas de crédito (bancária, comercial, industrial ou rural);
- *warrants* (certificado de garantia de depósito de mercadorias em armazéns de exportação — configura-se num instrumento de crédito, pois confere ao possuidor direito real de garantia sobre a mercadoria armazenada);
- outros documentos representativos de dívida que comprovam que alguém se tornou devedor em face de outra pessoa jurídica ou física.

Após esgotados alguns outros recursos precedentes de um processo de cobrança (analisados na figura 36), o credor deve atender os seguintes objetivos ao levar um título do devedor ao serviço de protesto (cartório):

- tornar pública a impontualidade ou o não-cumprimento de uma obrigação pecuniária por parte do devedor;
- caracterizar a mora (em algumas situações) para ingresso de ação judicial;
- prevenir possíveis conflitos entre credor e devedor, evitando o ingresso de ações e execuções judiciais, cujos prazos e custos às vezes são altos.

O protesto possui algumas características que devem ser cuidadosamente observadas para maior eficiência no processo de cobrança de uma empresa (financeira ou não). Relacionamos a seguir algumas dúvidas e questões básicas que usualmente os clientes têm.

O avalista pode ser protestado?

O avalista é alguém (pessoa física ou jurídica) que se compromete a pagar uma dívida (título de crédito), caso o devedor avalizado não o faça no devido vencimento. A legislação brasileira não prevê o protesto do título contra o avalista. Todavia, uma alternativa é configurar o avalista como devedor principal e designar (emitir) um título específico (nota promissória) que represente a obrigação.

É possível protestar apenas o saldo ou parte de uma dívida?

Quando houver saldo de dívida (parte foi paga), é possível protestar apenas o saldo remanescente, desde que o título de crédito esteja vencido, e o credor envie ao cartório um demonstrativo analítico anexo ao título de crédito a ser protestado. Esse procedimento exige cuidado adicional, por exemplo:

- empréstimo — R$10 mil;
- contratação — janeiro;
- juros — 2% a.m.;
- forma de pagamento — 10 prestações mensais e consecutivas, Price;
- o devedor assinou uma nota promissória (NP) no valor de R$10 mil em janeiro.

Tabela 54

	Mês	Saldo devedor	Juros	Amortização	Prestação
0	Jan.	10.000,00	—	—	—
1	Fev.	9.086,73	200,00	913,27	1.113,27
2	Mar.	8.155,20	181,73	931,53	1.113,27
3	Abr.	7.205,04	163,10	950,16	1.113,27
4	Maio	6.235,88	144,10	969,16	1.113,27
5	Jun.	5.247,33	124,72	988,55	1.113,27
6	Jul.	4.239,01	104,95	1.008,32	1.113,27
7	Ago.	3.210,53	84,78	1.028,49	1.113,27
8	Set.	2.161,47	64,21	1.049,05	1.113,27
9	Out.	1.091,44	43,23	1.070,04	1.113,27
10	Nov.	(0,00)	21,83	1.091,44	1.113,27

Supondo agora que o devedor pagou pontualmente as cinco primeiras prestações, e não pagou a sexta parcela (julho). O credor poderia levar a NP a protesto, pelo valor referente à parte da dívida (parcela de julho, R$1.113,27), com um demonstrativo analítico anexo à NP. Se a dívida parcial for paga (parcela de julho) em cartório, a NP será devolvida ao devedor, deixando o credor sem a devida cobertura por título de crédito representativo da dívida. Para evitar situações como essa, muitos credores exigem do devedor uma NP para cada prestação ou vinculam cláusulas contratuais obrigando o devedor a emitir nova NP.

Um título sujeito a protesto pode sofrer correção monetária?

Sim, é possível a correção monetária do saldo do valor nominal de um título quando esta opção for admitida pelo credor e devedor em cláusula explícita no contexto do título de crédito, designando o índice de correção pactuado entre as partes e os demais critérios para correção. Em caso de protesto, o credor deverá anexar um demonstrativo analítico ao título a ser enviado ao cartório.

É possível protestar um título grafado em língua estrangeira?

Sim, nesse caso o cartório observará a tradução de todo o documento (anexada pelo credor) para proceder ao protesto do título.

Existem ainda outros procedimentos específicos que o credor deve adotar no processo de protesto de títulos: envio para cartório, prazos, tirada de protesto, certidões, cancelamentos, requisitos dos diferentes títulos, títulos que habilitam o protesto para fins de decretação de falência etc. Cabe ressaltar também que o credor deve notificar extrajudicialmente o cliente inadimplente alertando sobre o protesto. Entendemos que a comunicação remetida ao devedor pelo cartório não atende a essa finalidade, pois, quando ela é enviada, o título já se encontra em processo de protesto em caso de não-pagamento.

Falência

O pedido de falência do devedor pelo credor é uma alternativa de cobrança que pode ser enquadrada como recurso de última instância, pois, além de envolver custos adicionais para o credor, há um trâmite jurídico complexo, e a probabilidade de o credor receber é bastante reduzida. A legislação que trata do assunto:

- Decreto-lei nº 7.661, de 1945;
- Decreto-lei nº 1, de 1965;
- Lei nº 3.726, de 1960;
- Lei nº 4.983, de 1966;
- Lei nº 6.014, de 1973;
- Lei nº 6.458, de 1977;
- Lei nº 7.274, de 1984;
- Lei nº 8.131, de 1990.

Resolução nº 2.682 — rating

Segundo a Resolução nº 2.682, de 21 de dezembro de 1999 do Banco Central, as instituições financeiras são obrigadas a classificar (*rate*) os clientes (na ocasião da contratação) segundo um critério de risco em ordem decrescente, contemplando os seguintes aspectos: qualidade dos garantidores/garantias; situação econômico-financeira; grau de endividamento; capacidade de gerar resultados futuros; fluxo de caixa; qualidade da administração; pontualidade e atrasos nos pagamentos de outras obrigações; contingências; setor de atividade econômica; situação patrimonial/renda; informações cadastrais do devedor e garantidores; limite de crédito estabelecido; natureza e finalidade do crédito; prazo; e valor da operação.

A classificação na ocasião da contratação da operação é responsabilidade da área de crédito. Todavia, mensalmente, a área de cobrança deverá providenciar ao Banco Central uma reclassificação de todos os clientes (*rating* para baixo, nunca acima da classificação original do crédito), em função do nível de atraso verificado.

O quadro 21 traz os prazos legais determinados pela Resolução nº 2.682 para reclassificação dos níveis de risco (*rating*) das operações ativas das instituições financeiras, em função de atraso (inadimplência de clientes) verificado.

Quadro 21

Periodicidade	Atraso (dias)	Classificação de risco (mínimo)
Mensal	15 e 30	B
	31 e 60	C
	61 e 90	D
	91 e 120	E
	121 e 150	F
	151 e 180	G
	Superior a 180	H
Semestral	Para operações de um mesmo cliente ou grupo econômico cujo montante seja superior a 5% do patrimônio líquido.	
Anual	Para todos os clientes da carteira, exceto para operações com valor abaixo de R$50 mil.	

A reclassificação do *rating* de cada cliente em função do atraso pune a instituição financeira, na medida em que esta é obrigada a provisionar valores equivalentes a determinados percentuais sobre o valor das operações reclassificadas, para fazer face aos créditos de liquidação duvidosa. A provisão deverá ser constituída mensalmente. Assim, torna-se desnecessário comentar sobre a importância da qualidade no processo de análise de concessão de crédito.

O valor da provisão mensal para os créditos em liquidação não poderá ser inferior ao somatório da aplicação de determinados percentuais, segundo a tabela 55.

Tabela 55

Nível de risco	Percentual de provisão*
A	0,5
B	1
C	3
D	10
E	30
F	50
G	70
H	100

* Base de incidência do percentual de provisão: sobre o valor das operações (clientes) classificadas no nível de risco correspondente.

Observações importantes:

- as operações classificadas como nível de risco H, após decorridos seis meses da sua reclassificação nesse nível de risco, serão transferidas para conta de compensação pelo prazo mínimo de cinco anos e enquanto não esgotados todos os procedimentos de cobrança para recebimento da dívida;
- a classificação do cliente que estiver em processo de renegociação de dívida com a instituição deverá ser mantida, no mínimo, no mesmo nível de risco em que estiver classificada. Todavia, operação com prejuízo deve ter nível de risco H;
- por renegociação entende-se operações de composição de dívidas, prorrogação, novação, concessão de nova operação para liquidação integral ou parcial de dívida anterior ou outro tipo de acordo que implique a alteração nos prazos de vencimento ou o fluxo de pagamento originalmente contratado;
- poderá ser admitida reclassificação para risco para menor quando houver amortização significativa de débito ou quando fatos novos relevantes justificarem a mudança de nível de risco, como reforço de garantias reais, constituição de novos avalistas/garantidores, fusão/incorporação da empresa devedora, alteração no fluxo de recebimento/recebíveis do devedor etc.

Central de risco do Banco Central

O Banco Central implantou a nova central de risco, cujo objetivo principal é mais abrangente do que as metas de fiscalizar o sistema e tentar reduzir o *spread* bancário. Funcionando em conjunto com o Sistema de Pagamentos Brasileiro (SPB), a central de risco coleta informações dos empréstimos individuais acima de

R$5 mil, permitindo que os bancos avaliem com mais acurácia o perfil dos clientes no processo de aprovação de crédito.

Para a área de cobrança, esse será um importante instrumento na medida em que o credor (instituição financeira) poderá acompanhar e até monitorar a situação de endividamento do cliente durante a vida de uma operação ativa/contrato, e adotar ações de cobrança, nos procedimentos correntes e nas renegociações de contratos, de acordo também com as informações adicionais oriundas da central de risco.

Procedimentos

A figura 36 mostra os procedimentos-padrão de um processo de cobrança para devedor pessoa física e pessoa jurídica. O *timing* ou o momento adequado para adoção de cada etapa deve ser estabelecido segundo as características de cada credor/devedor e de restrições legais, tais como: política de cobrança, Lei nº 8.078, de 1990, determinações do Banco Central, risco que o cliente representa para o credor, informações cadastrais (Serasa, SPC etc.), garantias reais constituídas, situação dos avalistas, interesse comercial etc.

Figura 36

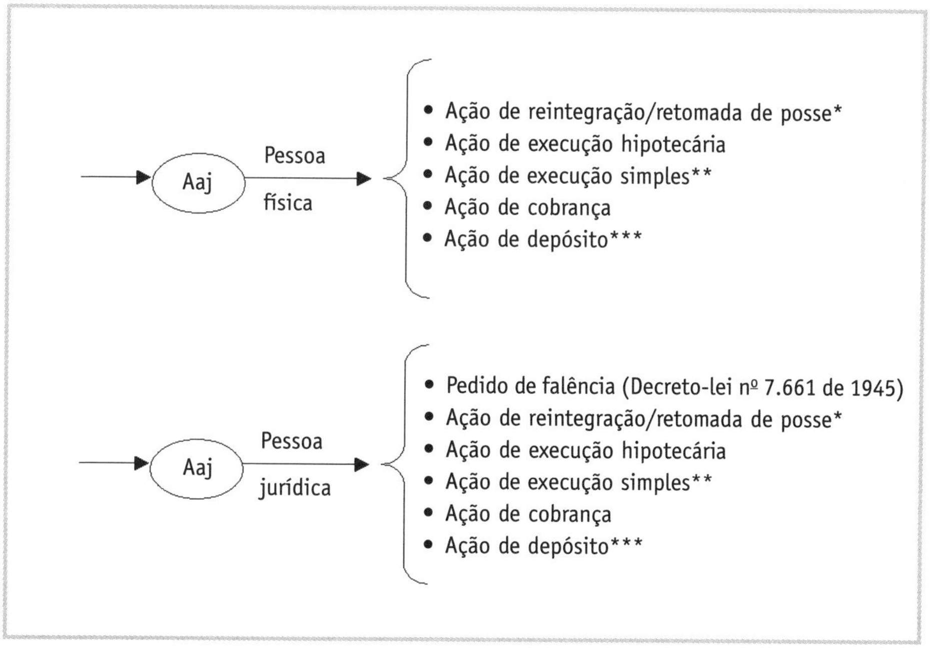

Aaj → Pessoa física
- Ação de reintegração/retomada de posse*
- Ação de execução hipotecária
- Ação de execução simples**
- Ação de cobrança
- Ação de depósito***

Aaj → Pessoa jurídica
- Pedido de falência (Decreto-lei nº 7.661 de 1945)
- Ação de reintegração/retomada de posse*
- Ação de execução hipotecária
- Ação de execução simples**
- Ação de cobrança
- Ação de depósito***

* Quando houver alienação de bem de consumo durável.
** Quando houver penhor/caução de mercadorias, bens móveis e/ou títulos.
*** Contra o fiel depositário de bem constituído em garantia.

Pedimos desculpas por não abordar neste livro os aspectos relativos a cobrança de produtos/carteira securitizada e de derivativos de crédito (Resolução do Banco Central nº 2.933, de 28 de fevereiro de 2002), apesar dos pedidos dos leitores, pois são temas muito específicos que poderão ser atendidos em publicações posteriores.

Capítulo 10

Imposto sobre operações de crédito, câmbio e seguro, ou relativas a títulos ou valores mobiliários (IOF)

O IOF é um tributo que atinge quatro grandes grupos de operações:

- operações de crédito (nas quais uma parte empresta recursos ou financia a outra);
- operações de câmbio (compra e venda de moeda estrangeira);
- operações de seguro (nas quais se contrata proteção contra riscos futuros e incertos);
- relativas a títulos e valores mobiliários (operações com títulos de renda fixa ou variável, tais como fundos de investimentos, ações, depósitos bancários a prazo etc.).

O IOF tem uma característica importante: é um tributo de natureza extrafiscal, ou seja, embora como qualquer outro tributo também produza receita para o Estado, o legislador acabou moldando-o de sorte a permitir que pudesse ser usado como instrumento de interferência na conjuntura econômica. O IOF, ao contrário de vários outros tributos, pode ter suas alíquotas alteradas a qualquer momento, sem a necessidade de observância ao princípio da anterioridade tributária.

Assim, em situações de alta demanda de crédito, favorecendo uma alta de preços, o Poder Executivo, por uma questão de conveniência para controlar a inflação, por exemplo, pode determinar o imediato aumento das alíquotas incidentes sobre operações de crédito para refrear a demanda. Esse aspecto é de suma importância já que vários tomadores de crédito podem enfrentar uma alta súbita no custo do crédito justamente em função das alíquotas do tributo.

Vejamos agora especificamente com mais detalhes o IOF incidente sobre operações de crédito, que é o que nos interessa neste livro.

Contribuintes principais

São as pessoas físicas ou jurídicas tomadoras de crédito. A legislação elege os tomadores de crédito como contribuintes, o que significa dizer que a eles foi atribuído o ônus econômico do imposto.

Responsável pela cobrança e recolhimento

É a pessoa jurídica que conceder o crédito. A legislação elege aquele que concede o crédito como responsável pela cobrança e recolhimento do tributo. Nesse sentido, importa notar que, usualmente, o valor correspondente ao IOF é deduzido pelo credor do valor do crédito que está sendo concedido, o que significa dizer que o tomador do crédito irá receber o valor líquido de IOF dos recursos que lhe forem emprestados. Embora a legislação seja clara a respeito do assunto, é sempre oportuno deixar-se expressamente consignado em contrato que o credor poderá deduzir do valor do crédito o montante necessário ao pagamento do IOF.

Incidência

O IOF incidente sobre operações de crédito pode ser cobrado em toda e qualquer operação de crédito, assim entendidas não só as operações de crédito, como as praticadas por instituições financeiras, mas também toda e qualquer operação de mútuo de recursos financeiros entre pessoas jurídicas não-financeiras ou entre pessoa jurídica não-financeira e pessoa física, sendo que em ambos os casos as regras aplicáveis são as mesmas a que se sujeitam as operações de financiamentos e empréstimos praticadas pelas instituições financeiras.

Fato gerador

Em termos simples, o fato gerador é uma situação econômica definida em lei que dá ensejo ao nascimento da obrigação tributária, permitindo a cobrança do tributo. Assim, no caso do imposto de renda, o fato gerador é auferir renda ou provento de qualquer natureza; no caso do imposto sobre a propriedade predial e territorial urbana (IPTU), o fato gerador é, entre outras coisas, o domínio sobre imóvel urbano. No caso do IOF, as situações que dão ensejo ao nascimento da obrigação tributária são:

- efetiva entrega, total ou parcial, do montante ou do valor que constitua o objeto da obrigação, ou colocação à disposição do interessado (cliente);
- no momento da liberação de cada uma das parcelas, quando houver liberação parcelada;
- na data do adiantamento a depositante, assim considerado saldo a descoberto em conta de depósito.

Quadro 22
Alíquotas de IOF

Incidência	Alíquota
Seguros privados de assistência à saúde	2%
Demais operações de seguros	7%
Operações de crédito	Máximo de 1,5% ao dia
Operações de crédito, desconto (valor líquido), excessos de limite (mutuário pessoa física e jurídica)	0,0041% ao dia
Operações de financiamento para aquisição de imóveis não-residenciais, onde o mutuário seja pessoa física	0,5% ao mês
Parcela não liquidada no vencimento (atraso)	0,0041% ao dia
Adiantamento sobre cheque em depósito	0,0041% ao dia
Cheque admitido em depósito e devolvido por falta de fundos	0,0041% ao dia sobre o valor a descoberto
Prorrogação, renovação, novação, composição, consolidação, confissão de dívida e negócios assemelhados de operação de crédito em que não haja substituição de devedores	Alíquota em vigor à época da operação inicial sobre o valor não-liquidado da operação anteriormente tributada
Operação de crédito em que figure como tomadora cooperativa	0%
Operação de crédito realizada entre cooperativa de crédito e seus associados	0%
Operação de crédito à exportação, bem como de amparo à produção para exportação ou de estímulo à exportação	0%
Operação de crédito rural, destinada a investimento, custeio e comercialização	0%
Operação de crédito realizada por caixa econômica, sob garantia de penhor civil de jóias, pedras preciosas e outros objetos	0%
Operação de crédito realizada por instituição financeira, referente a repasse de recursos do Tesouro Nacional destinados a financiamento de abastecimento e formação de estoques reguladores e referente a repasse de recursos obtidos em moeda estrangeira no exterior, em qualquer de suas fases	0%

continua

Incidência	Alíquota
Operação de crédito realizada entre instituição financeira e outra instituição autorizada a funcionar pelo Banco Central do Brasil, desde que a operação seja permitida pela legislação vigente	0%
Operação de crédito em que o tomador seja estudante, realizada com recursos do programa de crédito educativo	0%
Operação de crédito efetuada com recursos da Agência Especial de Financiamento Industrial — Finame	0%
Operação de crédito realizada ao amparo da política de garantia de preços mínimos, empréstimos do governo federal — EGF	0%
Operação de crédito relativa a empréstimo de título público, quando esse permanecer custodiado no Sistema Especial de Liquidação e de Custódia (Selic) e servir de garantia prestada a terceiro na execução de serviços e obras públicas	0%
Operação de crédito efetuada pelo Banco Nacional de Desenvolvimento Econômico e Social (BNDES) ou por seus agentes financeiros, com recursos daquele banco ou de fundos por ele administrados	0%
Operação de crédito relativa a adiantamento de salário concedido por instituição financeira aos seus empregados, para desconto em folha de pagamento ou qualquer outra forma de reembolso	0%
Operação de crédito relativa à transferência de bens objeto de alienação fiduciária, com sub-rogação de terceiro nos direitos e obrigações do devedor, desde que mantidas todas as condições financeiras do contrato original	0%
Operação de crédito em que o tomador do crédito seja órgão da administração pública federal, estadual, do Distrito Federal ou municipal, direta, autárquica ou fundacional, partido político, inclusive suas fundações, entidade sindical de trabalhadores, instituição de educação e de assistência social, sem fins lucrativos, atendidos os requisitos da lei	0%
Operação de crédito realizada por instituição financeira na qualidade de gestora, mandatária, ou agente de fundo ou programa do governo federal, estadual, distrital ou municipal, instituído por lei, cuja aplicação do recurso tenha finalidade específica	0%
Operação de crédito relativa a adiantamento sobre o valor de resgate de apólice de seguro de vida individual e de título de capitalização	0%
Operação de crédito relativa a adiantamento de contrato de câmbio de exportação	0%
Operação de crédito relativa à aquisição de ações ou de participação em empresa, no âmbito do Programa Nacional de Desestatização	0%
Operação de crédito resultante de repasse de recursos de fundo ou programa do governo federal vinculado à emissão pública de valores mobiliários	0%

continua

Incidência	Alíquota
Operação de crédito relativa à devolução antecipada do IOF indevidamente cobrado e recolhido pela instituição, enquanto aguarda a restituição pleiteada, e desde que não haja cobrança de encargos remuneratórios	0%
Operação de crédito realizada por agente financeiro com recursos oriundos de programas federais, estaduais ou municipais, instituídos com a finalidade de implementar programas de geração de emprego e renda, nos termos previstos no parágrafo único do art. 1º do Decreto nº 1.366, de 12 de janeiro de 1995	0%
Operações de crédito para fins habitacionais, inclusive a destinada à infra-estrutura e saneamento básico relativo a programa ou projeto que tenha a mesma finalidade (Decreto-lei nº 2.407, de 5 de janeiro de 1988)	Isento
Operações de crédito realizadas mediante conhecimento de depósito e *warrant*, representativos de mercadorias depositadas para exportação, em entreposto aduaneiro (Decreto-lei nº 1.269, de 18 de abril de 1973, art. 1º, e Lei nº 8.402, de 8 de janeiro de 1992, art. 1º, inciso XI)	Isento
Operações de crédito com recursos dos Fundos Constitucionais de Financiamento do Norte (FNOs), do Nordeste (FNEs), e do Centro-Oeste (FCOs) (Lei nº 7.827, de 27 de setembro de 1989, art. 8º)	Isento
Operações de crédito efetuadas com cédula e nota de crédito à exportação (Lei nº 6.313, de 16 de dezembro de 1975, art. 2º, e Lei nº 8.402, de 1992, art. 1º, inciso XII)	Isento
Operações de crédito em que o tomador de crédito seja a Itaipu Binacional	Isento
Operações de crédito para a aquisição de automóvel de passageiros, de fabricação nacional, com até 127 HP de potência bruta (SAE), na forma do art. 72 da Lei nº 8.383 de 30 de dezembro de 1991	Isento
Operações de crédito em que o tomador seja trabalhador desempregado ou subempregado, titular de financiamento do denominado Projeto Balcão de Ferramentas, destinado à aquisição de maquinário, equipamentos e ferramentas que possibilitem a aquisição de bens e a prestação de serviços à comunidade, na forma do inciso V do art. 72 da Lei nº 8.383, de 1991	Isento
Operações de crédito contratadas pelos executores do gasoduto Brasil/Bolívia, diretamente ou por intermédio de empresas especialmente por eles selecionadas para esse fim, obedecidas as condições previstas no acordo entre os governos da República Federativa do Brasil e da República da Bolívia	Isento

Obs.: O IOF, cuja base de cálculo não seja apurada por somatório de saldos devedores diários, não excederá o valor resultante da aplicação da alíquota a cada valor de principal, prevista para a operação, multiplicada por 365 dias, se diária, ou por 12, se mensal, ainda que a operação seja de pagamento parcelado.

Método de cálculo — amortização progressiva

O IOF sobre operações de crédito será determinado, sempre, em função do prazo pelo qual o recurso permaneceu à disposição do tomador. No caso de operações de empréstimo pagas em prestações, a base de cálculo do IOF será apurada de acordo com o sistema de amortização pactuado entre as partes, desde que mencionado expressamente no respectivo contrato de empréstimo/financiamento.

Quando o contrato de empréstimo for omisso em relação ao sistema de amortização, a base de cálculo do IOF devido será apurada pelo regime de amortização progressiva.

É facultado à instituição responsável pela cobrança do IOF utilizar a metodologia de cálculo descrita a seguir, quando a operação de crédito for contratada em prestações mensais iguais (sistema Price) vencíveis sempre no mesmo dia em todos os meses.

Quando o vencimento das prestações não ocorrer no mesmo dia em todos os meses, o imposto deverá ser calculado considerando-se os dias efetivamente decorridos até a data de vencimento de cada prestação.

As operações de crédito com prazo inferior a 365 dias, cujos fatos geradores ocorreram a partir de 5 de maio de 1997, não liquidadas no vencimento, estarão sujeitas à cobrança de IOF complementar. No caso de operações de crédito direto ao consumidor (CDC), o IOF complementar somente será exigido em relação às prestações não-pagas no vencimento, cujos prazos previstos originalmente sejam inferiores a 365 dias.

Prazo até 12 meses

As operações com prazo de até 12 meses obedecem os seguintes critérios de cálculo de IOF.

IOF deduzido do valor do empréstimo ou financiamento

Nesse caso o valor devido pelo IOF será deduzido do valor do empréstimo ou financiamento, ou seja, o cliente receberá o valor do empréstimo contratado menos o valor do IOF.

$$IOF = C \times 0{,}00125 \times i \times \frac{1 + 2 \times (1+i) + 3 \times (1+i)^2 + \ldots + n \times (1+i)^{n-1}}{(1+i)^n - 1}$$

Onde:
C = valor (R$) do empréstimo;
i = juros mensais do empréstimo (C);
n = prazo do empréstimo em meses.

IOF adicionado ao valor do empréstimo ou financiamento

Nesse caso o valor devido pelo IOF será financiado pela instituição financeira ao cliente, ou seja, o valor do IOF será acrescido ao valor financiado, e o cliente receberá o valor do empréstimo contratado.

$$IOF = \frac{C \times 0{,}00125 \times i \times \dfrac{(1+2) \times (1+i) + 3 \times (1+i)^2 + \ldots + n \times (1+i)^{(n-1)}}{(1+i)^n - 1}}{1 - 0{,}00125 \times i \times \dfrac{1 + 2 \div (1+i) + 3 \times (1+i)^2 + \ldots + n \times (1+i)^{(n-1)}}{(1+i)^n - 1}}$$

Prazo superior a 12 meses

As operações com prazo acima de 12 meses obedecem os seguintes critérios de cálculo de IOF.

IOF deduzido do valor do empréstimo ou financiamento

Nesse caso o valor devido pelo IOF será deduzido do valor do empréstimo ou financiamento, ou seja, o cliente receberá o valor do empréstimo contratado menos o valor do IOF.

$$IOF = C \times 0{,}00125 \times i \times \frac{\{1 + [2 \times (1+i) + 3 \times (1+i)^2 + \ldots + 12 \times (1+i)^{11}]\} + \{12 \times [(1+i)^{12} + (1+i)^{13} + \ldots (1+i)^n]\}}{(1+i)^n - 1}$$

IOF adicionado ao valor do empréstimo ou financiamento

Nesse caso o valor devido pelo IOF será financiado pela instituição financeira ao cliente, ou seja, o valor do IOF será acrescido ao valor financiado, e o cliente receberá o valor do empréstimo contratado.

$$IOF = \frac{C \times 0{,}00125 \times i \times \dfrac{\{1 + [2 \times (1+i) + 3 \times (1+i)^2 + \ldots + 12 \times (1+i)^{11}]\} + \{12 \times [(1+i)^{12} + (1+i)^{13} + \ldots (1+i)^n]\}}{(1+i)^n - 1}}{1 - 0{,}00125 \times i \times \dfrac{\{1 + [2 \times (1+i) + 3 \times (1+i)^2 + \ldots + 12 \times (1+i)^{11}]\} + \{12 \times [(1+i)^{12} + (1+i)^{13} + \ldots (1+i)^n]\}}{(1+i)^n - 1}}$$

Exemplos de cálculo

Exemplo 1 — pagamento único

Supondo que um mutuário fez um empréstimo numa instituição financeira e realizará o pagamento de uma única vez nas seguintes condições:

- valor — R$10 mil;
- data do crédito — 22 de dezembro de 2002;
- data do pagamento — 22 de outubro de 2003;

- prazo 10 meses;
- juros — 4% ao mês (base 360 dias);
- IOF — 0,0041% ao dia.

IOF deduzido do valor do empréstimo

Nesse caso o valor devido pelo IOF será deduzido do valor do empréstimo ou financiamento, ou seja, o cliente receberá o valor do empréstimo contratado menos o valor do IOF.

Figura 37

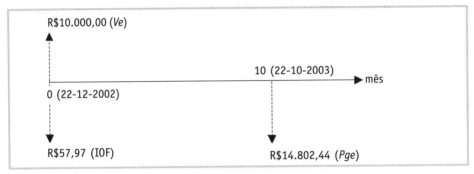

Onde:
Ve = valor do empréstimo (R$10 mil);
Crc = valor do crédito recebido pelo empréstimo — R$10.000 − R$57,97;
Pge = valor do pagamento pelo empréstimo — R$14.802,44 = R$10.000 $(1 + 0,04)^{10}$;
IOF = valor do IOF a ser recolhido pela instituição financeira credora.

$$57,97 = 10.000 \times 0,00125 \times 0,04 \times \frac{1 + 2 \times (1 + 0,04) + 3 \times (1 + 0,04)^2 + \ldots + 10 \times (1 + 0,04)^{(10-1)}}{(1 + 0,04)^{10} - 1}$$

IOF adicionado ao valor do empréstimo

Nesse caso o valor devido pelo IOF será financiado pela instituição financeira ao cliente, ou seja, o valor do IOF será acrescido ao valor financiado, e o cliente receberá o valor do empréstimo contratado.

Figura 38

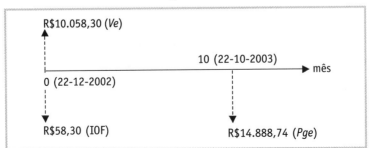

Onde:

Ve = valor do empréstimo — R$10.058,30;
Crc = valor do crédito recebido pelo empréstimo — R$10 mil;
Pge = valor do pagamento pelo empréstimo — R$14.888,74 = R$10.000 $(1 + 0,04)^{10}$;
IOF = valor do IOF a ser recolhido pela instituição financeira credora.

$$58,30 = \frac{10.000 \times 0,00125 \times 0,04 \times \dfrac{1 + 2 \times (1+0,04) + 3 \times (1+0,04)^2 + \ldots + 10 \times (1+0,04)^{(10-1)}}{(1+0,04)^{10} - 1}}{1 - 0,00125 \times 0,04 \times \dfrac{1 + 2 \times (1+0,04) + 3 \times (1+0,04)^2 + \ldots + 10 \times (1+0,04)^{(10-1)}}{(1+0,04)^{10} - 1}}$$

Exemplo 2 — pagamento parcelado (prestações)

Um mutuário fez um empréstimo numa instituição financeira e realizará o pagamento em prestações, nas seguintes condições:

- valor — R$10 mil;
- data do crédito — 22 de dezembro de 2002;
- prazo — 10 meses;
- forma de pagamento — em prestações mensais (Price);
- juros — 3% ao mês;
- IOF — 0,0041% ao dia;
- datas de vencimento das prestações (quadro 23, base data de aniversário).

Quadro 23

Prestação nº	Data de vencimento
1	22-1-2003
2	22-2-2003
3	22-3-2003
4	22-4-2003
5	22-5-2003
6	22-6-2003
7	22-7-2003
8	22-8-2003
9	22-9-2003
10	22-10-2003

O fluxo de caixa da operação para a empresa contratante terá a configuração da figura 39.

Figura 39

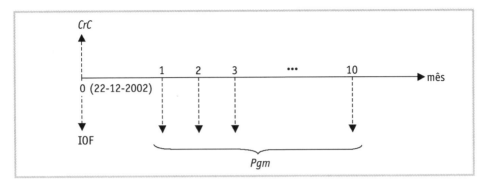

Onde:
Crc = valor do crédito recebido pelo empréstimo — R$10 mil;
Pgm = valor das prestações mensais do empréstimo (Price) — R$1.172,31.

Tabela 56
Planilha analítica sem IOF

Mês	Data	Saldo devedor (R$)	Juros (R$)	Amortização (R$)	Prestação (R$)
0	22-12-2002	10.000,00	—	—	—
1	22-1-2003	9.127,69	300,00	872,31	1.172,31
2	22-2-2003	8.229,22	273,83	898,47	1.172,31
3	22-3-2003	7.303,79	246,88	925,43	1.172,31
4	22-4-2003	6.350,60	219,11	953,19	1.172,31
5	22-5-2003	5.368,81	190,52	981,79	1.172,31
6	22-6-2003	4.357,57	161,06	1.011,24	1.172,31
7	22-7-2003	3.316,00	130,73	1.041,58	1.172,31
8	22-8-2003	2.243,17	99,48	1.072,83	1.172,31
9	22-9-2003	1.138,16	67,30	1.105,01	1.172,31
10	22-10-2003	(0,00)	34,14	1.138,16	1.172,31

IOF deduzido do valor do empréstimo

Nesse caso o valor devido pelo IOF será deduzido do valor do empréstimo ou financiamento, ou seja, o cliente receberá o valor do empréstimo contratado menos o valor do IOF.

Figura 40

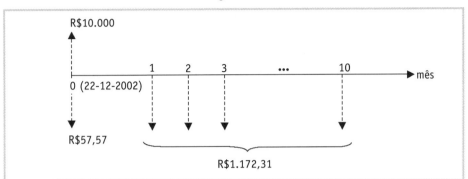

$$57{,}97 = 10.000 \times 0{,}00125 \times 0{,}03 \times \frac{1 + 2 \times (1 + 0{,}03) + 3 \times (1 + 0{,}03)^2 + \ldots + 10 \times (1 + 0{,}03)^{(10-1)}}{(1 + 0{,}03)^{10} - 1}$$

IOF adicionado ao valor do empréstimo

Nesse caso o valor devido pelo IOF será financiado pela instituição financeira ao cliente, ou seja, o valor do IOF será acrescido ao valor financiado, e o cliente receberá o valor do empréstimo contratado.

$$57{,}90 = \frac{10.000 \times 0{,}00125 \times 0{,}03 \times \dfrac{1 + 2 \times (1 + 0{,}03) + 3 \times (1 + 0{,}03)^2 + \ldots + 10 \times (1 + 0{,}03)^{(10-1)}}{(1 + 0{,}03)^{10} - 1}}{1 - 0{,}00125 \times 0{,}03 \times \dfrac{1 + 2 \times (1 + 0{,}03) + 3 \times (1 + 0{,}03)^2 + \ldots + 10 \times (1 + 0{,}03)^{(10-1)}}{(1 + 0{,}03)^{10} - 1}}$$

Tabela 57
Planilha analítica com IOF

Mês	Data	Saldo devedor (R$)	Juros (R$)	Amortização (R$)	Prestação (R$)
0	22-12-2002	10.057,90	—	—	—
1	22-1-2003	9.180,54	301,74	877,36	1.179,09
2	22-2-2003	8.276,87	275,42	903,68	1.179,09
3	22-3-2003	7.346,08	248,31	930,79	1.179,09
4	22-4-2003	6.387,37	220,38	958,71	1.179,09
5	22-5-2003	5.399,90	191,62	987,47	1.179,09
6	22-6-2003	4.382,80	162,00	1.017,10	1.179,09
7	22-7-2003	3.335,20	131,48	1.047,61	1.179,09
8	22-8-2003	2.256,16	100,06	1.079,04	1.179,09
9	22-9-2003	1.144,75	67,68	1.111,41	1.179,09
10	22-10-2003	(0,00)	34,34	1.144,75	1.179,09

Método de cálculo — Price

O IOF deverá ser calculado pelo método Price, amortização crescente ou progressiva, desde que não especificada em contrato a forma de amortização. Por exemplo, um mutuário fez um empréstimo numa instituição financeira e realizará o pagamento em prestações, nas seguintes condições:

- valor — R$ 10 mil;
- data do crédito — 22 de dezembro de 2002;
- prazo — 10 meses;
- forma de pagamento — em prestações mensais (Price);
- juros — 3% ao mês;
- IOF — 0,0041% ao dia;
- datas de vencimento das prestações (tabela 58, base data de aniversário).

Tabela 58

Mês	Data	Prestação (R$)	Saldo devedor (R$)	Juros (R$)	Amortização (R$)	Número de dias*	IOF (R$)**
0	22-12-2002	—	10.000,00				
1	22-1-2003	1.172,31	9.127,69	300,00	872,31	31	1,11
2	22-2-2003	1.172,31	8.229,22	273,83	898,47	62	2,28
3	22-3-2003	1.172,31	7.303,79	246,88	925,43	90	3,41
4	22-4-2003	1.172,31	6.350,60	219,11	953,19	121	4,73
5	22-5-2003	1.172,31	5.368,81	190,52	981,79	151	6,08
6	22-6-2003	1.172,31	4.357,57	161,06	1.011,24	182	7,55
7	22-7-2003	1.172,31	3.316,00	130,73	1.041,58	212	9,05
8	22-8-2003	1.172,31	2.243,17	99,48	1.072,83	243	10,69
9	22-9-2003	1.172,31	1.138,16	67,30	1.105,01	274	12,41
10	22-10-2003	1.172,31	(0,00)	34,14	1.138,16	304	14,19
					10.000,00		71,50

* Apura-se o número de dias existente entre cada prestação e a data de início da operação: entre a prestação 1 (22-1-2003) e a data de início da operação (22-12-2002) = 31 dias; entre a prestação 2 (22-2-2003) e a data de início da operação (22-12-2002) = 62 dias; (...); entre a prestação 10 (22-10-2003) e a data de início da operação (22-12-2002) = 304 dias.

** O valor do IOF em reais correspondente a cada parcela é calculado multiplicando-se a alíquota diária (0,0041%) pelo número de dias e pelo valor da amortização da parcela: IOF da parcela 1: R$1,11 = 0,0041% ÷ 100 × 31 × R$872,31; IOF da parcela 2: R$2,28 = 0,0041% ÷ 100 × 62 × R$898,47; (...); IOF da parcela 10: R$14,19 = 0,0041% ÷ 100 × 304 × R$1.138,16.

IOF não-financiado

Realizando o somatório de todos os valores de IOF correspondentes a cada parcela, obteremos o valor do IOF total de R$71,50, não-financiado, ou seja, valor a ser pago pelo cliente no ato de formalização da operação, ou a ser descontado do valor financiado no ato da liberação.

IOF financiado

O valor (reais) do IOF financiado poderá ser obtido através da fórmula:

$$IOF_{(f)} = \left[\frac{Vfin}{1 - \frac{IOF}{Vfin}} \right] - Vfin$$

Onde:
$IOF_{(f)}$ = valor do IOF financiado, ou seja, a ser incluso no contrato de forma a liberar para o cliente o valor do empréstimo solicitado, no exemplo, R$10 mil;
$Vfin$ = valor do financiamento solicitado, no exemplo, R$10 mil;
IOF = valor do IOF não-financiado, no exemplo, R$71,50.

Logo,

$$IOF_{(f)} = \left[\frac{R\$10.000,00}{1 - \frac{R\$71,50}{R\$10.000,00}} \right] - R\$10.000,00$$

$$IOF_{(f)} = R\$72,02$$

Para demonstrar que o valor de R$72,02 de IOF financiado está correto, basta apurar o valor do IOF a ser recolhido, como a planilha analítica da tabela 59.

Tabela 59

Price com IOF							
Mês	Data	Prestação (R$)	Saldo devedor (R$)	Juros (R$)	Amortização (R$)	Número de dias*	IOF (R$)**
0	22-12-2002		10.072,02				
1	22-1-2003	1.180,75	9.193,43	302,16	878,59	31	1,12
2	22-2-2003	1.180,75	8.288,49	275,80	904,94	62	2,30
3	22-3-2003	1.180,75	7.356,39	248,65	932,09	90	3,44
4	22-4-2003	1.180,75	6.396,34	220,69	960,06	121	4,76
5	22-5-2003	1.180,75	5.407,48	191,89	988,86	151	6,12
6	22-6-2003	1.180,75	4.388,96	162,22	1.018,52	182	7,60

continua

Price com IOF

Mês	Data	Prestação (R$)	Saldo devedor (R$)	Juros (R$)	Amortização (R$)	Número de dias*	IOF (R$)**
7	22-7-2003	1.180,75	3.339,88	131,67	1.049,08	212	9,12
8	22-8-2003	1.180,75	2.259,32	100,20	1.080,55	243	10,77
9	22-9-2003	1.180,75	1.146,36	67,78	1.112,97	274	12,50
10	22-10-2003	1.180,75	(0,00)	34,39	1.146,36	304	14,29
					10.072,02		72,02

IOF a pagar	72,02

* Apura-se o número de dias existente entre cada prestação e a data de início da operação: entre a prestação 1 (22-1-2003) e a data de início da operação (22-12-2002) = 31 dias; entre a prestação 2 (22-2-2003) e a data de início da operação (22/12/2002) = 62 dias; (...); entre a prestação 10 (22-10-2003) e a data de início da operação (22-12-2002) = 304 dias.

** O valor do IOF em reais correspondente a cada parcela é calculado multiplicando-se a alíquota diária (0,0041%) pelo número de dias e pelo valor da amortização da parcela: IOF da parcela 1: R$1,12 = 0,0041% ÷ 100 × 31 × R$878,59; IOF da parcela 2: R$2,30 = 0,0041% ÷ 100 × 62 × R$904,94; (...); IOF da parcela 10: R$14,29 = 0,0041% ÷ 100 × 304 × R$1.146,36.

Método de cálculo — amortização decrescente

O IOF poderá ser calculado pelo método de amortização decrescente, desde que esta opção seja claramente especificada em contrato, conforme previsto no art. 2º da Instrução Normativa nº 47, de 21 de maio de 1997, da Secretaria da Receita Federal. Por exemplo, um mutuário fez um empréstimo numa instituição financeira, nas mesmas condições do exemplo já citado.

Partindo do método Price (amortização crescente), a tarefa agora é transformar as amortizações crescentes em decrescentes (Ad). Uma das formas é calcular o valor presente das prestações e, com base nesse valor, calcular o valor do novo IOF — com a base de amortização decrescente, como mostra a tabela 60.

Tabela 60

			Price					Ad	
Mês	Data	Prestação (R$)	Saldo devedor (R$)	Juros (R$)	Amortização (R$)	Número de dias*	IOF (R$)**	VP*** prestações (R$)	IOF**** (R$)
0	22-12-2002		10.000,00						
1	22-1-2003	1.172,31	9.127,69	300,00	872,31	31	1,11	1.138,16	1,45
2	22-2-2003	1.172,31	8.229,22	273,83	898,47	62	2,28	1.105,01	2,81
3	22-3-2003	1.172,31	7.303,79	246,88	925,43	90	3,41	1.072,83	3,96

continua

			Price					Ad	
Mês	Data	Prestação (R$)	Saldo devedor (R$)	Juros (R$)	Amortização (R$)	Número de dias*	IOF (R$)**	VP*** prestações (R$)	IOF**** (R$)
4	22-4-2003	1.172,31	6.350,60	219,11	953,19	121	4,73	1.041,58	5,17
5	22-5-2003	1.172,31	5.368,81	190,52	981,79	151	6,08	1.011,24	6,26
6	22-6-2003	1.172,31	4.357,57	161,06	1.011,24	182	7,55	981,79	7,33
7	22-7-2003	1.172,31	3.316,00	130,73	1.041,58	212	9,05	953,19	8,29
8	22-8-2003	1.172,31	2.243,17	99,48	1.072,83	243	10,69	925,43	9,22
9	22-9-2003	1.172,31	1.138,16	67,30	1.105,01	274	12,41	898,47	10,09
10	22-10-2003	1.172,31	(0,00)	34,14	1.138,16	304	14,19	872,31	10,87
					10.000,00		71,50	10.000,00	65,44

IOF não-financiado	71,50	65,44
IOF financiado	72,02	65,87

* Cálculo de quantidade de dias descrito nas tabelas 57 e 58.
** Cálculo do valor (R$) do IOF descrito nas tabelas 57 e 58.
*** Valor presente (*VP*) das prestações descontada a taxa do contrato (3% ao mês):

$$VP_1 = \frac{R\$1.172,31}{(1+0,03)^1}$$

VP_1 = R$1.138,16

$$VP_2 = \frac{R\$1.172,31}{(1+0,03)^2}$$

VP_2 = R$1.105,01

.
.
.

$$VP_{10} = \frac{R\$1.172,31}{(1+0,03)^{10}}$$

VP_{10} = R$872,31

**** Valor do IOF com base na amortização decrescente — valor presente das prestações, em reais, correspondente a cada parcela. É calculado multiplicando-se a alíquota diária (0,0041%) pelo número de dias e pelo valor da amortização da parcela: IOF da parcela 1 — R$1,45 = 0,0041% ÷ 100 × 31 × R$1.138,16; IOF da parcela 2 — R$2,81 = 0,0041% ÷ 100 × 62 × R$1.105,01; (...); IOF da parcela 10 — R$10,87 = 0,0041% ÷ 100 × 304 × R$872,31.

IOF não-financiado

Realizando o somatório de todos os valores de IOF correspondentes a cada parcela, obteremos o valor do IOF total de R$65,44, não-financiado, ou seja, valor a ser pago pelo cliente no ato de formalização da operação, ou a ser descontado do valor financiado no ato da liberação.

IOF financiado

O valor (reais) do IOF financiado poderá ser obtido com a fórmula:

$$IOF_{(f)} = \left[\frac{Vfin}{1 - \frac{IOF}{Vfin}} \right] - Vfin$$

Onde:

$IOF_{(f)}$ = valor do IOF financiado, ou seja, a ser incluso no contrato de forma a liberar para o cliente o valor do empréstimo solicitado, no exemplo, R$10 mil;
$Vfin$ = valor do financiamento solicitado, no exemplo, R$10 mil.
IOF = valor do IOF não-financiado, no exemplo, R$65,44.

Logo,

$$IOF_{(f)} = \left[\frac{R\$10.000,00}{1 - \frac{R\$65,44}{R\$10.000,00}} \right] - R\$10.000,00$$

$$IOF_{(f)} = R\$65,87$$

Para demonstrar que o valor de R$65,87 de IOF financiado está correto, basta apurar o valor do IOF a ser recolhido, conforme a tabela 61, usando a mesma metodologia de cálculo já descrita.

Tabela 61

Amortização decrescente (Ad)

Mês	Data	Prestação (R$)	Saldo devedor (R$)	Juros (R$)	Amortização (R$)	Número de dias*	IOF (R$)**	VP*** prestações (R$)	Ad IOF**** (R$)
0	22-12-2002		10.065,87						
1	22-1-2003	1.180,03	9.187,82	301,98	878,05	31	1,12	1.145,66	1,46
2	22-2-2003	1.180,03	8.283,43	275,63	904,39	62	2,30	1.112,29	2,83
3	22-3-2003	1.180,03	7.351,90	248,50	931,52	90	3,44	1.079,89	3,98
4	22-4-2003	1.180,03	6.392,43	220,56	959,47	121	4,76	1.048,44	5,20
5	22-5-2003	1.180,03	5.404,18	191,77	988,25	151	6,12	1.017,90	6,30
6	22-6-2003	1.180,03	4.386,28	162,13	1.017,90	182	7,60	988,25	7,37
7	22-7-2003	1.180,03	3.337,84	131,59	1.048,44	212	9,11	959,47	8,34
8	22-8-2003	1.180,03	2.257,95	100,14	1.079,89	243	10,76	931,52	9,28
9	22-9-2003	1.180,03	1.145,66	67,74	1.112,29	274	12,50	904,39	10,16
10	22-10-2003	1.180,03	(0,00)	34,37	1.145,66	304	14,28	878,05	10,94
					10.065,87		**71,97**	**10.065,87**	**65,87**

IOF a pagar	65,87

IOF em empresas optantes pelo Simples

Nas operações, quando se tratar de mutuário pessoa jurídica optante pelo Sistema Integrado de Pagamento de Impostos e Contribuições das Microempresas e das Empresas de Pequeno Porte (Simples), em que o valor seja igual ou inferior a R$30 mil, a alíquota de IOF será de 0,00137% ao dia, aplicando-se também ao somatório dos saldos devedores diários.

A empresa tomadora do empréstimo deverá apresentar à instituição financeira uma declaração (ver modelo no quadro 24) em duas vias, devidamente assinada pelo seu representante legal.

Quadro 24

(Nome da pessoa jurídica), com sede (endereço completo), inscrita no CNPJ sob o nº _____, DECLARA, para fins do disposto na Portaria MF nº 377, de 4 de outubro de 1999, que:

I — se enquadra como pessoa jurídica sujeita ao regime tributário de que trata a Lei nº 9.317, de 5 de dezembro de 1996; e

II — o signatário é representante legal desta pessoa jurídica e está ciente de que a falsidade na prestação desta informação o sujeitará, juntamente com as demais pessoas que para ela concorrem, às penalidades previstas na legislação criminal e tributária, relativas à falsidade ideológica (art. 299 do Código Penal) e ao crime contra a ordem tributária (art. 1º da Lei nº 8.137, de 27 de dezembro de 1990).

Local e data

_____
Assinatura do responsável

Abono da assinatura pela instituição mutuante

Capítulo 11

Mercado de câmbio

O Brasil foi país integrante da reunião de Bretton Woods, que, em 1944, criou o Fundo Monetário Internacional (FMI) e o Banco Mundial (Bird), com o objetivo principal de ordenar o sistema monetário internacional baseado em dois fundamentos:

- dólar norte-americano como moeda central do sistema, com o compromisso dos EUA de garantirem aos países-membros, a livre conversibilidade do dólar em ouro, na época, à razão de US$35 por onça-troy;
- os demais países-membros deveriam fixar as paridades de suas moedas sempre em relação ao dólar norte-americano. Possíveis reajustes eram admissíveis em caso de desequilíbrios estruturais, mediante aprovação prévia do FMI.

O Brasil adotou essa paridade no início fixada em Cr$18,82 por dólar. Esse sistema de paridade fixa não logrou êxito principalmente em função das diferentes taxas de inflação entre os países-membros. No caso brasileiro, no período pós-II Guerra Mundial, as taxas de inflação foram bastante superiores às norte-americanas.

No mercado de câmbio são negociados ativos financeiros (não todos da mesma moeda) com vencimento definido, cujos papéis em uma determinada moeda podem ser negociados com papéis em outra moeda. Esse mercado existe porque as nações querem manter seu direito soberano de ter e controlar suas moedas. Caso todos os países do mundo usassem a mesma moeda, o mercado de câmbio não existiria.

O início de uma operação no mercado de câmbio ocorre quando, por exemplo, uma empresa dos EUA exporta produtos para o Japão. O fabricante dos EUA precisa ser pago em dólares, já o comprador no Japão possui ienes, com os quais pagará ao fabricante nos EUA. Assim, existem duas posições dessa operação entre os EUA e o Japão, pois o exportador americano fatura o importador japonês em dólares ou em ienes:

- se o exportador americano faturar em dólares, o importador japonês venderá ienes para comprar dólares no mercado de câmbio;
- se o exportador americano faturar em ienes, o exportador deve vendê-los para comprar dólares.

Qualquer que seja a moeda da fatura, alguém irá ao mercado de câmbio vender ienes para comprar dólares.

Formação da taxa

A formação da taxa de câmbio é determinada diretamente pela oferta e procura da moeda (dólar). Constantemente o Banco Central interfere na oferta e/ou na procura em função de fatores como: conjuntura socioeconômica interna e externa, política monetária e nível de reservas cambiais.

Variação cambial

Ocorre variação cambial toda vez que a paridade existente entre duas moedas de países diferentes apresenta alteração em relação aos seus valores. Por hipótese, em 1º de fevereiro de 200x, era necessário R$1 para adquirir US$1 — paridade um (real) para um (dólar).

Agora, vamos supor que em 2 de fevereiro de 200x para adquirir US$1 é necessário R$1,20. Sob a ótica da moeda brasileira, ocorreu um efeito denominado *desvalorização cambial*, porque são necessários mais reais para comprar a mesma quantidade de moeda norte-americana. Do ponto de vista da moeda norte-americana houve *valorização cambial* em relação à moeda brasileira.

Podemos verificar na tabela 62 a variação anual da taxa de câmbio em relação ao índice de preços (IGP-M) no Brasil, a partir de 1997. Essa variação a menos existe até janeiro de 1999, porque as autoridades monetárias julgam que não há necessidade de desvalorização cambial à paridade da inflação brasileira.

Pressupondo que a inflação (IGP-M) é o único fator de determinação de preços, a taxa de valorização ou desvalorização cambial necessária para manutenção da competitividade do produto brasileiro em relação a um produto similar nos EUA será:

$$VC + \frac{(1 + IvIGP\text{-}M)}{(1 = IiEUA)} - 1$$

Onde:
VC = variação cambial;
IvIGP-M = variação do IGP-M;
IiEUA = índice de inflação nos EUA.

A tabela 62 mostra a variação do dólar comercial e do IGP-M de janeiro de 1997 a setembro de 2002.

Tabela 62

Data	Valor R$/US$	Comercial BC Variação % No mês	No ano	12 meses	IGP-M Variação % No mês	No ano	12 meses
1-1997	1,0461	0,64	0,64	6,90	1,77	1,77	9,24
2-1997	1,0515	0,52	1,16	6,84	0,43	2,20	8,65
3-1997	1,0593	0,74	1,91	7,22	1,15	3,38	9,46
4-1997	1,0638	0,42	2,35	7,18	0,68	4,08	9,84
5-1997	1,0717	0,74	3,11	7,34	0,21	4,30	8,39
6-1997	1,0769	0,49	3,61	7,22	0,74	5,08	8,10
7-1997	1,0834	0,60	4,23	7,14	0,09	5,17	6,76
8-1997	1,0916	0,76	5,02	7,35	0,09	5,27	6,56
9-1997	1,0964	0,44	5,48	7,33	0,48	5,78	6,97
10-1997	1,1031	0,61	6,13	7,35	0,37	6,17	7,16
11-1997	1,1098	0,61	6,77	7,41	0,64	6,84	7,63
12-1997	1,1164	0,59	7,41	7,41	0,84	7,74	7,74
1-1998	1,1237	0,65	0,65	7,42	0,96	0,96	6,89
2-1998	1,1304	0,60	1,25	7,50	0,18	1,14	6,62
3-1998	1,1374	0,62	1,88	7,37	0,19	1,33	5,61
4-1998	1,1443	0,61	2,50	7,57	0,13	1,46	5,03
5-1998	1,1505	0,54	3,05	7,35	0,14	1,60	4,95
6-1998	1,1569	0,56	3,63	7,43	0,38	1,99	4,57
7-1998	1,1634	0,56	4,21	7,38	−0,17	1,81	4,30
8-1998	1,1769	1,16	5,42	7,81	−0,16	1,66	4,04
9-1998	1,1856	0,74	6,20	8,14	−0,08	1,57	3,45
10-1998	1,1932	0,64	6,88	8,17	0,08	1,65	3,16
11-1998	1,2012	0,67	7,60	8,24	−0,32	1,33	2,18
12-1998	1,2087	0,62	8,27	8,27	0,45	1,78	1,78
1-1999	1,9832	64,08	64,08	76,49	0,84	0,84	1,66
2-1999	2,0648	4,11	70,83	82,66	3,61	4,48	5,14
3-1999	1,7220	−16,60	42,47	51,40	2,83	7,44	7,92
4-1999	1,6607	−3,56	37,40	45,13	0,71	8,21	8,55
5-1999	1,7240	3,81	42,63	49,85	−0,29	7,89	8,09
6-1999	1,7695	2,64	46,40	52,95	0,36	8,28	8,07
7-1999	1,7892	1,11	48,03	53,79	1,55	9,96	9,92

continua

Data	Valor R$/US$	Comercial BC Variação %			IGP-M Variação %		
		No mês	No ano	12 meses	No mês	No ano	12 meses
8-1999	1,9159	7,08	58,51	62,79	1,56	11,67	11,81
9-1999	1,9223	0,33	59,04	62,14	1,45	13,29	13,52
10-1999	1,9530	1,60	61,58	63,68	1,70	15,22	15,37
11-1999	1,9227	-1,55	59,07	60,06	2,39	17,97	18,50
12-1999	1,7890	-6,95	48,01	48,01	1,81	20,10	20,10
1-2000	1,8024	0,75	0,75	-9,12	1,24	1,24	20,58
2-2000	1,7685	-1,88	-1,15	-14,35	0,35	1,59	16,78
3-2000	1,7473	-1,20	-2,33	1,47	0,15	1,75	13,74
4-2000	1,8067	3,40	0,99	8,79	0,23	1,99	13,20
5-2000	1,8266	1,10	2,10	5,95	0,31	2,30	13,87
6-2000	1,8000	-1,46	0,61	1,72	0,85	3,17	14,43
7-2000	1,7748	-1,40	-0,79	-0,80	1,57	4,79	14,46
8-2000	1,8234	2,74	1,92	-4,83	2,39	7,29	15,39
9-2000	1,8437	1,11	3,06	-4,09	1,16	8,53	15,06
10-2000	1,9090	3,54	6,71	-2,25	0,38	8,95	13,57
11-2000	1,9596	2,65	9,54	1,92	0,29	9,26	11,24
12-2000	1,9554	-0,21	9,30	9,30	0,63	9,95	9,95
1-2001	1,9711	0,80	0,80	9,36	0,62	0,62	9,29
2-2001	2,0452	3,76	4,59	15,65	0,23	0,85	9,15
3-2001	2,1616	5,69	10,55	23,71	0,56	1,42	9,60
4-2001	2,1847	1,07	11,73	20,92	1,00	2,43	10,44
5-2001	2,3600	8,02	20,69	29,20	0,86	3,32	11,05
6-2001	2,3049	-2,33	17,87	28,05	0,98	4,33	11,19
7-2001	2,4313	5,48	24,34	36,99	1,48	5,88	11,09
8-2001	2,5517	4,95	30,50	39,94	1,38	7,35	10,01
9-2001	2,6713	4,69	36,61	44,89	0,31	7,67	9,08
10-2001	2,7071	1,34	38,44	41,81	1,18	8,94	9,95
11-2001	2,5287	-6,59	29,32	29,04	1,10	10,14	10,84
12-2001	2,3204	-8,24	18,67	18,67	0,22	10,38	10,38
1-2002	2,4183	4,22	4,22	22,69	0,36	0,36	10,10
2-2002	2,3482	-2,90	1,20	14,82	0,06	0,42	9,92
3-2002	2,3236	-1,05	0,14	7,49	0,09	0,51	9,40
4-2002	2,3625	1,67	1,81	8,14	0,56	1,07	8,92
5-2002	2,5220	6,75	8,69	6,86	0,83	1,91	8,88
6-2002	2,8444	12,78	22,58	23,41	1,54	3,48	9,48
7-2002	3,4285	20,54	47,75	41,02	1,95	5,50	9,99
8-2002	3,0223	-11,85	30,25	18,44	2,32	7,95	11,01
9-2002	3,8949	28,87	67,85	45,81	2,40	10,54	13,32
		190,77%			**72,56%**		

Figura 41

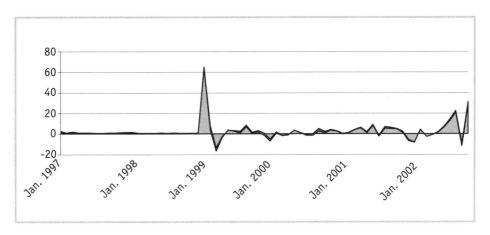

Por exemplo, a relação existente entre um determinado produto fabricado nos EUA e no Brasil no valor de US$50 mil. O produto nacional é similar (inclusive em termos de qualidade) ao preço R$56 mil convertido à taxa de câmbio de R$/US$1,1200, que equivale a um preço de US$50 mil. Admitindo-se ainda que os respectivos preços dos produtos são reajustados conforme a variação da inflação e que no ano passado (1997) a inflação no Brasil (IGP-M) foi de 7,74% e a inflação nos EUA foi de 3%, a taxa de variação cambial (VC) a ser aplicada para equilibrar os preços relativos dos dois produtos será:

$$VC = \left[\frac{1+\frac{7,74}{100}}{1+\frac{3}{100}} - 1 \right] \times 100$$

$$VC = 4,6\%$$

Observe que a variação cambial de 4,6% representa o produto brasileiro que tinha o preço de R$56 mil em 1997 e deve ser reajustado para R$60,33 mil em 1998 para compensar a perda do poder aquisitivo do real.

$$R\$56 \text{ mil} \times \frac{1+7,74}{100} = R\$60,33 \text{ mil}$$

A taxa de câmbio não precisa ser desvalorizada em 7,74% porque houve uma inflação de 3% nos EUA. Assim, o preço do produto nos EUA será reajustado para US$51,5 mil em 1998 para compensar a perda do poder aquisitivo do dólar.

$$\text{R\$50 mil} \times \frac{1+3}{100} = \text{R\$51,5 mil}$$

Dessa forma, o produto brasileiro que passou ao preço de R$60,33 mil em 1998 pode ainda possuir preço equivalente a US$51,5 mil para manter sua competitividade no mercado dos EUA, e o real que estava cotado a R$/US$1,1200 em 1997 pode ser desvalorizado para R$/US$1,1715 em 1998, sem prejudicar o nível de competitividade do produto brasileiro:

$$\frac{\text{R\$60,33 mil}}{1,1715} = \text{US\$51,5 mil}$$

Caso as autoridades monetárias do Brasil promovessem uma desvalorização cambial de 25%, percentual pleiteado pela maioria do setor exportador na época, a paridade no exemplo de R$/US$1,1715 passaria para R$/US$1,4644 (1,1715 % 1,25). Nessa hipótese, o produto brasileiro ao preço de R$60,33 mil passaria a ter uma vantagem competitiva de preço em relação ao produto similar dos EUA, pois o preço em dólares passaria para US$41,2 mil.

$$\frac{\text{R\$60,33 mil}}{1,4644} = \text{US\$41,2 mil}$$

Recebendo a mesma quantidade de reais, com a desvalorização cambial de 25%, a empresa brasileira poderia vender seu produto no mercado internacional 20% mais barato.

$$\frac{\text{US\$51,5} - \text{US\$41,2}}{\text{US\$51,5}} \times 100 = 20\%$$

É assim que a desvalorização das moedas dos países do Sudeste asiático, em relação ao dólar, pode tornar seus produtos muito atrativos — preços equivalentes em dólares sem considerar outras possíveis medidas de estímulo às exportações — em relação aos produtos brasileiros, cuja moeda não sofreu *maxidesvalorização*. Um dos casos mais críticos é o da Indonésia, que no período de 1997 a 2001 foi assistida pelo FMI para sustentar o valor da rúpia nos mercados cambiais.

Referências bibliográficas

ARYA, Jagdish C.; LARDNER, Robin W. *Mathematical for business and economics*. New Jersey: Prentice-Hall, 1985.

ASSAF NETO, Alexandre. *Matemática financeira e suas aplicações*. 4. ed. São Paulo: Atlas, 1998.

BRASIL. *Constituição da República Federativa do Brasil*: de 5 de outubro de 1988. São Paulo: Atlas, 1990.

BREALEY, R. A.; MYERS, S. C.; MARCUS A. J. *Principles of corporate finance*. 5. ed. New York: McGraw-Hill, 1996.

CAMPBELL, T. S. *Financial institutions, market and economic activity*. New York: McGraw-Hill, 1982.

DI AGUSTINI, Carlos Alberto. *Capital de giro*. 2. ed. São Paulo: Atlas, 1999a.

_____. Aspectos mercadológicos, creditícios e contábeis dos sistemas Price e SAC. *Dinheiro Vivo*, 2 maio 1999b.

_____. Capitalização de juros. *Dinheiro Vivo*, 4 jul. 1999c.

_____. Juros e anatocismo. *Dinheiro Vivo*, 28 jan. 2001.

_____. Cobrança: aspectos operacionais e a legislação brasileira. *Dinheiro Vivo*, 24 mar. 2002.

GRANT, Eugene; IRESON W. G. *Principles of engineering economy*. 4. ed. New York: Ronald Press, 1964.

HOJI, Masakazu. *Administração financeira*. São Paulo: Atlas, 1999.

HORNGREN, Charles T. *Introdução à contabilidade gerencial*. 5. ed. Rio de Janeiro: Prentice-Hall do Brasil, 1985.

KEYNES, John Maynard. *The general theory of employment, interest and money*. London: Royal Economic Society, [19-].

LAPPONI, J. C. *Matemática financeira*. São Paulo: Lapponi, 1998.

LENZI, Enrico. *Lezione di matematica finanziaria*. Napoli: GUF Mussolini, 1952.

MATHIAS, W. Franco; GOMES, J. Maria. *Matemática financeira*. São Paulo: Atlas, 1979.

SIMONSEN, Mario H. *30 anos de indexação*. Rio de Janeiro: FGV, 1995.

VAN HORNE, James C. *Financial market rate and flow*. 5. ed. New Jersey: Prentice-Hall, 1998.

YOSHITAKE, Mariano; HOJI, Masakazu. *Gestão de tesouraria*. São Paulo: Atlas, 1997.

Web sites

<www.bcb.gov.br>

<www.planalto.gov.br>

<www.dinheirovivo.com.br>

<www.fgv.br>

<www.andima.com.br>

Apêndice 1

Constituição da República Federativa do Brasil de 1988, art. 192

Capítulo IV — Do Sistema Financeiro Nacional

Art. 192. O Sistema Financeiro Nacional, estruturado de forma a promover o desenvolvimento equilibrado do País e a servir aos interesses da coletividade, será regulado em lei complementar, que disporá, inclusive, sobre:

I — a autorização para o funcionamento das instituições financeiras, assegurado às instituições bancárias oficiais e privadas acesso a todos os instrumentos do mercado financeiro bancário, sendo vedada a essas instituições a participação em atividades não previstas na autorização de que trata este inciso;

II — autorização e funcionamento dos estabelecimentos de seguro, resseguro, previdência e capitalização, bem como do órgão oficial fiscalizador (alteração feita pela Emenda Constitucional nº 13, de 22 de agosto de 1996);

III — as condições para a participação do capital estrangeiro nas instituições a que se referem os incisos anteriores, tendo em vista, especialmente:

a) os interesses nacionais;

b) os acordos internacionais;

IV — a organização, o funcionamento e as atribuições do Banco Central e demais instituições financeiras públicas e privadas;

V — os requisitos para a designação de membros da diretoria do Banco Central e demais instituições financeiras, bem como seus impedimentos após o exercício do cargo;

VI — a criação de fundo ou seguro, com o objetivo de proteger a economia popular, garantindo créditos, aplicações e depósitos até determinado valor, vedada a participação de recursos da União;

VII — os critérios restritivos da transferência de poupança de regiões com renda inferior à média nacional para outras de maior desenvolvimento;

VIII — o funcionamento das cooperativas de crédito e os requisitos para que possam ter condições de operacionalidade e estruturação próprias das instituições financeiras.

§1º A autorização a que se referem os incisos I e II será inegociável e intransferível, permitida a transmissão do controle da pessoa jurídica titular, e concedida sem ônus, na forma da lei do Sistema Financeiro Nacional, a pessoa jurídica cujos diretores tenham capacidade técnica e reputação ilibada, e que comprove capacidade econômica compatível com o empreendimento.

§2º Os recursos financeiros relativos a programas e projetos de caráter regional, de responsabilidade da União, serão depositados em suas instituições regionais de crédito e por elas aplicados.

§3º As taxas de juros reais, nelas incluídas comissões e quaisquer outras remunerações direta ou indiretamente referidas à concessão de crédito, não poderão ser superiores a doze por cento ao ano; a cobrança acima deste limite será conceituada como crime de usura, punido, em todas as suas modalidades, nos termos que a lei determinar.

Apêndice 2

Código de Proteção e Defesa do Consumidor

Entre parênteses, no grifo, observações sobre as alterações ocorridas no texto original da lei.

Lei nº 8.078, de 11 de setembro de 1990

Dispõe sobre a proteção do consumidor e dá outras providências.

O PRESIDENTE DA REPÚBLICA, faço saber que o Congresso Nacional decreta e eu sanciono a seguinte lei:

Título I
Dos Direitos do Consumidor

Capítulo I
Disposições Gerais

Art. 1º O presente código estabelece normas de proteção e defesa do consumidor, de ordem pública e interesse social, nos termos dos arts. 5º, inciso XXXII, 170, inciso V, da Constituição Federal e art. 48 de suas Disposições Transitórias.

Art. 2º Consumidor é toda pessoa física ou jurídica que adquire ou utiliza produto ou serviço como destinatário final.

Parágrafo único. Equipara-se a consumidor a coletividade de pessoas, ainda que indetermináveis, que haja intervindo nas relações de consumo.

Art. 3º Fornecedor é toda pessoa física ou jurídica, pública ou privada, nacional ou estrangeira, bem como os entes despersonalizados, que desenvolvem atividade de produção, montagem, criação, construção, transformação, importação, exportação, distribuição ou comercialização de produtos ou prestação de serviços.

§1º Produto é qualquer bem, móvel ou imóvel, material ou imaterial.

§2º Serviço é qualquer atividade fornecida no mercado de consumo, mediante remuneração, inclusive as de natureza bancária, financeira, de crédito e securitária, salvo as decorrentes das relações de caráter trabalhista.

Capítulo II
Da Política Nacional de Relações de Consumo

Art. 4º. A Política Nacional das Relações de Consumo tem por objetivo o atendimento das necessidades dos consumidores, o respeito à sua dignidade, saúde e segurança, a proteção de seus interesses econômicos, a melhoria da sua qualidade de vida, bem como a transparência e harmonia das relações de consumo, atendidos os seguintes princípios (*alteração feita neste parágrafo pela Lei nº 9.008, de 21 de março de 1995*):

I — reconhecimento da vulnerabilidade do consumidor no mercado de consumo;

II — ação governamental no sentido de proteger efetivamente o consumidor:

a) por iniciativa direta;

b) por incentivos à criação e desenvolvimento de associações representativas;

c) pela presença do Estado no mercado de consumo;

d) pela garantia dos produtos e serviços com padrões adequados de qualidade, segurança, durabilidade e desempenho;

III — harmonização dos interesses dos participantes das relações de consumo e compatibilização da proteção do consumidor com a necessidade de desenvolvimento econômico e tecnológico, de modo a viabilizar os princípios nos quais se funda a ordem econômica (art. 170, da Constituição Federal), sempre com base na boa-fé e equilíbrio nas relações entre consumidores e fornecedores;

IV — educação e informação de fornecedores e consumidores, quanto aos seus direitos e deveres, com vistas à melhoria do mercado de consumo;

V — incentivo à criação pelos fornecedores de meios eficientes de controle de qualidade e segurança de produtos e serviços, assim como de mecanismos alternativos de solução de conflitos de consumo;

VI — coibição e repressão eficientes de todos os abusos praticados no mercado de consumo, inclusive a concorrência desleal e utilização indevida de inventos e criações industriais das marcas e nomes comerciais e signos distintivos, que possam causar prejuízos aos consumidores;

VII — racionalização e melhoria dos serviços públicos;

VIII — estudo constante das modificações do mercado de consumo.

Art. 5º. Para a execução da Política Nacional das Relações de Consumo, contará o poder público com os seguintes instrumentos, entre outros:

I — manutenção de assistência jurídica, integral e gratuita para o consumidor carente;

II — instituição de Promotorias de Justiça de Defesa do Consumidor, no âmbito do Ministério Público;

III — criação de delegacias de polícia especializadas no atendimento de consumidores vítimas de infrações penais de consumo;

IV — criação de Juizados Especiais de Pequenas Causas e Varas Especializadas para a solução de litígios de consumo;

V — concessão de estímulos à criação e desenvolvimento das Associações de Defesa do Consumidor.

§1º (Vetado).
§2º (Vetado).

Capítulo III
Dos Direitos Básicos do Consumidor

Art. 6º. São direitos básicos do consumidor:

I — a proteção da vida, saúde e segurança contra os riscos provocados por práticas no fornecimento de produtos e serviços considerados perigosos ou nocivos;

II — a educação e divulgação sobre o consumo adequado dos produtos e serviços, asseguradas a liberdade de escolha e a igualdade nas contratações;

III — a informação adequada e clara sobre os diferentes produtos e serviços, com especificação correta de quantidade, características, composição, qualidade e preço, bem como sobre os riscos que apresentem;

IV — a proteção contra a publicidade enganosa e abusiva, métodos comerciais coercitivos ou desleais, bem como contra práticas e cláusulas abusivas ou impostas no fornecimento de produtos e serviços;

V — a modificação das cláusulas contratuais que estabeleçam prestações desproporcionais ou sua revisão em razão de fatos supervenientes que as tornem excessivamente onerosas;

VI — a efetiva prevenção e reparação de danos patrimoniais e morais, individuais, coletivos e difusos;

VII — o acesso aos órgãos judiciários e administrativos com vistas à prevenção ou reparação de danos patrimoniais e morais, individuais, coletivos ou difusos, assegurada a proteção jurídica, administrativa e técnica aos necessitados;

VIII — a facilitação da defesa de seus direitos, inclusive com a inversão do ônus da prova, a seu favor, no processo civil, quando, a critério do juiz, for verossímil a alegação ou quando for ele hipossuficiente, segundo as regras ordinárias de experiências;

IX — (Vetado);

X — a adequada e eficaz prestação dos serviços públicos em geral.

Art. 7º. Os direitos previstos neste código não excluem outros decorrentes de tratados ou convenções internacionais de que o Brasil seja signatário, da legislação interna ordinária, de regulamentos expedidos pelas autoridades administrativas competentes, bem como dos que derivem dos princípios gerais do direito, analogia, costumes e eqüidade.

Parágrafo único. Tendo mais de um autor a ofensa, todos responderão solidariamente pela reparação dos danos previstos nas normas de consumo.

Capítulo IV
Da Qualidade de Produtos e Serviços, da Prevenção e da Reparação dos Danos

Seção I
Da Proteção à Saúde e Segurança

Art. 8º. Os produtos e serviços colocados no mercado de consumo não acarretarão riscos à saúde ou segurança dos consumidores, exceto os considerados normais e previsíveis em decorrência de sua natureza e fruição, obrigando-se os fornecedores, em qualquer hipótese, a dar as informações necessárias e adequadas a seu respeito.

Parágrafo único. Em se tratando de produto industrial, ao fabricante cabe prestar as informações a que se refere este artigo, através de impressos apropriados que devam acompanhar o produto.

Art. 9º. O fornecedor de produtos e serviços potencialmente nocivos ou perigosos à saúde ou segurança deverá informar, de maneira ostensiva e adequada, a respeito da sua nocividade ou periculosidade, sem prejuízo da adoção de outras medidas cabíveis em cada caso concreto.

Art. 10. O fornecedor não poderá colocar no mercado de consumo produto ou serviço que sabe ou deveria saber apresentar alto grau de nocividade ou periculosidade à saúde ou segurança.

§1º O fornecedor de produtos e serviços que, posteriormente à sua introdução no mercado de consumo, tiver conhecimento da periculosidade que apresentem, deverá comunicar o fato imediatamente às autoridades competentes e aos consumidores, mediante anúncios publicitários.

§2º Os anúncios publicitários a que se refere o parágrafo anterior serão veiculados na imprensa, rádio e televisão, às expensas do fornecedor do produto ou serviço.

§3º Sempre que tiverem conhecimento de periculosidade de produtos ou serviços à saúde ou segurança dos consumidores, a União, os Estados, o Distrito Federal e os Municípios deverão informá-los a respeito.

Art. 11. (Vetado).

Seção II
Da Responsabilidade pelo Fato do Produto e do Serviço

Art. 12. O fabricante, o produtor, o construtor, nacional ou estrangeiro, e o importador respondem, independentemente da existência de culpa, pela reparação dos danos causados aos consumidores por defeitos decorrentes de projeto, fabricação, construção, montagem, fórmulas, manipulação, apresentação ou acondicionamento de seus produtos, bem como por informações insuficientes ou inadequadas sobre sua utilização e riscos.

§1º O produto é defeituoso quando não oferece a segurança que dele legitimamente se espera, levando-se em consideração as circunstâncias relevantes, entre as quais:

I — sua apresentação;

II — o uso e os riscos que razoavelmente dele se esperam;

III — a época em que foi colocado em circulação.

§2º O produto não é considerado defeituoso pelo fato de outro de melhor qualidade ter sido colocado no mercado.

§3º O fabricante, o construtor, o produtor ou importador só não será responsabilizado quando provar:

I — que não colocou o produto no mercado;

II — que, embora haja colocado o produto no mercado, o defeito inexiste;

III — a culpa exclusiva do consumidor ou de terceiro.

Art. 13. O comerciante é igualmente responsável, nos termos do artigo anterior, quando:

I — o fabricante, o construtor, o produtor ou o importador não puderem ser identificados;

II — o produto for fornecido sem identificação clara do seu fabricante, produtor, construtor ou importador;

III — não conservar adequadamente os produtos perecíveis.

Parágrafo único. Aquele que efetivar o pagamento ao prejudicado poderá exercer o direito de regresso contra os demais responsáveis, segundo sua participação na causação do evento danoso.

Art. 14. O fornecedor de serviços responde, independentemente da existência de culpa, pela reparação dos danos causados aos consumidores por defeitos relativos à prestação dos serviços, bem como por informações insuficientes ou inadequadas sobre sua fruição e riscos.

§1º O serviço é defeituoso quando não fornece a segurança que o consumidor dele pode esperar, levando-se em consideração as circunstâncias relevantes, entre as quais:

I — o modo de seu fornecimento;

II — o resultado e os riscos que razoavelmente dele se esperam;

III — a época em que foi fornecido.

§2º O serviço não é considerado defeituoso pela adoção de novas técnicas.

§3º O fornecedor de serviços só não será responsabilizado quando provar:

I — que, tendo prestado o serviço, o defeito inexiste;

II — a culpa exclusiva do consumidor ou de terceiro.

§4º A responsabilidade pessoal dos profissionais liberais será apurada mediante a verificação de culpa.

Art. 15. (Vetado).

Art. 16. (Vetado).

Art. 17. Para os efeitos desta Seção, equiparam-se aos consumidores todas as vítimas do evento.

Seção III

Da Responsabilidade por Vício do Produto e do Serviço

Art. 18. Os fornecedores de produtos de consumo duráveis ou não duráveis respondem solidariamente pelos vícios de qualidade ou quantidade que os tornem impróprios ou inadequados ao consumo a que se destinam ou lhes diminuam o valor, assim como por aqueles decorrentes da disparidade, com as indicações constantes do recipiente, da embalagem, rotulagem ou mensagem publicitária, respeitadas as variações decorrentes de sua natureza, podendo o consumidor exigir a substituição das partes viciadas.

§1º Não sendo o vício sanado no prazo máximo de trinta dias, pode o consumidor exigir, alternativamente e à sua escolha:

I — a substituição do produto por outro da mesma espécie, em perfeitas condições de uso;

II — a restituição imediata da quantia paga, monetariamente atualizada, sem prejuízo de eventuais perdas e danos;

III — o abatimento proporcional do preço.

§2º Poderão as partes convencionar a redução ou ampliação do prazo previsto no parágrafo anterior, não podendo ser inferior a sete nem superior a cento e oitenta dias. Nos contratos de adesão, a cláusula de prazo deverá ser convencionada em separado, por meio de manifestação expressa do consumidor.

§3º O consumidor poderá fazer uso imediato das alternativas do §1º deste artigo sempre que, em razão da extensão do vício, a substituição das partes viciadas puder comprometer a qualidade ou características do produto, diminuir-lhe o valor ou se tratar de produto essencial.

§4º Tendo o consumidor optado pela alternativa do inciso I do §1º deste artigo, e não sendo possível a substituição do bem, poderá haver substituição por outro de espécie, marca ou modelo diversos, mediante complementação ou restituição de eventual diferença de preço, sem prejuízo do disposto nos incisos II e III do §1º deste artigo.

§5º No caso de fornecimento de produtos *in natura*, será responsável perante o consumidor o fornecedor imediato, exceto quando identificado claramente seu produtor.

§6º São impróprios ao uso e consumo:

I — os produtos cujos prazos de validade estejam vencidos;

II — os produtos deteriorados, alterados, adulterados, avariados, falsificados, corrompidos, fraudados, nocivos à vida ou à saúde, perigosos ou, ainda, aqueles em desacordo com as normas regulamentares de fabricação, distribuição ou apresentação;

III — os produtos que, por qualquer motivo, se revelem inadequados ao fim a que se destinam.

Art. 19. Os fornecedores respondem solidariamente pelos vícios de quantidade do produto sempre que, respeitadas as variações decorrentes de sua natureza, seu conteúdo líquido for inferior às indicações constantes do recipiente, da embalagem, rotulagem ou de mensagem publicitária, podendo o consumidor exigir, alternativamente e à sua escolha:

I — o abatimento proporcional do preço;

II — complementação do peso ou medida;

III — a substituição do produto por outro da mesma espécie, marca ou modelo, sem os aludidos vícios;

IV — a restituição imediata da quantia paga, monetariamente atualizada, sem prejuízo de eventuais perdas e danos.

§1º Aplica-se a este artigo o disposto no §4º do artigo anterior.

§2º O fornecedor imediato será responsável quando fizer a pesagem ou a medição e o instrumento utilizado não estiver aferido segundo os padrões oficiais.

Art. 20. O fornecedor de serviços responde pelos vícios de qualidade que os tornem impróprios ao consumo ou lhes diminuam o valor, assim como por aqueles decorrentes da disparidade com as indicações constantes da oferta ou mensagem publicitária, podendo o consumidor exigir, alternativamente e à sua escolha:

I — a reexecução dos serviços, sem custo adicional e quando cabível;

II — a restituição imediata da quantia paga, monetariamente atualizada, sem prejuízo de eventuais perdas e danos;

III — o abatimento proporcional do preço.

§1º A reexecução dos serviços poderá ser confiada a terceiros devidamente capacitados, por conta e risco do fornecedor.

§2º São impróprios os serviços que se mostrem inadequados para os fins que razoavelmente deles se esperam, bem como aqueles que não atendam as normas regulamentares de prestabilidade.

Art. 21. No fornecimento de serviços que tenham por objetivo a reparação de qualquer produto considerar-se-á implícita a obrigação do fornecedor de empregar componentes de reposição originais adequados e novos, ou que mantenham as especificações técnicas do fabricante, salvo, quanto a estes últimos, autorização em contrário do consumidor.

Art. 22. Os órgãos públicos, por si ou suas empresas, concessionárias, permissionárias ou sob qualquer outra forma de empreendimento, são obrigados a fornecer serviços adequados, eficientes, seguros e, quanto aos essenciais, contínuos.

Parágrafo único. Nos casos de descumprimento, total ou parcial, das obrigações referidas neste artigo, serão as pessoas jurídicas compelidas a cumpri-las e a reparar os danos causados, na forma prevista neste código.

Art. 23. A ignorância do fornecedor sobre os vícios de qualidade por inadequação dos produtos e serviços não o exime de responsabilidade.

Art. 24. A garantia legal de adequação do produto ou serviço independe de termo expresso, vedada a exoneração contratual do fornecedor.

Art. 25. É vedada a estipulação contratual de cláusula que impossibilite, exonere ou atenue a obrigação de indenizar prevista nesta e nas seções anteriores.

§1º Havendo mais de um responsável pela causação do dano, todos responderão solidariamente pela reparação prevista nesta e nas seções anteriores.

§2º Sendo o dano causado por componente ou peça incorporada ao produto ou serviço, são responsáveis solidários seu fabricante, construtor ou importador e o que realizou a incorporação.

Seção IV
Da Decadência e da Prescrição

Art. 26. O direito de reclamar pelos vícios aparentes ou de fácil constatação caduca em:

I — trinta dias, tratando-se de fornecimento de serviço e de produtos não duráveis;

II — noventa dias, tratando-se de fornecimento de serviço e de produtos duráveis.

§1º Inicia-se a contagem do prazo decadencial a partir da entrega efetiva do produto ou do término da execução dos serviços.

§2º Obstam a decadência:

I — a reclamação comprovadamente formulada pelo consumidor perante o fornecedor de produtos e serviços até a resposta negativa correspondente, que deve ser transmitida de forma inequívoca;

II — (Vetado);

III — a instauração de inquérito civil, até seu encerramento.

§3º Tratando-se de vício oculto, o prazo decadencial inicia-se no momento em que ficar evidenciado o defeito.

Art. 27. Prescreve em cinco anos a pretensão à reparação pelos danos causados por fato do produto ou do serviço prevista na Seção II deste Capítulo, iniciando-se a contagem do prazo a partir do conhecimento do dano e de sua autoria.

Parágrafo único. (Vetado.)

Seção V
Da Desconsideração da Personalidade Jurídica

Art. 28. O juiz poderá desconsiderar a personalidade jurídica da sociedade quando, em detrimento do consumidor, houver abuso de direito, excesso de poder, infração da lei, fato ou ato ilícito ou violação dos estatutos ou contrato social. A desconsideração também será efetivada quando houver falência, estado de insolvência, encerramento ou inatividade da pessoa jurídica provocados por má administração.

§1º (Vetado).

§2º As sociedades integrantes dos grupos societários e as sociedades controladas são subsidiariamente responsáveis pelas obrigações decorrentes deste código.

§3º As sociedades consorciadas são solidariamente responsáveis pelas obrigações decorrentes deste código.

§4º As sociedades coligadas só responderão por culpa.

§5º Também poderá ser desconsiderada a pessoa jurídica sempre que sua personalidade for, de alguma forma, obstáculo ao ressarcimento de prejuízos causados aos consumidores.

Capítulo V
Das Práticas Comerciais

Seção I
Das Disposições Gerais

Art. 29. Para os fins deste Capítulo e do seguinte, equiparam-se aos consumidores todas as pessoas determináveis ou não, expostas às práticas nele previstas.

Seção II
Da Oferta

Art. 30. Toda informação ou publicidade, suficientemente precisa, veiculada por qualquer forma ou meio de comunicação com relação a produtos e serviços oferecidos ou apresentados, obriga o fornecedor que a fizer veicular ou dela se utilizar e integra o contrato que vier a ser celebrado.

Art. 31. A oferta e apresentação de produtos ou serviços devem assegurar informações corretas, claras, precisas, ostensivas e em língua portuguesa sobre suas características, qualidades, quantidade, composição, preço, garantia, prazos de validade e origem, entre outros dados, bem como sobre os riscos que apresentam à saúde e segurança dos consumidores.

Art. 32. Os fabricantes e importadores deverão assegurar a oferta de componentes e peças de reposição enquanto não cessar a fabricação ou importação do produto.

Parágrafo único. Cessadas a produção ou importação, a oferta deverá ser mantida por período razoável de tempo, na forma da lei.

Art. 33. Em caso de oferta ou venda por telefone ou reembolso postal, deve constar o nome do fabricante e endereço na embalagem, publicidade e em todos os impressos utilizados na transação comercial.

Art. 34. O fornecedor do produto ou serviço é solidariamente responsável pelos atos de seus prepostos ou representantes autônomos.

Art. 35. Se o fornecedor de produtos ou serviços recusar cumprimento à oferta, apresentação ou publicidade, o consumidor poderá, alternativamente e à sua livre escolha:

I — exigir o cumprimento forçado da obrigação, nos termos da oferta, apresentação ou publicidade;

II — aceitar outro produto ou prestação de serviço equivalente;

III — rescindir o contrato, com direito à restituição de quantia eventualmente antecipada, monetariamente atualizada, e a perdas e danos.

Seção III
Da Publicidade

Art. 36. A publicidade deve ser veiculada de tal forma que o consumidor, fácil e imediatamente, a identifique como tal.

Parágrafo único. O fornecedor, na publicidade de seus produtos ou serviços, manterá, em seu poder, para informação dos legítimos interessados, os dados fáticos, técnicos e científicos que dão sustentação à mensagem.

Art. 37. É proibida toda publicidade enganosa ou abusiva.

§1º É enganosa qualquer modalidade de informação ou comunicação de caráter publicitário, inteira ou parcialmente falsa, ou, por qualquer outro modo, mesmo por omissão, capaz de induzir em erro o consumidor a respeito da natureza, características, qualidade, quantidade, propriedades, origem, preço e quaisquer outros dados sobre produtos e serviços.

§2º É abusiva, dentre outras, a publicidade discriminatória de qualquer natureza, a que incite à violência, explore o medo ou a superstição, se aproveite da deficiência de julgamento e experiência da criança, desrespeita valores ambientais, ou que seja capaz de induzir o consumidor a se comportar de forma prejudicial ou perigosa à sua saúde ou segurança.

§3º Para os efeitos deste código, a publicidade é enganosa por omissão quando deixar de informar sobre dado essencial do produto ou serviço.

§4º (Vetado).

Art. 38. O ônus da prova da veracidade e correção da informação ou comunicação publicitária cabe a quem as patrocina.

Seção IV
Das Práticas Abusivas

Art. 39. É vedado ao fornecedor de produtos ou serviços, dentre outras práticas abusivas (*alteração neste parágrafo feita pela Lei nº 8.884, de 11 de junho de 1994*):

I — condicionar o fornecimento de produto ou de serviço ao fornecimento de outro produto ou serviço, bem como, sem justa causa, a limites quantitativos;

II — recusar atendimento às demandas dos consumidores, na exata medida de suas disponibilidades de estoque, e, ainda, de conformidade com os usos e costumes;

III — enviar ou entregar ao consumidor, sem solicitação prévia, qualquer produto, ou fornecer qualquer serviço;

IV — prevalecer-se da fraqueza ou ignorância do consumidor, tendo em vista sua idade, saúde, conhecimento ou condição social, para impingir-lhe seus produtos ou serviços;

V — exigir do consumidor vantagem manifestamente excessiva;

VI — executar serviços sem a prévia elaboração de orçamento e autorização expressa do consumidor, ressalvadas as decorrentes de práticas anteriores entre as partes;

VII — repassar informação depreciativa, referente a ato praticado pelo consumidor no exercício de seus direitos;

VIII — colocar, no mercado de consumo, qualquer produto ou serviço em desacordo com as normas expedidas pelos órgãos oficiais competentes ou, se normas específicas não existirem, pela Associação Brasileira de Normas Técnicas ou outra entidade credenciada pelo Conselho Nacional de Metrologia, Normalização e Qualidade Industrial (Conmetro);

IX — recusar a venda de bens ou a prestação de serviços, diretamente a quem se disponha a adquiri-los mediante pronto pagamento, ressalvados os casos de intermediação regulados em leis especiais (*alteração feita neste parágrafo pela Lei nº 8.884, de 11 de junho de 1994*);

X — elevar sem justa causa o preço de produtos ou serviços (*inciso acrescentado pela Lei nº 8.884, de 11 de junho de 1994*);

XI — (*dispositivo incorporado pela MPV nº 1.890-67, de 22 de outubro de 1999, transformado em inciso XIII, quando da conversão na Lei nº 9.870, de 23 de novembro de 1999*);

XII — deixar de estipular prazo para o cumprimento de sua obrigação ou deixar a fixação de seu termo inicial a seu exclusivo critério (*inciso acrescentado pela Lei nº 9.008, de 21 de março de 1995*);

XIII — aplicar fórmula ou índice de reajuste diverso do legal ou contratualmente estabelecido (*inciso acrescentado pela Lei nº 9.870, de 23 de novembro de 1999*).

Parágrafo único. Os serviços prestados e os produtos remetidos ou entregues ao consumidor, na hipótese prevista no inciso III, equiparam-se às amostras grátis, inexistindo obrigação de pagamento.

Art. 40. O fornecedor de serviço será obrigado a entregar ao consumidor orçamento prévio discriminando o valor da mão-de-obra, dos materiais e equipamentos a serem empregados, as condições de pagamento, bem como as datas de início e término dos serviços.

§1º Salvo estipulação em contrário, o valor orçado terá validade pelo prazo de dez dias, contado de seu recebimento pelo consumidor.

§2º Uma vez aprovado pelo consumidor, o orçamento obriga os contraentes e somente pode ser alterado mediante livre negociação das partes.

§3º O consumidor não responde por quaisquer ônus ou acréscimos decorrentes da contratação de serviços de terceiros não previstos no orçamento prévio.

Art. 41. No caso de fornecimento de produtos ou de serviços sujeitos ao regime de controle ou de tabelamento de preços, os fornecedores deverão respeitar os limites oficiais sob pena de, não o fazendo, responderem pela restituição da quantia recebida em excesso, monetariamente atualizada, podendo o consumidor exigir à sua escolha o desfazimento do negócio, sem prejuízo de outras sanções cabíveis.

Seção V
Da Cobrança de Dívidas

Art. 42. Na cobrança de débitos, o consumidor inadimplente não será exposto a ridículo, nem será submetido a qualquer tipo de constrangimento ou ameaça.

Parágrafo único. O consumidor cobrado em quantia indevida tem direito à repetição do indébito, por valor igual ao dobro do que pagou em excesso, acrescido de correção monetária e juros legais, salvo hipótese de engano justificável.

Seção VI
Dos Bancos de Dados e Cadastros de Consumidores

Art. 43. O consumidor, sem prejuízo do disposto no art. 86, terá acesso às informações existentes em cadastros, fichas, registros e dados pessoais e de consumo arquivados sobre ele, bem como sobre as suas respectivas fontes.

§1º Os cadastros e dados de consumidores devem ser objetivos, claros, verdadeiros e em linguagem de fácil compreensão, não podendo conter informações negativas referentes a período superior a cinco anos.

§2º A abertura de cadastro, ficha, registro e dados pessoais e de consumo deverá ser comunicada por escrito ao consumidor, quando não solicitada por ele.

§3º O consumidor, sempre que encontrar inexatidão nos seus dados e cadastros, poderá exigir sua imediata correção, devendo o arquivista, no prazo de cinco dias úteis, comunicar a alteração aos eventuais destinatários das informações incorretas.

§4º Os bancos de dados e cadastros relativos a consumidores, os serviços de proteção ao crédito e congêneres são considerados entidades de caráter público.

§5º Consumada a prescrição relativa à cobrança de débitos do consumidor, não serão fornecidas, pelos respectivos Sistemas de Proteção ao Crédito, quaisquer informações que possam impedir ou dificultar novo acesso ao crédito junto aos fornecedores.

Art. 44. Os órgãos públicos de defesa do consumidor manterão cadastros atualizados de reclamações fundamentadas contra fornecedores de produtos e serviços, devendo divulgá-los pública e anualmente. A divulgação indicará se a reclamação foi atendida ou não pelo fornecedor.

§1º É facultado o acesso às informações lá constantes para orientação e consulta por qualquer interessado.

§2º Aplicam-se a este artigo, no que couber, as mesmas regras enunciadas no artigo anterior e as do parágrafo único do art. 22 deste código.

Art. 45. (Vetado).

Capítulo VI
Da Proteção Contratual

Seção I
Disposições Gerais

Art. 46. Os contratos que regulam as relações de consumo não obrigarão os consumidores, se não lhes for dada a oportunidade de tomar conhecimento prévio de seu conteúdo, ou se os respectivos instrumentos forem redigidos de modo a dificultar a compreensão de seu sentido e alcance.

Art. 47. As cláusulas contratuais serão interpretadas de maneira mais favorável ao consumidor.

Art. 48. As declarações de vontade constantes de escritos particulares, recibos e pré-contratos relativos às relações de consumo vinculam o fornecedor, ensejando inclusive execução específica, nos termos do art. 84 e parágrafos.

Art. 49. O consumidor pode desistir do contrato, no prazo de sete dias a contar de sua assinatura ou do ato de recebimento do produto ou serviço, sempre que a contratação de fornecimento de produtos e serviços ocorrer fora do estabelecimento comercial, especialmente por telefone ou a domicílio.

Parágrafo único. Se o consumidor exercitar o direito de arrependimento previsto neste artigo, os valores eventualmente pagos, a qualquer título, durante o prazo de reflexão, serão devolvidos, de imediato, monetariamente atualizados.

Art. 50. A garantia contratual é complementar à legal e será conferida mediante termo escrito.

Parágrafo único. O termo de garantia ou equivalente deve ser padronizado e esclarecer, de maneira adequada em que consiste a mesma garantia, bem como a forma, o prazo e o lugar em que pode ser exercitada e os ônus a cargo do consumidor, devendo ser-lhe entregue, devidamente preenchido pelo fornecedor, no ato do fornecimento, acompanhado de manual de instrução, de instalação e uso do produto em linguagem didática, com ilustrações.

Seção II
Das Cláusulas Abusivas

Art. 51. São nulas de pleno direito, entre outras, as cláusulas contratuais relativas ao fornecimento de produtos e serviços que:

I — impossibilitem, exonerem ou atenuem a responsabilidade do fornecedor por vícios de qualquer natureza dos produtos e serviços ou impliquem renúncia ou disposição de direitos. Nas relações de consumo entre o fornecedor e o consumidor pessoa jurídica, a indenização poderá ser limitada, em situações justificáveis;

II — subtraiam ao consumidor a opção de reembolso da quantia já paga, nos casos previstos neste código;

III — transfiram responsabilidades a terceiros;

IV — estabeleçam obrigações consideradas iníquas, abusivas, que coloquem o consumidor em desvantagem exagerada, ou sejam incompatíveis com a boa-fé ou a eqüidade;

V — (Vetado);

VI — estabeleçam inversão do ônus da prova em prejuízo do consumidor;

VII — determinem a utilização compulsória de arbitragem;

VIII — imponham representante para concluir ou realizar outro negócio jurídico pelo consumidor;

IX — deixem ao fornecedor a opção de concluir ou não o contrato, embora obrigando o consumidor;

X — permitam ao fornecedor, direta ou indiretamente, variação do preço de maneira unilateral;

XI — autorizem o fornecedor a cancelar o contrato unilateralmente, sem que igual direito seja conferido ao consumidor;

XII — obriguem o consumidor a ressarcir os custos de cobrança de sua obrigação, sem que igual direito lhe seja conferido contra o fornecedor;

XIII — autorizem o fornecedor a modificar unilateralmente o conteúdo ou a qualidade do contrato, após sua celebração;

XIV — infrinjam ou possibilitem a violação de normas ambientais;

XV — estejam em desacordo com o sistema de proteção ao consumidor;

XVI — possibilitem a renúncia do direito de indenização por benfeitorias necessárias.

§1º Presume-se exagerada, entre outros casos, a vontade que:

I — ofende os princípios fundamentais do sistema jurídico a que pertence;

II — restringe direitos ou obrigações fundamentais inerentes à natureza do contrato, de tal modo a ameaçar seu objeto ou equilíbrio contratual;

III — se mostra excessivamente onerosa para o consumidor, considerando-se a natureza e conteúdo do contrato, o interesse das partes e outras circunstâncias peculiares ao caso.

§2º A nulidade de uma cláusula contratual abusiva não invalida o contrato, exceto quando de sua ausência, apesar dos esforços de integração, decorrer ônus excessivo a qualquer das partes.

§3º (Vetado).

§4º É facultado a qualquer consumidor ou entidade que o represente requerer ao Ministério Público que ajuíze a competente ação para ser declarada a nulidade de cláusula contratual que contrarie o disposto neste código ou de qualquer forma não assegure o justo equilíbrio entre direitos e obrigações das partes.

Art. 52. No fornecimento de produtos ou serviços que envolva outorga de crédito ou concessão de financiamento ao consumidor, o fornecedor deverá, entre outros requisitos, informá-lo prévia e adequadamente sobre:

I — preço do produto ou serviço em moeda corrente nacional;

II — montante dos juros de mora e da taxa efetiva anual de juros;

III — acréscimos legalmente previstos;

IV — número e periodicidade das prestações;

V — soma total a pagar, com e sem financiamento.

§1º As multas de mora decorrentes do inadimplemento de obrigações no seu termo não poderão ser superiores a dois por cento do valor da prestação (*alteração neste parágrafo feita pela Lei nº 9.298, de 1º de agosto de 1996*).

§2º É assegurado ao consumidor a liquidação antecipada do débito, total ou parcialmente, mediante redução proporcional dos juros e demais acréscimos.

§3º (Vetado).

Art. 53. Nos contratos de compra e venda de móveis ou imóveis mediante pagamento em prestações, bem como nas alienações fiduciárias em garantia, consideram-se nulas de pleno direito as cláusulas que estabeleçam a perda total das prestações pagas em benefício do credor que, em razão do inadimplemento, pleitear a resolução do contrato e a retomada do produto alienado.

§1º (Vetado).

§2º Nos contratos do sistema de consórcio de produtos duráveis, a compensação ou a restituição das parcelas quitadas, na forma deste artigo, terá descontados, além da vantagem econômica auferida com a fruição, os prejuízos que o desistente ou inadimplente causar ao grupo.

§3º Os contratos de que trata o *caput* deste artigo serão expressos em moeda corrente nacional.

Seção III
Dos Contratos de Adesão

Art. 54. Contrato de adesão é aquele cujas cláusulas tenham sido aprovadas pela autoridade competente ou estabelecidas unilateralmente pelo fornecedor de produtos ou serviços, sem que o consumidor possa discutir ou modificar substancialmente seu conteúdo.

§1º A inserção de cláusula no formulário não desfigura a natureza de adesão do contrato.

§2º Nos contratos de adesão admite-se cláusula resolutória, desde que a alternativa, cabendo a escolha ao consumidor, ressalvando-se o disposto no §2º do artigo anterior.

§3º Os contratos de adesão escritos serão redigidos em termos claros e com caracteres ostensivos e legíveis, de modo a facilitar sua compreensão pelo consumidor.

§4º As cláusulas que implicarem limitação de direito do consumidor deverão ser redigidas com destaque, permitindo sua imediata e fácil compreensão.

§5º (Vetado).

Capítulo VII
Das Sanções Administrativas

Art. 55. A União, os Estados e o Distrito Federal, em caráter concorrente e nas suas respectivas áreas de atuação administrativa, baixarão normas relativas à produção, industrialização, distribuição e consumo de produtos e serviços.

§1º A União, os Estados, o Distrito Federal e os Municípios fiscalizarão e controlarão a produção, industrialização, distribuição, a publicidade de produtos e serviços e o mercado de consumo, no interesse da preservação da vida, da saúde, da segurança, da informação e do bem-estar do consumidor, baixando as normas que se fizerem necessárias.

§2º (Vetado).

§3º Os órgãos federais, estaduais, do Distrito Federal e municipais com atribuições para fiscalizar e controlar o mercado de consumo manterão comissões permanentes para elaboração, revisão e atualização das normas referidas no §1º, sendo obrigatória a participação dos consumidores e fornecedores.

§4º Os órgãos oficiais poderão expedir notificações aos fornecedores para que, sob pena de desobediência, prestem informações sobre questões de interesse do consumidor, resguardado o segredo industrial.

Art. 56. As infrações das normas de defesa do consumidor ficam sujeitas, conforme o caso, às seguintes sanções administrativas, sem prejuízo das de natureza civil, penal e das definidas em normas específicas:

I — multa;
II — apreensão do produto;
III — inutilização do produto;
IV — cassação do registro do produto junto ao órgão competente;
V — proibição de fabricação do produto;
VI — suspensão de fornecimento de produtos ou serviço;

VII — suspensão temporária de atividade;
VIII — revogação de concessão ou permissão de uso;
IX — cassação de licença do estabelecimento ou de atividade;
X — interdição, total ou parcial, de estabelecimento, de obra ou de atividade;
XI — intervenção administrativa;
XII — imposição de contrapropaganda.

Parágrafo único. As sanções previstas neste artigo serão aplicadas pela autoridade administrativa, no âmbito de sua atribuição, podendo ser aplicadas cumulativamente, inclusive por medida cautelar, antecedente ou incidente de procedimento administrativo.

Art. 57. A pena de multa, graduada de acordo com a gravidade da infração, a vantagem auferida e a condição econômica do fornecedor, será aplicada mediante procedimento administrativo, revertendo para o Fundo de que trata a Lei nº 7.347, de 24 de julho de 1985, os valores cabíveis à União, ou para os Fundos estaduais ou municipais de proteção ao consumidor nos demais casos (*alteração neste parágrafo feita pela Lei nº 8.656 de 21 de maio de 1993*).

Parágrafo único. A multa será em montante não inferior a duzentas e não superior a três milhões de vezes o valor da Unidade Fiscal de Referência (Ufir), ou índice equivalente que venha a substituí-la (*parágrafo acrescentado pela Lei nº 8.703, de 6 de setembro de 1993*).

Art. 58. As penas de apreensão, de inutilização de produtos, de proibição de fabricação de produtos, de suspensão do fornecimento de produto ou serviço, de cassação do registro do produto e revogação da concessão ou permissão de uso serão aplicadas pela administração, mediante procedimento administrativo, assegurada ampla defesa, quando forem constatados vícios de quantidade ou de qualidade por inadequação ou insegurança do produto ou serviço.

Art. 59. As penas de cassação de alvará de licença, de interdição e de suspensão temporária da atividade, bem como a de intervenção administrativa, serão aplicadas mediante procedimento administrativo, assegurada ampla defesa, quando o fornecedor reincidir na prática das infrações de maior gravidade previstas neste código e na legislação de consumo.

§1º A pena de cassação da concessão será aplicada à concessionária de serviço público, quando violar obrigação legal ou contratual.

§2º A pena de intervenção administrativa será aplicada sempre que as circunstâncias de fato desaconselharem a cassação de licença, a interdição ou suspensão da atividade.

§3º Pendendo ação judicial na qual se discuta a imposição de penalidade administrativa, não haverá reincidência até o trânsito em julgado da sentença.

Art. 60. A imposição de contrapropaganda será cominada quando o fornecedor incorrer na prática de publicidade enganosa ou abusiva, nos termos do art. 36 e seus parágrafos, sempre às expensas do infrator.

§1º A contrapropaganda será divulgada pelo responsável da mesma forma, freqüência e dimensão e, preferencialmente, no mesmo veículo, local, espaço e horário, de forma capaz de desfazer o malefício da publicidade enganosa ou abusiva.

§2º (Vetado).

§3º (Vetado).

Título II
Das Infrações Penais

Art. 61. Constituem crimes contra as relações de consumo previstas neste código, sem prejuízo do disposto no Código Penal e leis especiais, as condutas tipificadas nos artigos seguintes.

Art. 62. (Vetado).

Art. 63. Omitir dizeres ou sinais ostensivos sobre a nocividade ou periculosidade de produtos, nas embalagens, nos invólucros, recipientes ou publicidade:

Pena — detenção de seis meses a dois anos e multa.

§1º Incorrerá nas mesmas penas quem deixar de alertar, mediante recomendações escritas ostensivas, sobre a periculosidade do serviço a ser prestado.

§2º Se o crime é culposo:

Pena — detenção de um a seis meses ou multa.

Art. 64. Deixar de comunicar à autoridade competente e aos consumidores a nocividade ou periculosidade de produtos cujo conhecimento seja posterior à sua colocação no mercado:

Pena — detenção de seis meses a dois anos e multa.

Parágrafo único. Incorrerá nas mesmas penas quem deixar de retirar do mercado, imediatamente quando determinado pela autoridade competente, os produtos nocivos ou perigosos, na forma deste artigo.

Art. 65. Executar serviço de alto grau de periculosidade, contrariando determinação de autoridade competente:

Pena — detenção de seis meses a dois anos e multa.

Parágrafo único. As penas deste artigo são aplicáveis sem prejuízo das correspondentes à lesão corporal e à morte.

Art. 66. Fazer afirmação falsa ou enganosa, ou omitir informação relevante sobre a natureza, característica, qualidade, quantidade, segurança, desempenho, durabilidade, preço ou garantia de produtos ou serviços:

Pena — detenção de três meses a um ano e multa.

§1º Incorrerá nas mesmas penas quem patrocinar a oferta.

§2º Se o crime é culposo:

Pena — detenção de um a seis meses ou multa.

Art. 67. Fazer ou promover publicidade que sabe ou deveria saber ser enganosa ou abusiva:

Pena — detenção de três meses a um ano e multa.
Parágrafo único. (Vetado).
Art. 68. Fazer ou promover publicidade que sabe ou deveria saber ser capaz de induzir o consumidor a se comportar de forma prejudicial ou perigosa a sua saúde ou segurança:
Pena — detenção de seis meses a dois anos e multa:
Parágrafo único. (Vetado).
Art. 69. Deixar de organizar dados fáticos, técnicos e científicos que dão base à publicidade:
Pena — detenção de um a seis meses ou multa.
Art. 70. Empregar na reparação de produtos, peça ou componentes de reposição usados, sem autorização do consumidor:
Pena — detenção de três meses a um ano e multa.
Art. 71. Utilizar, na cobrança de dívidas, de ameaça, coação, constrangimento físico ou moral, afirmações falsas, incorretas ou enganosas ou de qualquer outro procedimento que exponha o consumidor, injustificadamente, a ridículo ou interfira com seu trabalho, descanso ou lazer:
Pena — detenção de três meses a um ano e multa.
Art. 72. Impedir ou dificultar o acesso do consumidor às informações que sobre ele constem em cadastros, banco de dados, fichas e registros:
Pena — detenção de seis meses a um ano ou multa.
Art. 73. Deixar de corrigir imediatamente informação sobre consumidor constante de cadastro, banco de dados, fichas ou registros que sabe ou deveria saber ser inexata:
Pena — detenção de um a seis meses ou multa.
Art. 74. Deixar de entregar ao consumidor o termo de garantia adequadamente preenchido e com especificação clara de seu conteúdo:
Pena — detenção de um a seis meses ou multa.
Art. 75. Quem, de qualquer forma, concorrer para os crimes referidos neste código, incide as penas a esses cominadas na medida de sua culpabilidade, bem como o diretor, administrador ou gerente da pessoa jurídica que promover, permitir ou por qualquer modo aprovar o fornecimento, oferta, exposição à venda ou manutenção em depósito de produtos ou a oferta e prestação de serviços nas condições por ele proibidas.
Art. 76. São circunstâncias agravantes dos crimes tipificados neste código:
I — serem cometidos em época de grave crise econômica ou por ocasião de calamidade;
II — ocasionarem grave dano individual ou coletivo;
III — dissimular-se a natureza ilícita do procedimento;
IV — quando cometidos:

a) por servidor público, ou por pessoa cuja condição econômico-social seja manifestamente superior à da vítima;

b) em detrimento de operário ou rurícola; de menor de dezoito ou maior de sessenta anos ou de pessoas portadoras de deficiência mental interditadas ou não;

V — serem praticados em operações que envolvam alimentos, medicamentos ou quaisquer outros produtos ou serviços essenciais.

Art. 77. A pena pecuniária prevista nesta seção será fixada em dias-multa, correspondente ao mínimo e ao máximo de dias de duração da pena privativa da liberdade cominada ao crime. Na individualização desta multa, o juiz observará o disposto no art. 60, §1º, do Código Penal.

Art. 78. Além das penas privativas de liberdade e de multa, podem ser impostas, cumulativa ou alternadamente, observado o disposto nos arts. 44 a 47, do Código Penal:

I — a interdição temporária de direitos;

II — a publicação em órgãos de comunicação de grande circulação ou audiência, às expensas do condenado, de notícia sobre os fatos e a condenação;

III — a prestação de serviços à comunidade.

Art. 79. O valor da fiança, nas infrações de que trata este código, será fixado pelo juiz, ou pela autoridade que presidir o inquérito, entre cem e duzentas mil vezes o valor do Bônus do Tesouro Nacional (BTN), ou índice equivalente que venha a substituí-lo.

Parágrafo único. Se assim recomendar a situação econômica do indiciado ou réu, a fiança poderá ser:

a) reduzida até a metade do seu valor mínimo;

b) aumentada pelo juiz até vinte vezes.

Art. 80. No processo penal atinente aos crimes previstos neste código, bem como a outros crimes e contravenções que envolvam relações de consumo, poderão intervir, como assistentes do Ministério Público, os legitimados indicados no art. 82, incisos III e IV, aos quais também é facultado propor ação penal subsidiária, se a denúncia não for oferecida no prazo legal.

Título III
Da Defesa do Consumidor em Juízo

Capítulo I
Disposições Gerais

Art. 81. A defesa dos interesses e direitos dos consumidores e das vítimas poderá ser exercida em juízo individualmente, ou a título coletivo.

Parágrafo único. A defesa coletiva será exercida quando se tratar de:

I — interesses ou direitos difusos, assim entendidos, para efeitos deste código, os transindividuais, de natureza indivisível, de que sejam titulares pessoas indeterminadas e ligadas por circunstâncias de fato;

II — interesses ou direitos coletivos, assim entendidos, para efeitos deste código, os transindividuais, de natureza indivisível de que seja titular grupo, categoria ou classe de pessoas ligadas entre si ou com a parte contrária por uma relação jurídica base;

III — interesses ou direitos individuais homogêneos, assim entendidos os decorrentes de origem comum.

Art. 82. Para os fins do art. 81, parágrafo único, são legitimados concorrentemente (*alteração neste parágrafo feita pela Lei nº 9.008, de 21 de março de 1995*):

I — o Ministério Público;

II — a União, os Estados, os Municípios e o Distrito Federal;

III — as entidades e órgãos da Administração Pública, direta ou indireta, ainda que sem personalidade jurídica, especificamente destinados à defesa dos interesses e direitos protegidos por este código;

IV — as associações legalmente constituídas há pelo menos um ano e que incluam entre seus fins institucionais a defesa dos interesses e direitos protegidos por este código, dispensada a autorização assemblear.

§1º O requisito da pré-constituição pode ser dispensado pelo juiz, nas ações previstas nos arts. 91 e seguintes, quando haja manifesto interesse social evidenciado pela dimensão ou característica do dano, ou pela relevância do bem jurídico a ser protegido.

§2º (Vetado).

§3º (Vetado).

Art. 83. Para a defesa dos direitos e interesses protegidos por este código são admissíveis todas as espécies de ações capazes de propiciar sua adequada e efetiva tutela.

Parágrafo único. (Vetado).

Art. 84. Na ação que tenha por objeto o cumprimento da obrigação de fazer ou não fazer, o juiz concederá a tutela específica da obrigação ou determinará providências que assegurem o resultado prático equivalente ao do adimplemento.

§1º A conversão da obrigação em perdas e danos somente será admissível se por elas optar o autor ou se impossível a tutela específica ou a obtenção do resultado prático correspondente.

§2º A indenização por perdas e danos se fará sem prejuízo da multa (art. 287 do Código de Processo Civil).

§3º Sendo relevante o fundamento da demanda e havendo justificado receio de ineficácia do provimento final, é lícito ao juiz conceder a tutela liminarmente ou após justificação prévia, citado o réu.

§4º O juiz poderá, na hipótese do §3º ou na sentença, impor multa diária ao réu, independentemente de pedido do autor, se for suficiente ou compatível com a obrigação, fixando prazo razoável para o cumprimento do preceito.

§5º Para a tutela específica ou para a obtenção do resultado prático equivalente, poderá o juiz determinar as medidas necessárias, tais como busca e apreensão, remoção de coisas e pessoas, desfazimento de obra, impedimento de atividade nociva, além de requisição de força policial.

Art. 85. (Vetado).

Art. 86. (Vetado).

Art. 87. Nas ações coletivas de que trata este código não haverá adiantamento de custas, emolumentos, honorários periciais e quaisquer outras despesas, nem condenação da associação autora, salvo comprovada má-fé, em honorários de advogados, custas e despesas processuais.

Parágrafo único. Em caso de litigância de má-fé, a associação autora e os diretores responsáveis pela propositura da ação serão solidariamente condenados em honorários advocatícios e ao décuplo das custas, sem prejuízo da responsabilidade por perdas e danos.

Art. 88. Na hipótese do art. 13, parágrafo único deste código, a ação de regresso poderá ser ajuizada em processo autônomo, facultada a possibilidade de prosseguir-se nos mesmos autos, vedada a denunciação da lide.

Art. 89. (Vetado).

Art. 90. Aplicam-se às ações previstas neste título as normas do Código de Processo Civil e da Lei nº 7.347, de 24 de julho de 1985, inclusive no que respeita ao inquérito civil, naquilo que não contrariar suas disposições.

Capítulo II
Das Ações Coletivas para a Defesa de Interesses Individuais Homogêneos

Art. 91. Os legitimados de que trata o art. 82 poderão propor, em nome próprio e no interesse das vítimas ou seus sucessores, ação civil coletiva de responsabilidade pelos danos individualmente sofridos, de acordo com o disposto nos artigos seguintes (*alteração neste parágrafo feita pela Lei nº 9.008, de 21 de março de 1995*).

Art. 92. O Ministério Público, se não ajuizar a ação, atuará sempre como fiscal da lei.

Parágrafo único. (Vetado).

Art. 93. Ressalvada a competência da Justiça Federal, é competente para a causa a justiça local:

I — no foro do lugar onde ocorreu ou deva ocorrer o dano, quando de âmbito local;

II — no foro da Capital do Estado ou no do Distrito Federal, para os danos de âmbito nacional ou regional, aplicando-se as regras do Código de Processo Civil aos casos de competência concorrente.

Art. 94. Proposta a ação, será publicado edital no órgão oficial, a fim de que os interessados possam intervir no processo como litisconsortes, sem prejuízo de ampla divulgação pelos meios de comunicação social por parte dos órgãos de defesa do consumidor.

Art. 95. Em caso de procedência do pedido, a condenação será genérica, fixando a responsabilidade do réu pelos danos causados.

Art. 96. (Vetado).

Art. 97. A liquidação e a execução de sentença poderão ser promovidas pela vítima e seus sucessores, assim como pelos legitimados de que trata o art. 82.

Parágrafo único. (Vetado).

Art. 98. A execução poderá ser coletiva, sendo promovida pelos legitimados de que trata o art. 82, abrangendo as vítimas cujas indenizações já tiverem sido fixadas em sentença de liquidação, sem prejuízo do ajuizamento de outras execuções (*alteração neste parágrafo feita pela Lei nº 9.008, de 21 de março de 1995*).

§1º A execução coletiva far-se-á com base em certidão das sentenças de liquidação, da qual deverá constar a ocorrência ou não do trânsito em julgado.

§2º É competente para a execução o juízo:

I — da liquidação da sentença ou da ação condenatória, no caso de execução individual;

II — da ação condenatória, quando coletiva a execução.

Art. 99. Em caso de concurso de créditos decorrentes de condenação prevista na Lei nº 7.347, de 24 de julho de 1985, e de indenizações pelos prejuízos individuais resultantes do mesmo evento danoso, estas terão preferência no pagamento.

Parágrafo único. Para efeito do disposto neste artigo, a destinação da importância recolhida ao fundo criado pela Lei nº 7.347, de 24 de julho de 1985, ficará sustada enquanto pendentes de decisão de segundo grau as ações de indenização pelos danos individuais, salvo na hipótese de o patrimônio do devedor ser manifestamente suficiente para responder pela integralidade das dívidas.

Art. 100. Decorrido o prazo de um ano sem habilitação de interessados em número compatível com a gravidade do dano, poderão os legitimados do art. 82 promover a liquidação e execução da indenização devida.

Parágrafo único. O produto da indenização devida reverterá para o fundo criado pela Lei nº 7.347, de 24 de julho de 1985.

Capítulo III
Das Ações de Responsabilidade do Fornecedor de Produtos e Serviços

Art. 101. Na ação de responsabilidade civil do fornecedor de produtos e serviços, sem prejuízo do disposto nos Capítulos I e II deste título, serão observadas as seguintes normas:

I — a ação pode ser proposta no domicílio do autor;

II — o réu que houver contratado seguro de responsabilidade poderá chamar ao processo o segurador, vedada a integração do contraditório pelo Instituto de Resseguros do Brasil. Nesta hipótese, a sentença que julgar procedente o pedido condenará o réu nos termos do art. 80 do Código de Processo Civil. Se o réu houver sido declarado falido, o síndico será intimado a informar a existência de seguro de responsabilidade, facultando-se, em caso afirmativo, o ajuizamento de ação de indenização diretamente contra o segurador, vedada a denunciação da lide ao Instituto de Resseguros do Brasil e dispensado o litisconsórcio obrigatório com este.

Art. 102. Os legitimados a agir na forma deste código poderão propor ação visando compelir o Poder Público competente a proibir, em todo o território nacional, a produção, divulgação distribuição ou venda, ou a determinar a alteração na composição, estrutura, fórmula ou acondicionamento de produto, cujo uso ou consumo regular se revele nocivo ou perigoso à saúde pública e à incolumidade pessoal.

§1º (Vetado).

§2º (Vetado).

Capítulo IV
Da Coisa Julgada

Art. 103. Nas ações coletivas de que trata este código, a sentença fará coisa julgada:

I — *erga omnes*, exceto se o pedido for julgado improcedente por insuficiência de provas, hipótese em que qualquer legitimado poderá intentar outra ação, com idêntico fundamento valendo-se de nova prova, na hipótese do inciso I do parágrafo único do art. 81;

II — ultrapartes, mas limitadamente ao grupo, categoria ou classe, salvo improcedência por insuficiência de provas, nos termos do inciso anterior, quando se tratar da hipótese prevista no inciso II do parágrafo único do art. 81;

III — *erga omnes*, apenas no caso de procedência do pedido, para beneficiar todas as vítimas e seus sucessores, na hipótese do inciso III do parágrafo único do art. 81.

§1º Os efeitos da coisa julgada previstos nos incisos I e II não prejudicarão interesses e direitos individuais dos integrantes da coletividade, do grupo, categoria ou classe.

§2º Na hipótese prevista no inciso III, em caso de improcedência do pedido, os interessados que não tiverem intervindo no processo como litisconsortes poderão propor ação de indenização a título individual.

§3º Os efeitos da coisa julgada de que cuida o art. 16, combinado com o art. 13 da Lei nº 7.347, de 24 de julho de 1985, não prejudicarão as ações de indenização por danos pessoalmente sofridos, propostas individualmente ou na forma prevista neste código, mas, se procedente o pedido, beneficiarão as vítimas e seus sucessores, que poderão proceder à liquidação e à execução, nos termos dos arts. 96 a 99.

§4º Aplica-se o disposto no parágrafo anterior à sentença penal condenatória.

Art. 104. As ações coletivas, previstas nos incisos I e II e do parágrafo único do art. 81, não induzem litispendência para as ações individuais, mas os efeitos da coisa julgada *erga omnes* ou ultrapartes a que aludem os incisos II e III do artigo anterior não beneficiarão os autores das ações individuais, se não for requerida sua suspensão no prazo de trinta dias, a contar da ciência nos autos do ajuizamento da ação coletiva.

Título IV
Do Sistema Nacional de Defesa do Consumidor

Art. 105. Integram o Sistema Nacional de Defesa do Consumidor (SNDC), os órgãos federais, estaduais, do Distrito Federal e municipais e as entidades privadas de defesa do consumidor.

Art. 106. O Departamento Nacional de Defesa do Consumidor, da Secretaria Nacional de Direito Econômico (MJ), ou órgão federal que venha substituí-lo, é organismo de coordenação da política do Sistema Nacional de Defesa do Consumidor, cabendo-lhe:

I — planejar, elaborar, propor, coordenar e executar a política nacional de proteção ao consumidor;

II — receber, analisar, avaliar e encaminhar consultas, denúncias ou sugestões apresentadas por entidades representativas ou pessoas jurídicas de direito público ou privado;

III — prestar aos consumidores orientação permanente sobre seus direitos e garantias;

IV — informar, conscientizar e motivar o consumidor através dos diferentes meios de comunicação;

V — solicitar à polícia judiciária a instauração de inquérito policial para a apreciação de delito contra os consumidores, nos termos da legislação vigente;

VI — representar ao Ministério Público competente para fins de adoção de medidas processuais no âmbito de suas atribuições;

VII — levar ao conhecimento dos órgãos competentes as infrações de ordem administrativa que violarem os interesses difusos, coletivos, ou individuais dos consumidores;

VIII — solicitar o concurso de órgãos e entidades da União, Estados, do Distrito Federal e Municípios, bem como auxiliar a fiscalização de preços, abastecimento, quantidade e segurança de bens e serviços;

IX — incentivar, inclusive com recursos financeiros e outros programas especiais, a formação de entidades de defesa do consumidor pela população e pelos órgãos públicos estaduais e municipais;
X — (Vetado).
XI — (Vetado).
XII — (Vetado).
XIII — desenvolver outras atividades compatíveis com suas finalidades.
Parágrafo único. Para a consecução de seus objetivos, o Departamento Nacional de Defesa do Consumidor poderá solicitar o concurso de órgãos e entidades de notória especialização técnico-científica.

Título V
Da Convenção Coletiva de Consumo

Art. 107. As entidades civis de consumidores e as associações de fornecedores ou sindicatos de categoria econômica podem regular, por convenção escrita, relações de consumo que tenham por objeto estabelecer condições relativas ao preço, à qualidade, à quantidade, à garantia e características de produtos e serviços, bem como à reclamação e composição do conflito de consumo.

§1º A convenção tornar-se-á obrigatória a partir do registro do instrumento no cartório de títulos e documentos.

§2º A convenção somente obrigará os filiados às entidades signatárias.

§3º Não se exime de cumprir a convenção o fornecedor que se desligar da entidade em data posterior ao registro do instrumento.

Art. 108. (Vetado).

Título VI
Disposições Finais

Art. 109. (Vetado).

Art. 110. Acrescente-se o seguinte inciso IV ao art. 1º da Lei nº 7.347, de 24 de julho de 1985:

"IV — a qualquer outro interesse difuso ou coletivo."

Art. 111. O inciso II do art. 5º da Lei nº 7.347, de 24 de julho de 1985, passa a ter a seguinte redação:

"II — inclua, entre suas finalidades institucionais, a proteção ao meio ambiente, ao consumidor, ao patrimônio artístico, estético, histórico, turístico e paisagístico, ou a qualquer outro interesse difuso ou coletivo."

Art. 112. O §3º do art. 5º da Lei nº 7.347, de 24 de julho de 1985, passa a ter a seguinte redação:

"§3º Em caso de desistência infundada ou abandono da ação por associação legitimada, o Ministério Público ou outro legitimado assumirá a titularidade ativa."

Art. 113. Acrescente-se os seguintes §§4º, 5º e 6º ao art. 5º da Lei nº 7.347, de 24 de julho de 1985:

"§4º O requisito da pré-constituição poderá ser dispensado pelo juiz, quando haja manifesto interesse social evidenciado pela dimensão ou característica do dano, ou pela relevância do bem jurídico a ser protegido.

§5º Admitir-se-á o litisconsórcio facultativo entre os Ministérios Públicos da União, do Distrito Federal e dos Estados na defesa dos interesses e direitos de que cuida esta lei.

§6º Os órgãos públicos legitimados poderão tomar dos interessados compromisso de ajustamento de sua conduta às exigências legais, mediante combinações, que terá eficácia de título executivo extrajudicial."

Art. 114. O art. 15 da Lei nº 7.347, de 24 de julho de 1985, passa a ter a seguinte redação:

"Art. 15. Decorridos sessenta dias do trânsito em julgado da sentença condenatória, sem que a associação autora lhe promova a execução, deverá fazê-lo o Ministério Público, facultada igual iniciativa aos demais legitimados."

Art. 115. Suprima-se o *caput* do art. 17 da Lei nº 7.347, de 24 de julho de 1985, passando o parágrafo único a constituir o *caput*, com a seguinte redação:

"Art. 17. Em caso de litigância de má-fé, a danos."

Art. 116. Dê-se a seguinte redação ao art. 18 da Lei nº 7.347, de 24 de julho de 1985:

"Art. 18. Nas ações de que trata esta lei, não haverá adiantamento de custas, emolumentos, honorários periciais e quaisquer outras despesas, nem condenação da associação autora, salvo comprovada má-fé, em honorários de advogado, custas e despesas processuais."

Art. 117. Acrescente-se à Lei nº 7.347, de 24 de julho de 1985, o seguinte dispositivo, renumerando-se os seguintes:

"Art. 21. Aplicam-se à defesa dos direitos e interesses difusos, coletivos e individuais, no que for cabível, os dispositivos do Título III da lei que instituiu o Código de Defesa do Consumidor."

Art. 118. Este código entrará em vigor dentro de cento e oitenta dias a contar de sua publicação.

Art. 119. Revogam-se as disposições em contrário.

Brasília, 11 de setembro de 1990; 169º da Independência e 102º da República.

Fernando Collor
Bernardo Cabral
Zélia M. Cardoso de Mello
Ozires Silva

Apêndice 3

Lei das Sociedades por Ações, arts. 153 e 177

Lei nº 6.404, de 15 de dezembro de 1976

(...)

Art. 153. O administrador da companhia deve empregar, no exercício de suas funções, o cuidado e diligência que todo homem ativo e probo costuma empregar na administração dos seus próprios negócios.

(...)

Art. 177. A escrituração da companhia será mantida em registros permanentes, com obediência aos preceitos da legislação comercial e desta lei e aos princípios de contabilidade geralmente aceitos, devendo observar métodos ou critérios contábeis uniformes no tempo e registrar as mutações patrimoniais segundo o regime de competência.

§1º As demonstrações financeiras do exercício em que houver modificação de métodos ou critérios contábeis, de efeitos relevantes, deverão indicá-la em nota e ressaltar esses efeitos.

§2º A companhia observará em registros auxiliares, sem modificação da escrituração mercantil e das demonstrações reguladas nesta lei, as disposições da lei tributária, ou de legislação especial sobre a atividade que constitui seu objeto, que prescrevam métodos ou critérios contábeis diferentes ou determinem a elaboração de outras demonstrações financeiras.

§3º As demonstrações financeiras das companhias abertas observarão, ainda, as normas expedidas pela Comissão de Valores Mobiliários, e serão obrigatoriamente auditadas por auditores independentes registrados na mesma comissão.

§4º As demonstrações financeiras serão assinadas pelos administradores e por contabilistas legalmente habilitados.

Apêndice 4

Decreto nº 3.088

Estabelece a sistemática de "metas para a inflação" como diretriz para fixação do regime de política monetária e dá outras providências.

O PRESIDENTE DA REPÚBLICA, no uso das atribuições que lhe confere o art. 84, inciso IV, da Constituição, e tendo em vista o disposto no art. 4º da Lei nº 4.595, de 31 de dezembro de 1964, e no art. 14, inciso IX, alínea "a", da Lei nº 9.649, de 27 de maio de 1998,

DECRETA:

Art. 1º. Fica estabelecida, como diretriz para fixação do regime de política monetária, a sistemática de "metas para a inflação".

§1º As metas são representadas por variações anuais de índice de preços de ampla divulgação.

§2º As metas e os respectivos intervalos de tolerância serão fixados pelo Conselho Monetário Nacional — CMN, mediante proposta do Ministro de Estado da Fazenda, observando-se que a fixação deverá ocorrer:

I — para os anos de 1999, 2000 e 2001, até 30 de junho de 1999; e

II — para os anos de 2002 e seguintes, até 30 de junho de cada segundo ano imediatamente anterior.

Art. 2º. Ao Banco Central do Brasil compete executar as políticas necessárias para cumprimento das metas fixadas.

Art. 3º. O índice de preços a ser adotado para os fins previstos neste decreto será escolhido pelo CMN, mediante proposta do Ministro de Estado da Fazenda.

Art. 4º. Considera-se que a meta foi cumprida quando a variação acumulada da inflação — medida pelo índice de preços referido no artigo anterior, relativa ao período de janeiro a dezembro de cada ano calendário — situar-se na faixa do seu respectivo intervalo de tolerância.

Parágrafo único. Caso a meta não seja cumprida, o Presidente do Banco Central do Brasil divulgará publicamente as razões do descumprimento, por meio de carta aberta ao Ministro de Estado da Fazenda, que deverá conter:

I — descrição detalhada das causas do descumprimento;

II — providências para assegurar o retorno da inflação aos limites estabelecidos; e

III — o prazo no qual se espera que as providências produzam efeito.

Art. 5º. O Banco Central do Brasil divulgará, até o último dia de cada trimestre civil, Relatório de Inflação abordando o desempenho do regime de "metas para a inflação", os resultados das decisões passadas de política monetária e a avaliação prospectiva da inflação.

Art. 6º. Este Decreto entra em vigor na data de sua publicação.

Brasília, 21 de junho de 1999; 178º da Independência e 111º da República.

Fernando Henrique Cardoso
Pedro Malan

Apêndice 5

Decreto nº 22.626

Dispõe sobre os juros nos contratos e dá outras providências.

Art. 1º. É vedado, e será punido nos termos desta lei, estipular em quaisquer contratos taxas de juros superiores ao dobro da taxa legal (Código Civil, art. 1.062).

§1º Essas taxas não excederão de 10% ao ano se os contratos forem garantidos com hipotecas urbanas, nem de 8% ao ano se as garantias forem de hipotecas rurais ou de penhores agrícolas (*revogado pelo Decreto-lei nº 182, de 5 de janeiro de 1938*).

§2º Não excederão igualmente de 6% ao ano os juros das obrigações expressa e declaradamente contraídas para financiamento de trabalhos agrícolas, ou para compra de maquinismos e de utensílios destinados à agricultura, qualquer que seja a modalidade da dívida, desde que tenham garantia real (*revogado pelo Decreto-lei nº 182, de 5 de janeiro de 1938*).

§3º A taxa de juros deve ser estipulada em escritura pública ou escrito particular, e não o sendo, entender-se-á que as partes acordaram nos juros de 6% ao ano, a contar da data da propositura da respectiva ação ou do protesto cambial (*retificado*).

Art. 2º. É vedado, a pretexto de comissão, receber taxas maiores do que as permitidas por esta lei.

Art. 3º. As taxas de juros estabelecidas nesta lei entrarão em vigor com a sua publicação e a partir desta data serão aplicáveis aos contratos existentes ou já ajuizados.

Art. 4º. É proibido contar juros dos juros: esta proibição não compreende a acumulação de juros vencidos aos saldos líquidos em conta corrente de ano a ano.

Art. 5º. Admite-se que pela mora dos juros contratados estes sejam elevados de 1% e não mais.

Art. 6º. Tratando-se de operações a prazo superior a (6) seis meses, quando os juros ajustados forem pagos por antecipação, o cálculo deve ser feito de modo que a importância desses juros não exceda a que produziria a importância líquida da operação no prazo convencionado, as taxas máximas que esta lei permite.

Art. 7º. O devedor poderá sempre liquidar ou amortizar a dívida quando hipotecária ou pignoratícia antes do vencimento, sem sofrer imposição de multa, gravame ou encargo de qualquer natureza por motivo dessa antecipação.

§1º O credor poderá exigir que a amortização não seja inferior a 25% do valor inicial da dívida.

§2º Em caso de amortização os juros só serão devidos sobre o saldo devedor.

Art. 8º. As multas ou cláusulas penais, quando convencionadas, reputam-se estabelecidas para atender a despesas judiciais e honorários de advogados, e não for intentada ação judicial para cobrança da respectiva obrigação.

Parágrafo único. Quando se tratar de empréstimo até Cr$100.000,00 (cem mil cruzeiros) e com garantia hipotecária, as multas ou cláusulas penais convencionadas reputam-se estabelecidas para atender, apenas, a honorários de advogados, sendo as despesas judiciais pagas de acordo com a conta feita nos autos da ação judicial para cobrança da respectiva obrigação (*acrescido pela Lei nº 3.942, de 21 de agosto de 1961*).

Art. 9º. Não é válida a cláusula penal superior à importância de 10% do valor da dívida.

Art. 10. As dívidas a que se referem os arts. 1º, §1º, *in fine*, e 2º, se existentes ao tempo da publicação desta lei, quando efetivamente cobertas, poderão ser pagas em (10) dez prestações anuais iguais e continuadas, se assim entender o devedor (*retificado*).

Parágrafo único. A falta de pagamento de uma prestação, decorrido um ano da publicação desta lei, determina o vencimento da dívida e dá ao credor o direito de excussão.

Art. 11. O contrato celebrado com infração desta lei é nulo de pleno direito, ficando assegurado ao devedor a repetição do que houver pago a mais.

Art. 12. Os corretores e intermediários, que aceitarem negócios contrários ao texto da presente lei, incorrerão em multa de cinco a vinte contos de réis, aplicada pelo Ministro da Fazenda e, em caso de reincidência, serão demitidos, sem prejuízo de outras penalidades aplicáveis.

Art. 13. É considerado delito de usura, toda a simulação ou prática tendente a ocultar a verdadeira taxa do juro ou a fraudar os dispositivos desta lei, para o fim de sujeitar o devedor a maiores prestações ou encargos, além dos estabelecidos no respectivo título ou instrumento.

Penas — prisão por (6) seis meses a (1) um ano e multa de cinco contos a cinqüenta contos de réis.

No caso de reincidência, tais penas serão elevadas ao dobro.

Parágrafo único. Serão responsáveis como co-autores o agente e o intermediário, e, em se tratando de pessoa jurídica, os que tiverem qualidade para representá-la.

Art. 14. A tentativa deste crime é punível nos termos da lei penal vigente.

Art. 15. São consideradas circunstâncias agravantes o fato de, para conseguir aceitação de exigências contrárias a esta lei, valer-se o credor da inexperiência ou das paixões do menor, ou da deficiência ou doença mental de alguém, ainda que não esteja interdito, ou de circunstâncias aflitivas em que se encontre o devedor.

Art. 16. Continuam em vigor os arts. 24, parágrafo único, nº 4, e 27 do Decreto nº 5.746, de 9 de dezembro de 1929, e art. 44, nº 1, do Decreto nº 2.044, de 17 de dezembro de 1908, e as disposições do Código Comercial, no que não contravierem com esta lei (*retificado*).

Art. 17. O governo federal baixará uma lei especial, dispondo sobre as casas de empréstimos sobre penhores e congêneres.

Art. 18. O teor desta lei será transmitido por telegrama a todos os interventores federais, para que a façam publicar incontinenti.

Art. 19. Revogam-se as disposições em contrário.

Rio de Janeiro, 7 de abril de 1933; 112º da Independência e 45º da República.

Apêndice 6

Lei nº 1.521

Altera dispositivos da legislação vigente sobre crimes contra a economia popular.

O PRESIDENTE DA REPÚBLICA: Faço saber que o Congresso Nacional decreta e eu sanciono a seguinte Lei:

Art. 1º. Serão punidos, na forma desta Lei, os crimes e as contravenções contra a economia popular. Esta Lei regulará o seu julgamento.

Art. 2º. São crimes desta natureza:

I — recusar individualmente em estabelecimento comercial a prestação de serviços essenciais à subsistência; sonegar mercadoria ou recusar vendê-la a quem esteja em condições de comprar a pronto pagamento;

II — favorecer ou preferir comprador ou freguês em detrimento de outro, ressalvados os sistemas de entrega ao consumo por intermédio de distribuidores ou revendedores;

III — expor à venda ou vender mercadoria ou produto alimentício, cujo fabrico haja desatendido a determinações oficiais, quanto ao peso e composição;

IV — negar ou deixar o fornecedor de serviços essenciais de entregar ao freguês a nota relativa à prestação de serviço, desde que a importância exceda de quinze cruzeiros, e com a indicação do preço, do nome e endereço do estabelecimento, do nome da firma ou responsável, da data e local da transação e do nome e residência do freguês;

V — misturar gêneros e mercadorias de espécies diferentes, expô-los à venda ou vendê-los, como puros; misturar gêneros e mercadorias de qualidades desiguais para expô-los à venda ou vendê-los por preço marcado para os de mais alto custo;

VI — transgredir tabelas oficiais de gêneros e mercadorias, ou de serviços essenciais, bem como expor à venda ou oferecer ao público ou vender tais gêneros, mercadorias ou serviços, por preço superior ao tabelado, assim como não manter afixadas, em lugar visível e de fácil leitura, as tabelas de preços aprovadas pelos órgãos competentes;

VII — negar ou deixar o vendedor de fornecer nota ou caderno de venda de gêneros de primeira necessidade, seja à vista ou a prazo, e cuja importância exceda de dez cruzeiros, ou de especificar na nota ou caderno — que serão isentos de selo — o preço da mercadoria vendida, o nome e o endereço do estabelecimento, a firma ou o responsável, a data e local da transação e o nome e residência do freguês;

VIII — celebrar ajuste para impor determinado preço de revenda ou exigir do comprador que não compre de outro vendedor;

IX — obter ou tentar obter ganhos ilícitos em detrimento do povo ou de número indeterminado de pessoas mediante especulações ou processos fraudulentos ("bola-de-neve", "cadeias", "pichardismo" e quaisquer outros equivalentes);

X — violar contrato de venda a prestações, fraudando sorteios ou deixando de entregar a coisa vendida, sem devolução das prestações pagas, ou descontar destas, nas vendas com reserva de domínio, quando o contrato for rescindido por culpa do comprador, quantia maior do que a correspondente à depreciação do objeto;

XI — fraudar pesos ou medidas padronizados em lei ou regulamentos; possuí-los ou detê-los, para efeitos de comércio, sabendo estarem fraudados.

Pena — detenção, de 6 (seis) meses a 2 (dois) anos, e multa, de dois mil a cinqüenta mil cruzeiros.

Parágrafo único. Na configuração dos crimes previstos nesta Lei, bem como na de qualquer outro de defesa da economia popular, sua guarda e seu emprego considerar-se-ão como de primeira necessidade ou necessários ao consumo do povo, os gêneros, artigos, mercadorias e qualquer outra espécie de coisas ou bens indispensáveis à subsistência do indivíduo em condições higiênicas e ao exercício normal de suas atividades. Estão compreendidos nesta definição os artigos destinados à alimentação, ao vestuário e à iluminação, os terapêuticos ou sanitários, o combustível, a habitação e os materiais de construção.

Art. 3º. São também crimes desta natureza:

I — destruir ou inutilizar, intencionalmente e sem autorização legal, com o fim de determinar alta de preços, em proveito próprio ou de terceiro, matérias-primas ou produtos necessários ao consumo do povo;

II — abandonar ou fazer abandonar lavoura ou plantações, suspender ou fazer suspender a atividade de fábricas, usinas ou quaisquer estabelecimentos de produção, ou meios de transporte, mediante indenização paga pela desistência da competição;

III — promover ou participar de consórcio, convênio, ajuste, aliança ou fusão de capitais, com o fim de impedir ou dificultar, para o efeito de aumento arbitrário de lucros, a concorrência em matéria de produção, transportes ou comércio;

IV — reter ou açambarcar matérias-primas, meios de produção ou produtos necessários ao consumo do povo, com o fim de dominar o mercado em qualquer ponto do País e provocar a alta dos preços;

V — vender mercadorias abaixo do preço de custo com o fim de impedir a concorrência;

VI — provocar a alta ou baixa de preços de mercadorias, títulos públicos, valores ou salários por meio de notícias falsas, operações fictícias ou qualquer outro artifício;

VII — dar indicações ou fazer afirmações falsas em prospectos ou anúncios, para fim de substituição, compra ou venda de títulos, ações ou quotas;

VIII — exercer funções de direção, administração ou gerência de mais de uma empresa ou sociedade do mesmo ramo de indústria ou comércio com o fim de impedir ou dificultar a concorrência;

IX — gerir fraudulenta ou temerariamente bancos ou estabelecimentos bancários, ou de capitalização; sociedades de seguros, pecúlios ou pensões vitalícias; sociedades para empréstimos ou financiamento de construções e de vendas de imóveis a prestações, com ou sem sorteio ou preferência por meio de pontos ou quotas; caixas econômicas; caixas Raiffeisen; caixas mútuas, de beneficência, socorros ou empréstimos; caixas de pecúlios, pensão e aposentadoria; caixas construtoras; cooperativas; sociedades de economia coletiva, levando-as à falência ou à insolvência, ou não cumprindo qualquer das cláusulas contratuais com prejuízo dos interessados;

X — fraudar de qualquer modo escriturações, lançamentos, registros, relatórios, pareceres e outras informações devidas a sócios de sociedades civis ou comerciais, em que o capital seja fracionado em ações ou quotas de valor nominativo igual ou inferior a um mil cruzeiros com o fim de sonegar lucros, dividendos, percentagens, rateios ou bonificações, ou de desfalcar ou de desviar fundos de reserva ou reservas técnicas.

Pena — detenção, de 2 (dois) anos a 10 (dez) anos, e multa, de vinte mil a cem mil cruzeiros.

Art. 4º. Constitui crime da mesma natureza a usura pecuniária ou real, assim se considerando:

a) cobrar juros, comissões ou descontos percentuais, sobre dívidas em dinheiro superiores à taxa permitida por lei; cobrar ágio superior à taxa oficial de câmbio, sobre quantia permutada por moeda estrangeira; ou, ainda, emprestar sob penhor que seja privativo de instituição oficial de crédito;

b) obter, ou estipular, em qualquer contrato, abusando da premente necessidade, inexperiência ou leviandade de outra parte, lucro patrimonial que exceda o quinto do valor corrente ou justo da prestação feita ou prometida.

Pena — detenção, de 6 (seis) meses a 2 (dois) anos, e multa, de cinco mil a vinte mil cruzeiros.

§1º Nas mesmas penas incorrerão os procuradores, mandatários ou mediadores que intervierem na operação usuária, bem como os cessionários de crédito usurário que, cientes de sua natureza ilícita, o fizerem valer em sucessiva transmissão ou execução judicial.

§2º São circunstâncias agravantes do crime de usura:

I — ser cometido em época de grave crise econômica;

II — ocasionar grave dano individual;

III — dissimular-se a natureza usurária do contrato;

IV — quando cometido:

a) por militar, funcionário público, ministro de culto religioso; por pessoa cuja condição econômico-social seja manifestamente superior à da vítima;

b) em detrimento de operário ou de agricultor; de menor de 18 (dezoito) anos ou de deficiente mental, interditado ou não.

§3º A estipulação de juros ou lucros usurários será nula, devendo o juiz ajustá-los à medida legal, ou, caso já tenha sido cumprida, ordenar a restituição da quantia para em excesso, com os juros legais a contar da data do pagamento indevido (*ver Medida Provisória nº 2.172-32, de 23 de agosto de 2001*).

Art. 5º. Nos crimes definidos nesta Lei, haverá suspensão da pena e livramento condicional em todos os casos permitidos pela legislação comum. Será a fiança concedida nos termos da legislação em vigor, devendo ser arbitrada dentro dos limites de Cr$5.000,00 (cinco mil cruzeiros) a Cr$50.000,00 (cinqüenta mil cruzeiros), nas hipóteses do art. 2º, e dentro dos limites de Cr$10.000,00 (dez mil cruzeiros) a Cr$100.000,00 (cem mil cruzeiros) nos demais casos, reduzida à metade dentro desses limites, quando o infrator for empregado do estabelecimento comercial ou industrial, ou não ocupe cargo ou posto de direção dos negócios (*redação dada pela Lei nº 3.290, de 23 de outubro de 1957*).

Art. 6º. Verificado qualquer crime contra a economia popular ou contra a saúde pública (Capítulo III do Título VIII do Código Penal) e atendendo à gravidade do fato, sua repercussão e efeitos, o juiz, na sentença, declarará a interdição de direito, determinada no art. 69, IV, do Código Penal, de 6 (seis) meses a 1 (um) ano, assim como, mediante representação da autoridade policial, poderá decretar, dentro de 48 (quarenta e oito) horas, a suspensão provisória, pelo prazo de 15 (quinze) dias, do exercício da profissão ou atividade do infrator.

Art. 7º. Os juízes recorrerão de ofício sempre que absolverem os acusados em processo por crime contra a economia popular ou contra a saúde pública, ou quando determinarem o arquivamento dos autos do respectivo inquérito policial.

Art. 8º. Nos crimes contra a saúde pública, os exames periciais serão realizados, no Distrito Federal, pelas repartições da Secretaria-Geral da Saúde e Assistência e da Secretaria da Agricultura, Indústria e Comércio da Prefeitura ou pelo Gabinete de Exames Periciais do Departamento de Segurança Pública e nos Estados e Territórios pelos serviços congêneres, valendo qualquer dos laudos como corpo de delito.

Art. 9º. Constitui contravenção penal relativa à economia popular (*revogados* caput *e incisos pela Lei nº 6.649, de 16 de maio de 1979*).

I — receber, ou tentar receber, por motivo de locação, sublocação ou cessão de contrato, quantia ou valor além do aluguel e dos encargos permitidos por lei;

II — recusar fornecer recibo de aluguel;

III — cobrar o aluguel, antecipadamente, salvo o disposto no parágrafo único do art. 11 da Lei nº 1.300, de 28 de dezembro de 1950;

IV — deixar o proprietário, o locador e o promitente comprador, nos casos previstos nos itens II a V, VII e IX do art. 15 da Lei nº 1.300 de 28 de dezembro de 1950, dentro em sessenta dias, após a entrega do prédio de usá-lo para o fim declarado;

V — não iniciar o proprietário, no caso do item VIII do art. 15 da Lei nº 1.300, de 28 de dezembro de 1950, a edificação ou reforma do prédio dentro em sessenta dias, contados da entrega do imóvel;

VI — ter o prédio vazio por mais de trinta dias, havendo pretendente que ofereça como garantia de locação importância correspondente a três meses de aluguel;

VII — vender o locador ao locatário os móveis e alfaias que guarneçam o prédio, por preço superior ao que houver sido arbitrado pela autoridade municipal competente;

VIII — obstar o locador ou o sublocador, por qualquer modo, o uso regular do prédio urbano, locado ou sublocado, ou o fornecimento ao inquilino, periódica ou permanentemente, de água, luz ou gás.

Pena — prisão simples de cinco dias a seis meses e multa de mil a vinte mil cruzeiros.

Art. 10. Terá forma sumária, nos termos do Capítulo V, Título II, Livro II, do Código de Processo Penal, o processo das contravenções e dos crimes contra a economia popular, não submetidos ao julgamento pelo júri.

§1º Os atos policiais (inquérito ou processo iniciado por portaria) deverão terminar no prazo de 10 (dez) dias.

§2º O prazo para oferecimento da denúncia será de 2 (dois) dias, esteja ou não o réu preso.

§3º A sentença do juiz será proferida dentro do prazo de 30 (trinta) dias contados do recebimento dos autos da autoridade policial (art. 536 do Código de Processo Penal).

§4º A retardação injustificada, pura e simples, dos prazos indicados nos parágrafos anteriores, importa em crime de prevaricação (art. 319 do Código Penal).

Art. 11. No Distrito Federal, o processo das infrações penais relativas à economia popular caberá, indistintamente, a todas as varas criminais com exceção das 1ª e 20ª, observadas as disposições quanto aos crimes da competência do júri de que trata o art. 12.

Arts. 12 a 30. (*Prejudicados estes dispositivos que tratavam do Tribunal do Júri para os crimes contra a economia popular, em face da Emenda Constitucional nº 1, de 17 de outubro de 1969*).

(...)

Art. 33. Esta Lei entrará em vigor 60 (sessenta) dias depois de sua publicação, aplicando-se aos processos iniciados na sua vigência.

Art. 34. Revogam-se as disposições em contrário.

Rio de Janeiro, 26 de dezembro de 1951; 130º da Independência e 63º da República.

Apêndice 7

Lei nº 7.492

Define os crimes contra o Sistema Financeiro Nacional, e dá outras providências.

O PRESIDENTE DA REPÚBLICA, faço saber que o Congresso Nacional decreta e eu sanciono a seguinte lei:

Art. 1º. Considera-se instituição financeira, para efeito desta lei, a pessoa jurídica de direito público ou privado, que tenha como atividade principal ou acessória, cumulativamente ou não, a captação, intermediação ou aplicação de recursos financeiros (Vetado) de terceiros, em moeda nacional ou estrangeira, ou a custódia, emissão, distribuição, negociação, intermediação ou administração de valores mobiliários.

Parágrafo único. Equipara-se à instituição financeira:

I — a pessoa jurídica que capte ou administre seguros, câmbio, consórcio, capitalização ou qualquer tipo de poupança, ou recursos de terceiros;

II — a pessoa natural que exerça quaisquer das atividades referidas neste artigo, ainda que de forma eventual.

Dos crimes contra o Sistema Financeiro Nacional

Art. 2º. Imprimir, reproduzir ou, de qualquer modo, fabricar ou pôr em circulação, sem autorização escrita da sociedade emissora, certificado, cautela ou outro documento representativo de título ou valor mobiliário:

Pena — reclusão, de 2 (dois) a 8 (oito) anos, e multa.

Parágrafo único. Incorre na mesma pena quem imprime, fabrica, divulga, distribui ou faz distribuir prospecto ou material de propaganda relativo aos papéis referidos neste artigo.

Art. 3º. Divulgar informação falsa ou prejudicialmente incompleta sobre instituição financeira:

Pena — reclusão, de 2 (dois) a 6 (seis) anos, e multa.

Art. 4º. Gerir fraudulentamente instituição financeira:

Pena — reclusão, de 3 (três) a 12 (doze) anos, e multa.

Parágrafo único. Se a gestão é temerária:

Pena — reclusão, de 2 (dois) a 8 (oito) anos, e multa.

Art. 5º. Apropriar-se, quaisquer das pessoas mencionadas no art. 25 desta lei, de dinheiro, título, valor ou qualquer outro bem móvel de que tem a posse, ou desviá-lo em proveito próprio ou alheio:

Pena — reclusão, de 2 (dois) a 6 (seis) anos, e multa.

Parágrafo único. Incorre na mesma pena qualquer das pessoas mencionadas no art. 25 desta lei, que negociar direito, título ou qualquer outro bem móvel ou imóvel de que tem a posse, sem autorização de quem de direito.

Art. 6º. Induzir ou manter em erro sócio, investidor ou repartição pública competente, relativamente a operação ou situação financeira, sonegando-lhe informação ou prestando-a falsamente:

Pena — reclusão, de 2 (dois) a 6 (seis) anos, e multa.

Art. 7º. Emitir, oferecer ou negociar, de qualquer modo, títulos ou valores mobiliários:

I — falsos ou falsificados;

II — sem registro prévio de emissão junto à autoridade competente, em condições divergentes das constantes do registro ou irregularmente registrados;

III — sem lastro ou garantia suficientes, nos termos da legislação;

IV — sem autorização prévia da autoridade competente, quando legalmente exigida:

Pena — reclusão, de 2 (dois) a 8 (oito) anos, e multa.

Art. 8º. Exigir, em desacordo com a legislação (Vetado), juro, comissão ou qualquer tipo de remuneração sobre operação de crédito ou de seguro, administração de fundo mútuo ou fiscal ou de consórcio, serviço de corretagem ou distribuição de títulos ou valores mobiliários:

Pena — reclusão, de 1 (um) a 4 (quatro) anos, e multa.

Art. 9º. Fraudar a fiscalização ou o investidor, inserindo ou fazendo inserir, em documento comprobatório de investimento em títulos ou valores mobiliários, declaração falsa ou diversa da que dele deveria constar:

Pena — reclusão, de 1 (um) a 5 (cinco) anos, e multa.

Art. 10. Fazer inserir elemento falso ou omitir elemento exigido pela legislação, em demonstrativos contábeis de instituição financeira, seguradora ou instituição integrante do sistema de distribuição de títulos de valores mobiliários:

Pena — reclusão, de 1 (um) a 5 (cinco) anos, e multa.

Art. 11. Manter ou movimentar recurso ou valor paralelamente à contabilidade exigida pela legislação:

Pena — reclusão, de 1 (um) a 5 (cinco) anos, e multa.

Art. 12. Deixar, o ex-administrador de instituição financeira, de apresentar, ao interventor, liquidante, ou síndico, nos prazos e condições estabelecidas em lei as informações, declarações ou documentos de sua responsabilidade:
Pena — reclusão, de 1 (um) a 4 (quatro) anos, e multa.
Art. 13. Desviar (Vetado) bem alcançado pela indisponibilidade legal resultante de intervenção, liquidação extrajudicial ou falência de instituição financeira:
Pena — reclusão, de 2 (dois) a 6 (seis) anos, e multa.
Parágrafo único. Na mesma pena incorra o interventor, o liquidante ou o síndico que se apropriar de bem abrangido pelo *caput* deste artigo, ou desviá-lo em proveito próprio ou alheio.
Art. 14. Apresentar, em liquidação extrajudicial, ou em falência de instituição financeira, declaração de crédito ou reclamação falsa, ou juntar a elas título falso ou simulado:
Pena — reclusão, de 2 (dois) a 8 (oito) anos, e multa.
Parágrafo único. Na mesma pena incorre o ex-administrador ou falido que reconhecer, como verdadeiro, crédito que não o seja.
Art. 15. Manifestar-se falsamente o interventor, o liquidante ou o síndico, (Vetado) à respeito de assunto relativo a intervenção, liquidação extrajudicial ou falência de instituição financeira:
Pena — reclusão, de 2 (dois) a 8 (oito) anos, e multa.
Art. 16. Fazer operar, sem a devida autorização, ou com autorização obtida mediante declaração (Vetado) falsa, instituição financeira, inclusive de distribuição de valores mobiliários ou de câmbio:
Pena — reclusão, de 1 (um) a 4 (quatro) anos, e multa.
Art. 17. Tomar ou receber, qualquer das pessoas mencionadas no art. 25 desta lei, direta ou indiretamente, empréstimo ou adiantamento, ou deferi-lo a controlador, a administrador, a membro de conselho estatutário, aos respectivos cônjuges, aos ascendentes ou descendentes, a parentes na linha colateral até o 2º grau, consangüíneos ou afins, ou a sociedade cujo controle seja por ela exercido, direta ou indiretamente, ou por qualquer dessas pessoas:
Pena — reclusão, de 2 (dois) a 6 (seis) anos, e multa.
Parágrafo único. Incorre na mesma pena quem:
I — em nome próprio, como controlador ou na condição de administrador da sociedade, conceder ou receber adiantamento de honorários, remuneração, salário ou qualquer outro pagamento, nas condições referidas neste artigo;
II — de forma disfarçada, promover a distribuição ou receber lucros de instituição financeira.
Art. 18. Violar sigilo de operação ou de serviço prestado por instituição financeira ou integrante do sistema de distribuição de títulos mobiliários de que tenha conhecimento, em razão de ofício:
Pena — reclusão, de 1 (um) a 4 (quatro) anos, e multa.

Art. 19. Obter, mediante fraude, financiamento em instituição financeira:
Pena — reclusão, de 2 (dois) a 6 (seis) anos, e multa.
Parágrafo único. A pena é aumentada de 1/3 (um terço) se o crime é cometido em detrimento de instituição financeira oficial ou por ela credenciada para o repasse de financiamento.
Art. 20. Aplicar, em finalidade diversa da prevista em lei ou contrato, recursos provenientes de financiamento concedido por instituição financeira oficial ou por instituição credenciada para repassá-lo:
Pena — reclusão, de 2 (dois) a 6 (seis) anos, e multa.
Art. 21. Atribuir-se, ou atribuir a terceiro, falsa identidade, para realização de operação de câmbio:
Pena — detenção, de 1 (um) a 4 (quatro) anos, e multa.
Parágrafo único. Incorre na mesma pena quem, para o mesmo fim, sonega informação que devia prestar ou presta informação falsa.
Art. 22. Efetuar operação de câmbio não autorizada, com o fim de promover evasão de divisas do País:
Pena — reclusão, de 2 (dois) a 6 (seis) anos, e multa.
Parágrafo único. Incorre na mesma pena quem, a qualquer título, promove, sem autorização legal, a saída de moeda ou divisa para o exterior, ou nele mantiver depósitos não declarados à repartição federal competente.
Art. 23. Omitir, retardar ou praticar, o funcionário público, contra disposição expressa de lei, ato de ofício necessário ao regular funcionamento do Sistema Financeiro Nacional, bem como a preservação dos interesses e valores da ordem econômico-financeira:
Pena — reclusão, de 1 (um) a 4 (quatro) anos, e multa.
Art. 24. (Vetado).

Da aplicação e do procedimento criminal

Art. 25. São penalmente responsáveis, nos termos desta lei, o controlador e os administradores de instituição financeira, assim considerados os diretores, gerentes (Vetado).
Parágrafo único. Equiparam-se aos administradores de instituição financeira (Vetado) o interventor, o liquidante ou o síndico.
Art. 26. A ação penal, nos crimes previstos nesta lei, será promovida pelo Ministério Público Federal, perante a Justiça Federal.
Parágrafo único. Sem prejuízo do disposto no art. 268 do Código de Processo Penal, aprovado pelo Decreto-lei nº 3.689, de 3 de outubro de 1941, será admitida a assistência da Comissão de Valores Mobiliários — CVM, quando o crime tiver sido praticado no âmbito de atividade sujeita à disciplina e à fiscalização dessa Autarquia, e do Banco Central do Brasil quando, fora daquela hipótese, houver sido cometido na órbita de atividade sujeita à sua disciplina e fiscalização.

Art. 27. Quando a denúncia não for intentada no prazo legal, o ofendido poderá representar ao Procurador-Geral da República, para que este a ofereça, designe outro órgão do Ministério Público para oferecê-la ou determine o arquivamento das peças de informação recebidas.

Art. 28. Quando, no exercício de suas atribuições legais, o Banco Central do Brasil ou a Comissão de Valores Mobiliários — CVM, verificar a ocorrência de crime previsto nesta lei, disso deverá informar ao Ministério Público Federal, enviando-lhe os documentos necessários à comprovação do fato.

Parágrafo único. A conduta de que trata este artigo será observada pelo interventor, liquidante ou síndico que, no curso de intervenção, liquidação extrajudicial ou falência, verificar a ocorrência de crime de que trata esta lei.

Art. 29. O órgão do Ministério Público Federal, sempre que julgar necessário, poderá requisitar, a qualquer autoridade, informação, documento ou diligência, relativa à prova dos crimes previstos nesta lei.

Parágrafo único. O sigilo dos serviços e operações financeiras não pode ser invocado como óbice ao atendimento da requisição prevista no *caput* deste artigo.

Art. 30. Sem prejuízo do disposto no art. 312 do Código de Processo Penal, aprovado pelo Decreto-lei nº 3.689, de 3 de outubro de 1941, a prisão preventiva do acusado da prática de crime previsto nesta lei poderá ser decretada em razão da magnitude da lesão causada (Vetado).

Art. 31. Nos crimes previstos nesta lei e punidos com pena de reclusão, o réu não poderá prestar fiança, nem apelar antes de ser recolhido à prisão, ainda que primário e de bons antecedentes, se estiver configurada situação que autoriza a prisão preventiva.

Art. 32. (Vetado).

Art. 33. Na fixação da pena de multa relativa aos crimes previstos nesta lei, o limite a que se refere o §1º do art. 49 do Código Penal, aprovado pelo Decreto-lei nº 2.848, de 7 de dezembro de 1940, pode ser estendido até o décuplo, se verificada a situação nele cogitada.

Art. 34. Esta lei entra em vigor na data de sua publicação.

Art. 35. Revogam-se as disposições em contrário.

Brasília, 16 de junho de 1986; 165º da Independência e 98º da República.

José Sarney
Paulo Brossard

Apêndice 8

Resolução nº 2.878 do Banco Central do Brasil

Dispõe sobre procedimentos a serem observados pelas instituições financeiras e demais instituições autorizadas a funcionar pelo Banco Central do Brasil na contratação de operações e na prestação de serviços aos clientes e ao público em geral.

O BANCO CENTRAL DO BRASIL, na forma do art. 9º da Lei nº 4.595, de 31 de dezembro de 1964, torna público que o CONSELHO MONETÁRIO NACIONAL, em sessão realizada em 26 de julho de 2001, com base no art. 4º, inciso VIII, da referida lei, considerando o disposto na Lei nº 4.728, de 14 de julho de 1965, e na Lei nº 6.099, de 12 de setembro de 1974,

RESOLVEU:

Art. 1º. Estabelecer que as instituições financeiras e demais instituições autorizadas a funcionar pelo Banco Central do Brasil, na contratação de operações e na prestação de serviços aos clientes e ao público em geral, sem prejuízo da observância das demais disposições legais e regulamentares vigentes e aplicáveis ao Sistema Financeiro Nacional, devem adotar medidas que objetivem assegurar:

I — transparência nas relações contratuais, preservando os clientes e o público usuário de práticas não eqüitativas, mediante prévio e integral conhecimento das cláusulas contratuais, evidenciando, inclusive, os dispositivos que imputem responsabilidades e penalidades;

II — resposta tempestiva às consultas, às reclamações e aos pedidos de informações formulados por clientes e público usuário, de modo a sanar, com brevidade e eficiência, dúvidas relativas aos serviços prestados e/ou oferecidos, bem como as operações contratadas, ou decorrentes de publicidade transmitida por meio de quaisquer veículos institucionais de divulgação, envolvendo, em especial:

a) cláusulas e condições contratuais;
b) características operacionais;
c) divergências na execução dos serviços;

III — clareza e formato que permitam fácil leitura dos contratos celebrados com clientes, contendo identificação de prazos, valores negociados, taxas de juros, de mora e de administração, comissão de permanência, encargos moratórios, multas por inadimplemento e demais condições;

IV — recepção pelos clientes de cópia, impressa ou em meio eletrônico, dos contratos assim que formalizados, bem como recibos, comprovantes de pagamentos e outros documentos pertinentes às operações realizadas;

V — efetiva prevenção e reparação de danos patrimoniais e morais, causados a seus clientes e usuários.

Art. 2º. As instituições referidas no art. 1º devem colocar à disposição dos clientes, em suas dependências, informações que assegurem total conhecimento acerca das situações que possam implicar recusa na recepção de documentos (cheques, bloquetos de cobrança, fichas de compensação e outros) ou na realização de pagamentos, na forma da legislação em vigor.

Parágrafo único. As instituições referidas no *caput* devem afixar, em suas dependências, em local e formato visíveis, o número do telefone da Central de Atendimento ao Público do Banco Central do Brasil, acompanhado da observação de que o mesmo se destina ao atendimento a denúncias e reclamações, além do número do telefone relativo ao serviço de mesma natureza, se por elas oferecido.

Art. 3º. As instituições referidas no art. 1º devem evidenciar para os clientes as condições contratuais e as decorrentes de disposições regulamentares, dentre as quais:

I — as responsabilidades pela emissão de cheques sem suficiente provisão de fundos;

II — as situações em que o correntista será inscrito no Cadastro de Emitentes de Cheques sem Fundos (CCF);

III — as penalidades a que o correntista está sujeito;

IV — as tarifas cobradas pela instituição, em especial aquelas relativas a:

a) devolução de cheques sem suficiente provisão de fundos ou por outros motivos;

b) manutenção de conta de depósitos;

V — taxas cobradas pelo executante de serviço de compensação de cheques e outros papéis;

VI — providências quanto ao encerramento da conta de depósitos, inclusive com definição dos prazos para sua adoção;

VII — remunerações, taxas, tarifas, comissões, multas e quaisquer outras cobranças decorrentes de contratos de abertura de crédito, de cheque especial e de prestação de serviços em geral.

Parágrafo único. Os contratos de cheque especial, além dos dispositivos referentes aos direitos e às obrigações pactuados, devem prever as condições para a renovação, inclusive do limite de crédito, e para a rescisão, com indicação de prazos, das tarifas incidentes e das providências a serem adotadas pelas partes contratantes.

Art. 4º. Ficam as instituições referidas no art. 1º obrigadas a dar cumprimento a toda informação ou publicidade que veicularem, por qualquer forma ou meio de comunicação, referente a contratos, operações e serviços oferecidos ou prestados, que devem inclusive constar do contrato que vier a ser celebrado.

Parágrafo único. A publicidade de que trata o *caput* deve ser veiculada de tal forma que o público possa identificá-la de forma simples e imediata.

Art. 5º. É vedada às instituições referidas no art. 1º a utilização de publicidade enganosa ou abusiva.

Parágrafo único. Para os efeitos do disposto no *caput*:

I — é enganosa qualquer modalidade de informação ou comunicação capaz de induzir a erro o cliente ou o usuário, a respeito da natureza, características, riscos, taxas, comissões, tarifas ou qualquer outra forma de remuneração, prazos, tributação e quaisquer outros dados referentes a contratos, operações ou serviços oferecidos ou prestados;

II — é abusiva, dentre outras, a publicidade que contenha discriminação de qualquer natureza, que prejudique a concorrência ou que caracterize imposição ou coerção.

Art. 6º. As instituições referidas no art. 1º, sempre que necessário, inclusive por solicitação dos clientes ou usuários, devem comprovar a veracidade e a exatidão da informação divulgada ou da publicidade por elas patrocinada.

Art. 7º. As instituições referidas no art. 1º, na contratação de operações com seus clientes, devem assegurar o direito à liquidação antecipada do débito, total ou parcialmente, mediante redução proporcional dos juros.

Art. 8º. As instituições referidas no art. 1º devem utilizar terminologia que possibilite, de forma clara e inequívoca, a identificação e o entendimento das operações realizadas, evidenciando valor, data, local e natureza, especialmente nos seguintes casos:

I — tabelas de tarifas de serviços;

II — contratos referentes a suas operações com clientes;

III — informativos e demonstrativos de movimentação de conta de depósitos de qualquer natureza, inclusive aqueles fornecidos por meio de equipamentos eletrônicos.

Art. 9º. As instituições referidas no art. 1º devem estabelecer em suas dependências alternativas técnicas, físicas ou especiais que garantam:

I — atendimento prioritário para pessoas portadoras de deficiência física ou com mobilidade reduzida, temporária ou definitiva, idosos, com idade igual ou superior a sessenta e cinco anos, gestantes, lactantes e pessoas acompanhadas por criança de colo, mediante:

a) garantia de lugar privilegiado em filas;
b) distribuição de senhas com numeração adequada ao atendimento preferencial;
c) guichê de caixa para atendimento exclusivo; ou
d) implantação de outro serviço de atendimento personalizado;

II — facilidade de acesso para pessoas portadoras de deficiência física ou com mobilidade reduzida, temporária ou definitiva, observado o sistema de segurança previsto na legislação e regulamentação em vigor;

III — acessibilidade aos guichês de caixa e aos terminais de auto-atendimento, bem como facilidade de circulação para as pessoas referidas no inciso anterior;

IV — prestação de informações sobre seus procedimentos operacionais aos deficientes sensoriais (visuais e auditivos).

§1º Para fins de cumprimento do disposto nos incisos II e III, fica estabelecido prazo de 720 dias, contados da data da entrada em vigor da regulamentação da Lei nº 10.098, de 19 de dezembro de 2000, às instituições referidas no art. 1º, para adequação de suas instalações.

§2º O início de funcionamento de dependência de instituição financeira fica condicionado ao cumprimento das disposições referidas nos incisos II e III, após a regulamentação da Lei nº 10.098, de 2000.

Art. 10. Os dados constantes dos cartões magnéticos emitidos pelas instituições referidas no art. 1º devem ser obrigatoriamente impressos em alto-relevo, no prazo a ser definido pelo Banco Central do Brasil.

Art. 11. As instituições referidas no art. 1º não podem estabelecer, para portadores de deficiência e para idosos, em decorrência dessas condições, exigências maiores que as fixadas para os demais clientes, excetuadas as previsões legais.

Art. 12. As instituições referidas no art. 1º não podem impor aos deficientes sensoriais (visuais e auditivos) exigências diversas das estabelecidas para as pessoas não portadoras de deficiência, na contratação de operações e de prestação de serviços.

Parágrafo único. Com vistas a assegurar o conhecimento pleno dos termos dos contratos, as instituições devem:

I — providenciar, no caso dos deficientes visuais, a leitura do inteiro teor do contrato, em voz alta, exigindo declaração do contratante de que tomou conhecimento de suas disposições, certificada por duas testemunhas, sem prejuízo da adoção, a seu critério, de outras medidas com a mesma finalidade;

II — requerer, no caso dos deficientes auditivos, a leitura, pelos mesmos, do inteiro teor do contrato, antes de sua assinatura.

Art. 13. Na execução de serviços decorrentes de convênios, celebrados com outras entidades pelas instituições financeiras, é vedada a discriminação entre clientes e não-clientes, com relação ao horário e ao local de atendimento.

Parágrafo único. Excetuam-se da vedação de que trata o *caput*:

I — o atendimento prestado no interior de empresa ou outras entidades, mediante postos de atendimento, ou em instalações não visíveis ao público;

II — a fixação de horários específicos ou adicionais para determinados segmentos e de atendimento separado ou diferenciado, inclusive mediante terceirização de serviços ou sua prestação em parceria com outras instituições financeiras, desde que adotados critérios transparentes.

Art. 14. É vedada a adoção de medidas administrativas relativas ao funcionamento das dependências das instituições referidas no art. 1º que possam implicar restrições ao acesso às áreas daquelas destinadas ao atendimento ao público.

Art. 15. Às instituições referidas no art. 1º é vedado negar ou restringir, aos clientes e ao público usuário, atendimento pelos meios convencionais, inclusive guichês de caixa, mesmo na hipótese de atendimento alternativo ou eletrônico.

§1º O disposto no *caput* não se aplica às dependências exclusivamente eletrônicas.

§2º A prestação de serviços por meios alternativos aos convencionais é prerrogativa das instituições referidas no *caput*, cabendo-lhes adotar as medidas que preservem a integridade, a confiabilidade, a segurança e o sigilo das transações realizadas, assim como a legitimidade dos serviços prestados, em face dos direitos dos clientes e dos usuários, devendo, quando for o caso, informá-los dos riscos existentes.

Art. 16. Nos saques em espécie realizados em conta de depósitos à vista, na agência em que o correntista a mantenha, é vedado às instituições financeiras estabelecer prazos que posterguem a operação para o expediente seguinte.

Parágrafo único. Na hipótese de saques de valores superiores a R$5.000,00 (cinco mil reais), deve ser feita solicitação com antecedência de quatro horas do encerramento do expediente, na agência em que o correntista mantenha a conta sacada.

Art. 17. É vedada a contratação de quaisquer operações condicionadas ou vinculadas à realização de outras operações ou à aquisição de outros bens e serviços.

§1º A vedação de que trata o *caput* aplica-se, adicionalmente, às promoções e ao oferecimento de produtos e serviços ou a quaisquer outras situações que impliquem elevação artificiosa do preço ou das taxas de juros incidentes sobre a operação de interesse do cliente.

§2º Na hipótese de operação que implique, por força da legislação em vigor, contratação adicional de outra operação, fica assegurado ao contratante o direito de livre escolha da instituição com a qual deve ser pactuado o contrato adicional.

§3º O disposto no *caput* não impede a previsão contratual de débito em conta de depósitos como meio exclusivo de pagamento de obrigações.

Art. 18. Fica vedado às instituições referidas no art. 1º:

I — transferir automaticamente os recursos de conta de depósitos à vista e de conta de depósitos de poupança para qualquer modalidade de investimento, bem como realizar qualquer outra operação ou prestação de serviço sem prévia autorização do cliente ou do usuário, salvo em decorrência de ajustes anteriores entre as partes;

II — prevalecer-se, em razão de idade, saúde, conhecimento, condição social ou econômica do cliente ou do usuário, para impor-lhe contrato, cláusula contratual, operação ou prestação de serviço;

III — elevar, sem justa causa, o valor das taxas, tarifas, comissões ou qualquer outra forma de remuneração de operações ou serviços ou cobrá-las em valor superior ao estabelecido na regulamentação e legislação vigentes;

IV — aplicar fórmula ou índice de reajuste diverso do legal ou contratualmente estabelecido;

V — deixar de estipular prazo para o cumprimento de suas obrigações ou deixar a fixação do termo inicial a seu exclusivo critério;

VI — rescindir, suspender ou cancelar contrato, operação ou serviço, ou executar garantia fora das hipóteses legais ou contratualmente previstas;

VII — expor, na cobrança da dívida, o cliente ou o usuário a qualquer tipo de constrangimento ou de ameaça.

§1º A autorização referida no inciso I deve ser fornecida por escrito ou por meio eletrônico, com estipulação de prazo de validade, que poderá ser indeterminado, admitida a sua previsão no próprio instrumento contratual de abertura da conta de depósitos.

§2º O cancelamento da autorização referida no inciso I deve surtir efeito a partir da data definida pelo cliente, ou na sua falta, a partir da data do recebimento pela instituição financeira do pedido pertinente.

§3º No caso de operação ou serviço sujeito a regime de controle ou de tabelamento de tarifas ou de taxas, as instituições referidas no art. 1º não podem exceder os limites estabelecidos, cabendo-lhes restituir as quantias recebidas em excesso, atualizadas, de conformidade com as normas legais aplicáveis, sem prejuízo de outras sanções cabíveis.

§4º Excetuam-se das vedações de que trata este artigo os casos de estorno necessários à correção de lançamentos indevidos decorrentes de erros operacionais por parte da instituição financeira, os quais deverão ser comunicados, de imediato, ao cliente.

Art. 19. O descumprimento do disposto nesta Resolução sujeita a instituição e os seus administradores às sanções previstas na legislação e regulamentação em vigor.

Art. 20. Fica o Banco Central do Brasil autorizado a:

I — baixar as normas e a adotar as medidas julgadas necessárias à execução do disposto nesta Resolução, podendo inclusive regulamentar novas situações decorrentes do relacionamento entre as pessoas físicas e jurídicas especificadas nos artigos anteriores;

II — fixar, em razão de questões operacionais, prazos diferenciados para o atendimento do disposto nesta Resolução.

Art. 21. Esta Resolução entra em vigor na data de sua publicação.

Art. 22. Ficam revogados o §2º do art. 1º da Resolução nº 1.764, de 31 de outubro de 1990, com redação dada pela Resolução nº 1.865, de 5 de setembro de 1991, a Resolução nº 2.411, de 31 de julho de 1997, e o Comunicado nº 7.270, de 9 de fevereiro de 2000.

Brasília, 26 de julho de 2001.

Carlos Eduardo de Freitas
Presidente Interino

Apêndice 9

Circular nº 2.905 do Banco Central do Brasil

Dispõe acerca de prazos mínimos e da remuneração das operações ativas e passivas realizadas no mercado financeiro.

A Diretoria Colegiada do Banco Central do Brasil, em sessão realizada em 30 de junho de 1999, com base nos arts. 10, 11 e 31, §2º, da Lei nº 8.177, de 1º de março de 1991, nos arts. 8º e 9º da Lei nº 8.660, de 28 de maio de 1993, no item IV da Resolução nº 1.143, de 26 de junho de 1986, no item II da Resolução nº 1.647, de 18 de outubro de 1989, no art. 8º da Resolução nº 2.437, de 30 de outubro de 1997, e nos arts. 3º e 4º da Resolução nº 2.613, de 30 de junho de 1999,

DECIDIU:

Art. 1º. Estabelecer que as operações ativas e passivas realizadas no âmbito do mercado financeiro com remuneração contratada com base em taxas prefixadas não estão sujeitas a prazos mínimos.

Art. 2º. Ficam estabelecidos os seguintes prazos mínimos para as operações ativas e passivas realizadas no âmbito do mercado financeiro com remuneração contratada com base na:

I — Taxa Referencial — TR ou Taxa de Juros de Longo Prazo — TJLP: um mês;
II — Taxa Básica Financeira — TBF: dois meses.

§1º O prazo e o intervalo de remuneração mínimos dos depósitos a prazo de reaplicação automática, de que trata a Resolução nº 2.172, de 30 de junho de 1995, devem obedecer ao disposto no inciso II deste artigo.

§2º Nas operações contratadas com base na TBF, a remuneração superior ou inferior a essa taxa, quando prevista, não pode ser capitalizada, devendo ser somada ou subtraída da TBF.

Art. 3º. Fica liberado o prazo mínimo das operações ativas e passivas realizadas no âmbito do mercado financeiro com remuneração contratada com base em taxas flutuantes, na forma admitida pela Resolução nº 1.143, de 26 de junho de 1986.

Parágrafo único. A taxa flutuante a que se refere este artigo deve:

I — ser regularmente calculada e de conhecimento público;

II — basear-se em operações contratadas a taxas de mercado prefixadas, com prazo não inferior ao período de reajuste estipulado contratualmente.

Art. 4º. É admitida a realização, no mercado financeiro, de operações ativas e passivas com cláusula de reajuste de valor por índice de preços, desde que tenham prazo e periodicidade de reajuste mínimos de um ano.

Parágrafo único. O índice de preços referido neste artigo deve ter série regularmente calculada e ser de conhecimento público.

Art. 5º. São vedadas, em relação às operações ativas e passivas realizadas no mercado financeiro:

I — previsão contratual de mais de uma base de remuneração ou índice de preço, exceto na hipótese de extinção da base ou do índice pactuado;

II — colocação, pela emissora ou por empresa a ela ligada, de títulos com prazo a decorrer inferior aos respectivos prazos mínimos estabelecidos nesta Circular.

Parágrafo único. Para efeito do disposto no inciso II, consideram-se ligadas emissora e empresa quando:

I — uma participa com 10% (dez por cento) ou mais do capital da outra, direta ou indiretamente;

II — administradores ou respectivos cônjuges ou companheiros(as) e parentes até o segundo grau de uma participam, em conjunto ou isoladamente, com 10% (dez por cento) ou mais do capital da outra, direta ou indiretamente;

III — sócios ou acionistas com 10% (dez por cento) ou mais do capital de uma participam com 10% (dez por cento) ou mais do capital da outra, direta ou indiretamente;

IV — possuam administrador em comum.

Art. 6º. É facultado o pagamento periódico de rendimentos nas operações passivas e de encargos e amortizações de principal nas operações ativas realizadas no mercado financeiro.

Parágrafo único. Tratando-se de operações de arrendamento mercantil financeiro, deve ser observado que a relação entre o somatório das contraprestações pagas e o valor total das contraprestações não pode ser superior à razão entre o tempo decorrido e o prazo total da operação.

Art. 7º. As disposições desta Circular:

I — não são aplicáveis a operações sujeitas a legislação ou regulamentação específica;

II — são aplicáveis aos depósitos interfinanceiros de que trata a Circular nº 2.190, de 26 de junho de 1992, as letras hipotecárias e aos demais títulos de emissão ou coobrigação de instituições financeiras, respeitados os prazos mínimos e as condições de remuneração fixados na regulamentação específica, bem como as notas promissórias de emissão das sociedades por ações, destinadas à oferta pública.

Art. 8º. Nos contratos de concessão de crédito é obrigatória a inclusão de cláusula que informe a taxa efetiva mensal e anual equivalente a todos os encargos e demais despesas incidentes no curso normal da operação.

Art. 9º. Esta Circular entra em vigor na data de sua publicação, produzindo efeitos a partir de 2 de agosto de 1999.

Art. 10. Ficam revogados, a partir de 2 de agosto de 1999, as Circulares nºs 169, de 17 de dezembro de 1971, 946, de 16 de julho de 1985, 2.436, de 30 de junho de 1994, 2.463, de 12 de agosto de 1994, e 2.732, de 18 de dezembro de 1996, a alínea "e" do art. 1º da Circular nº 1.944, de 18 de abril de 1991, e os arts. 5º da Circular nº 2.190, de 26 de junho de 1992, e 1º e 7º da Circular nº 2.588, de 5 de julho de 1995.

Brasília, 30 de junho de 1999.

Sergio Darcy da Silva Alves
Diretor
Luiz Fernando Figueiredo
Diretor

Apêndice 10

Lei nº 9.298

Altera a redação do §1º do art. 52 da Lei nº 8.078, de 11 de setembro de 1990, que "dispõe sobre a proteção do consumidor e dá outras providências".

O PRESIDENTE DA REPÚBLICA, faço saber que o Congresso Nacional decreta e eu sanciono a seguinte lei:

Art. 1º. O §1º do art. 52 da Lei nº 8.078, de 11 de setembro de 1990, passa a vigorar com a seguinte redação:

"Art. 52. ....

§1º As multas de mora decorrentes do inadimplemento de obrigações no seu termo não poderão ser superiores a dois por cento do valor da prestação."

Art. 2º. Esta Lei entra em vigor na data de sua publicação.

Art. 3º. Revogam-se as disposições em contrário.

Brasília, 1º de agosto de 1996; 175º da Independência e 108º da República.

Fernando Henrique Cardoso
Nelson A. Jobim

Apêndice 11

Decreto nº 4.494

Regulamenta o Imposto sobre Operações de Crédito, Câmbio e Seguro, ou relativas a Títulos ou Valores Mobiliários — IOF.

O PRESIDENTE DA REPÚBLICA, no uso das atribuições que lhe conferem os arts. 84, inciso IV, e 153, §1º, da Constituição,

DECRETA:

Art. 1º. O Imposto sobre Operações de Crédito, Câmbio e Seguro ou relativas a Títulos ou Valores Mobiliários — IOF será cobrado de conformidade com o disposto neste Decreto.

Título I
Da Incidência

Art. 2º. O IOF incide sobre:

I — operações de crédito realizadas:

a) por instituições financeiras (Lei nº 5.143, de 20 de outubro de 1966, art. 1º);

b) por empresas que exercem as atividades de prestação cumulativa e contínua de serviços de assessoria creditícia, mercadológica, gestão de crédito, seleção de riscos, administração de contas a pagar e a receber, compra de direitos creditórios resultantes de vendas mercantis a prazo ou de prestação de serviços (*factoring*) (Lei nº 9.249, de 26 de dezembro de 1995, art. 15, §1º, inciso III, alínea "d", e Lei nº 9.532, de 10 de dezembro de 1997, art. 58);

c) entre pessoas jurídicas ou entre pessoa jurídica e pessoa física (Lei nº 9.779, de 19 de janeiro de 1999, art. 13);

II — operações de câmbio (Lei nº 8.894, de 21 de junho de 1994, art. 5º);

III — operações de seguro realizadas por seguradoras (Lei nº 5.143, de 1966, art. 1º);

IV — operações relativas a títulos e valores mobiliários (Lei nº 8.894, de 1994, art. 1º);

V — operações com ouro ativo financeiro ou instrumento cambial (Lei nº 7.766, de 11 de maio de 1989, art. 4º).

§1º A incidência definida no inciso I exclui a definida no inciso IV, e reciprocamente, quanto à emissão, ao pagamento ou resgate do título representativo de uma mesma operação de crédito (Lei nº 5.172, de 25 de outubro de 1966, art. 63, parágrafo único).

§2º Exclui-se da incidência do IOF referido no inciso I a operação de crédito externo, sem prejuízo da incidência definida no inciso II deste artigo.

Título II
Da Incidência sobre Operações de Crédito

Capítulo I
Do Fato Gerador

Art. 3º. O fato gerador do IOF é a entrega do montante ou do valor que constitua o objeto da obrigação, ou sua colocação à disposição do interessado (Lei nº 5.172, de 1966, art. 63, inciso I).

§1º. Entende-se ocorrido o fato gerador e devido o IOF sobre operação de crédito:

I — na data da efetiva entrega, total ou parcial, do valor que constitua o objeto da obrigação ou sua colocação à disposição do interessado;

II — no momento da liberação de cada uma das parcelas, nas hipóteses de crédito sujeito, contratualmente, a liberação parcelada;

III — na data do adiantamento a depositante, assim considerado o saldo a descoberto em conta de depósito;

IV — na data do registro efetuado em conta devedora por crédito liquidado no exterior;

V — na data em que se verificar excesso de limite, assim entendido o saldo a descoberto ocorrido em operação de empréstimo ou financiamento, inclusive sob a forma de abertura de crédito;

VI — na data da novação, composição, consolidação, confissão de dívida e dos negócios assemelhados, observado o disposto nos §§7º e 10 do art. 7º;

VII — na data do lançamento contábil, em relação às operações e às transferências internas que não tenham classificação específica, mas que, pela sua natureza, se enquadrem como operações de crédito.

§2º O débito de encargos, exceto na hipótese do §12 do art. 7º, não configura entrega ou colocação de recursos à disposição do interessado.

§3º Considera-se nova operação de crédito o financiamento de saldo devedor de conta corrente de depósito, correspondente a crédito concedido ao titular, quando a base de cálculo do IOF for apurada pelo somatório dos saldos devedores diários.

§4º A expressão "operações de crédito" compreende as operações de:

I — empréstimo sob qualquer modalidade, inclusive abertura de crédito e desconto de títulos (Decreto-lei nº 1.783, de 18 de abril de 1980, art. 1º, inciso I);

II — alienação, à empresa que exercer as atividades de *factoring*, de direitos creditórios resultantes de vendas a prazo (Lei nº 9.532, de 1997, art. 58);

III — mútuo de recursos financeiros entre pessoas jurídicas ou entre pessoa jurídica e pessoa física (Lei nº 9.779, de 1999, art. 13).

Capítulo II
Dos Contribuintes e dos Responsáveis

Dos contribuintes

Art. 4º. Contribuintes do IOF são as pessoas físicas ou jurídicas tomadoras de crédito (Lei nº 8.894, de 1994, art. 3º, inciso I).

Parágrafo único. No caso de alienação de direitos creditórios resultantes de vendas a prazo a empresas de *factoring*, contribuinte é o alienante pessoa física ou jurídica.

Dos responsáveis

Art. 5º. São responsáveis pela cobrança do IOF e pelo seu recolhimento ao Tesouro Nacional:

I — as instituições financeiras que efetuarem operações de crédito (Decreto-lei nº 1.783, de 1980, art. 3º, inciso I);

II — as empresas de *factoring* adquirentes do direito creditório, nas hipóteses da alínea "b" do inciso I do art. 2º (Lei nº 9.532, de 1997, art. 58, §1º);

III — a pessoa jurídica que conceder o crédito, nas operações de crédito correspondentes a mútuo de recursos financeiros (Lei nº 9.779, de 1999, art. 13, §2º).

Capítulo III
Da Base de Cálculo e da Alíquota

Da alíquota

Art. 6º. O IOF será cobrado à alíquota máxima de um vírgula cinco por cento ao dia sobre o valor das operações de crédito (Lei nº 8.894, de 1994, art. 1º).

Parágrafo único. O Ministro de Estado da Fazenda, tendo em vista os objetivos das políticas monetária e fiscal, poderá estabelecer alíquotas diferenciadas para as hipóteses de incidência de que trata este Título (Lei nº 8.894, de 1994, art. 1º, parágrafo único).

Da base de cálculo e das alíquotas reduzidas

Art. 7º. A base de cálculo e respectiva alíquota reduzida do IOF são (Lei nº 8.894, de 1994, art. 1º, parágrafo único, e Lei nº 5.172, de 1966, art. 64, inciso I):

I — na operação de empréstimo, sob qualquer modalidade, inclusive abertura de crédito:

a) quando não ficar definido o valor do principal a ser utilizado pelo mutuário, inclusive por estar contratualmente prevista a reutilização do crédito, até o termo final da operação, a base de cálculo é o somatório dos saldos devedores diários apurados no último dia de cada mês, inclusive na prorrogação ou renovação:

1. mutuário pessoa jurídica: 0,0041%;
2. mutuário pessoa física: 0,0041%;

b) quando ficar definido o valor do principal a ser utilizado pelo mutuário, a base de cálculo é o principal entregue ou colocado à sua disposição, ou quando previsto mais de um pagamento, o valor do principal de cada uma das parcelas:

1. mutuário pessoa jurídica: 0,0041% ao dia;
2. mutuário pessoa física: 0,0041% ao dia;

II — na operação de desconto, inclusive na de alienação a empresas de *factoring* de direitos creditórios resultantes de vendas a prazo, a base de cálculo é o valor líquido obtido:

a) mutuário pessoa jurídica: 0,0041% ao dia;
b) mutuário pessoa física: 0,0041% ao dia;

III — no adiantamento a depositante, a base de cálculo é o somatório dos saldos devedores diários, apurados no último dia de cada mês:

a) mutuário pessoa jurídica: 0,0041%;
b) mutuário pessoa física: 0,0041%;

IV — nos empréstimos, inclusive sob a forma de financiamento, sujeitos à liberação de recursos em parcelas, ainda que o pagamento seja parcelado, a base de cálculo é o valor do principal de cada liberação:

a) mutuário pessoa jurídica: 0,0041% ao dia;
b) mutuário pessoa física: 0,0041% ao dia;

V — nos excessos de limite, ainda que o contrato esteja vencido:

a) quando não ficar expressamente definido o valor do principal a ser utilizado, inclusive por estar contratualmente prevista a reutilização do crédito, até o termo final da operação, a base de cálculo é o valor dos excessos computados no somatório dos saldos devedores diários apurados no último dia de cada mês:

1. mutuário pessoa jurídica: 0,0041%;
2. mutuário pessoa física: 0,0041%;

b) quando ficar expressamente definido o valor do principal a ser utilizado, a base de cálculo é o valor de cada excesso, apurado diariamente, resultante de novos valores entregues ao interessado, não se considerando como tais os débitos de encargos:

1. mutuário pessoa jurídica: 0,0041% ao dia;
2. mutuário pessoa física: 0,0041% ao dia;

VI — nas operações referidas nos incisos I a V, quando se tratar de mutuário pessoa jurídica optante pelo Sistema Integrado de Pagamento de Impostos e Contribuições das Microempresas e das Empresas de Pequeno Porte — Simples, de que trata a Lei nº 9.317, de 5 de dezembro de 1996, em que o valor seja igual ou inferior a R$30.000,00 (trinta mil reais), observado o disposto no art. 47, inciso II: 0,00137% ou 0,00137% ao dia, conforme o caso;

VII — nas operações de financiamento para aquisição de imóveis não residenciais, em que o mutuário seja pessoa física: 0,0041% ao dia.

§1º O IOF, cuja base de cálculo não seja apurada por somatório de saldos devedores diários, não excederá o valor resultante da aplicação da alíquota diária a cada valor de principal, prevista para a operação, multiplicada por trezentos e sessenta e cinco dias, ainda que a operação seja de pagamento parcelado.

§2º No caso de operação de crédito não liquidada no vencimento, cuja tributação não tenha atingido a limitação prevista no §1º, a exigência do IOF fica suspensa entre a data do vencimento original da obrigação e a da sua liquidação ou a data em que ocorrer qualquer das hipóteses previstas no §7º.

§3º Na hipótese do §2º, será cobrado o IOF complementar, relativamente ao período em que ficou suspensa a exigência, mediante a aplicação da mesma alíquota sobre o valor não liquidado da obrigação vencida, até atingir a limitação prevista no §1º.

§4º O valor líquido a que se refere o inciso II deste artigo corresponde ao valor nominal do título ou do direito creditório, deduzidos os juros cobrados antecipadamente.

§5º No caso de adiantamento concedido sobre cheque em depósito, a tributação será feita na forma estabelecida para desconto de títulos, observado o disposto no inciso XXIII do art. 8º.

§6º No caso de cheque admitido em depósito e devolvido por insuficiência de fundos, a base de cálculo do IOF será igual ao valor a descoberto, verificado na respectiva conta, pelo seu débito, na forma estabelecida para o adiantamento a depositante.

§7º Na prorrogação, renovação, novação, composição, consolidação, confissão de dívida e negócios assemelhados, de operação de crédito em que não haja substituição de devedor, a base de cálculo do IOF será o valor não liquidado da operação anteriormente tributada, sendo essa tributação considerada complementar à anteriormente feita, aplicando-se a alíquota em vigor à época da operação inicial.

§8º No caso do §7º, se a base de cálculo original for o somatório mensal dos saldos devedores diários, a base de cálculo será o novo valor renegociado na operação, com exclusão da parte amortizada na data do negócio.

§9º Sem exclusão da cobrança do IOF prevista no §7º, havendo entrega ou colocação de novos valores à disposição do interessado, esses constituirão nova base de cálculo.

§10 No caso de novação, composição, consolidação, confissão de dívida e negócios assemelhados de operação de crédito em que haja substituição de devedor, a base de cálculo do IOF será o novo valor renegociado na operação.

§11 Nos casos dos §§8º, 9º e 10, a alíquota aplicável é a que estiver em vigor na data da novação, composição, consolidação, confissão de dívida ou negócio assemelhado.

§12 Os encargos integram a base de cálculo quando o IOF for apurado pelo somatório dos saldos devedores diários.

§13 Nas operações de crédito decorrentes de registros ou lançamentos contábeis ou sem classificação específica, mas que, pela sua natureza, importem colocação ou entrega de recursos à disposição de terceiros, seja o mutuário pessoa física ou jurídica, as alíquotas serão aplicadas na forma dos incisos I a VI, conforme o caso.

Da alíquota zero

Art. 8º. A alíquota é reduzida a zero na operação de crédito:

I — em que figure como tomadora cooperativa, observado o disposto no art. 47, inciso I;

II — realizada entre cooperativa de crédito e seus associados;

III — à exportação, bem como de amparo à produção ou estímulo à exportação;

IV — rural, destinada a investimento, custeio e comercialização, observado o disposto no §3º ;

V — realizada por caixa econômica, sob garantia de penhor civil de jóias, de pedras preciosas e de outros objetos;

VI — realizada por instituição financeira, referente a repasse de recursos do Tesouro Nacional destinados a financiamento de abastecimento e formação de estoques reguladores ou referente a repasse de recursos obtidos em moeda estrangeira no exterior, em qualquer de suas fases;

VII — realizada entre instituição financeira e outra instituição autorizada a funcionar pelo Banco Central do Brasil, desde que a operação seja permitida pela legislação vigente;

VIII — em que o tomador seja estudante, realizada por meio do Fundo de Financiamento ao Estudante do Ensino Superior (Fies), de que trata a Lei nº 10.260, de 12 de julho de 2001;

IX — efetuada com recursos da Agência Especial de Financiamento Industrial — Finame;

X — realizada ao amparo da Política de Garantia de Preços Mínimos — Empréstimos do Governo Federal (EGF);

XI — relativa a empréstimo de título público, quando esse permanecer custodiado no Sistema Especial de Liquidação e de Custódia — Selic, e servir de garantia prestada a terceiro na execução de serviços e obras públicas;

XII — efetuada pelo Banco Nacional de Desenvolvimento Econômico e Social (BNDES) ou por seus agentes financeiros, com recursos daquele banco ou de fundos por ele administrados;

XIII — relativa a adiantamento de salário concedido por pessoa jurídica aos seus empregados, para desconto em folha de pagamento ou qualquer outra forma de reembolso;

XIV — relativa a transferência de bens objeto de alienação fiduciária, com sub-rogação de terceiro nos direitos e obrigações do devedor, desde que mantidas todas as condições financeiras do contrato original;

XV — em que o tomador do crédito seja órgão da Administração Pública Federal, Estadual, do Distrito Federal ou Municipal, direta, autárquica ou fundacional, partido político, inclusive suas fundações, entidade sindical de trabalhadores, instituição de educação e de assistência social, sem fins lucrativos, atendidos os requisitos da lei;

XVI — realizada por instituição financeira na qualidade de gestora, mandatária, ou agente de fundo ou programa do Governo Federal, Estadual, do Distrito Federal ou Municipal, instituído por lei, cuja aplicação do recurso tenha finalidade específica;

XVII — relativa a adiantamento sobre o valor de resgate de apólice de seguro de vida individual e de título de capitalização;

XVIII — relativa a adiantamento de contrato de câmbio de exportação;

XIX — relativa a aquisição de ações ou de participação em empresa, no âmbito do Programa Nacional de Desestatização;

XX — resultante de repasse de recursos de fundo ou programa do Governo Federal vinculado à emissão pública de valores mobiliários;

XXI — relativa a devolução antecipada do IOF indevidamente cobrado e recolhido pelo responsável, enquanto aguarda a restituição pleiteada, e desde que não haja cobrança de encargos remuneratórios;

XXII — realizada por agente financeiro com recursos oriundos de programas federais, estaduais ou municipais, instituídos com a finalidade de implementar programas de geração de emprego e renda, nos termos previstos no art. 12 da Lei nº 9.649, de 27 de maio de 1998;

XXIII — relativa a adiantamento concedido sobre cheque em depósito, remetido à compensação nos prazos e condições fixados pelo Banco Central do Brasil.

§1º Quando houver desclassificação ou descaracterização, total ou parcial, de operação de crédito rural ou de adiantamento de contrato de câmbio, tributada à alíquota zero, o IOF será devido a partir da ocorrência do fato gerador, e será calculado à alíquota correspondente à operação, conforme previsto no art. 7º, incidente sobre o valor desclassificado ou descaracterizado, sem prejuízo do disposto no art. 56.

§2º Quando houver falta de comprovação ou descumprimento de condição, ou desvirtuamento da finalidade dos recursos, total ou parcial, de operação tributada à alíquota zero, o IOF será devido a partir da ocorrência do fato gerador, e será calculado à alíquota correspondente à operação, conforme previsto no art. 7º, acrescido de juros e multa de mora, sem prejuízo do disposto no art. 56, conforme o caso.

§3º No caso de operação de comercialização, na modalidade de desconto de nota promissória rural ou duplicata rural, a alíquota zero é aplicável somente quando o título for emitido em decorrência de venda de produção própria.

Capítulo IV
Da Isenção

Art. 9º. É isenta do IOF a operação de crédito:

I — para fins habitacionais, inclusive a destinada à infra-estrutura e saneamento básico relativos a programas ou projetos que tenham a mesma finalidade (Decreto-lei nº 2.407, de 5 de janeiro de 1988);

II — realizada mediante conhecimento de depósito e *warrant*, representativos de mercadorias depositadas para exportação, em entreposto aduaneiro (Decreto-lei nº 1.269, de 18 de abril de 1973, art. 1º, e Lei nº 8.402, de 8 de janeiro de 1992, art. 1º, inciso XI);

III — com recursos dos Fundos Constitucionais de Financiamento do Norte (FNO), do Nordeste (FNE), e do Centro-Oeste (FCO) (Lei nº 7.827, de 27 de setembro de 1989, art. 8º);

IV — efetuada por meio de cédula e nota de crédito à exportação (Lei nº 6.313, de 16 de dezembro de 1975, art. 2º, e Lei nº 8.402, de 1992, art. 1º, inciso XII);

V — em que o tomador de crédito seja a entidade binacional Itaipu (art. XII do Tratado promulgado pelo Decreto nº 72.707, de 28 de agosto de 1973);

VI — para a aquisição de automóvel de passageiros, de fabricação nacional, com até 127 HP de potência bruta (SAE), na forma do art. 72 da Lei nº 8.383, de 30 de dezembro de 1991;

VII — em que o tomador seja trabalhador desempregado ou subempregado, titular de financiamento do denominado Projeto Balcão de Ferramentas, destinado à aquisição de maquinário, equipamentos e ferramentas que possibilitem a aquisição de bens e a prestação de serviços à comunidade, na forma do inciso V do art. 72 da Lei nº 8.383, de 1991;

VIII — contratada pelos executores do Gasoduto Brasil-Bolívia, diretamente ou por intermédio de empresas especialmente por eles selecionadas para esse fim, obedecidas as condições previstas no Acordo entre os Governos da República

Federativa do Brasil e da República da Bolívia (Acordo promulgado pelo Decreto nº 2.142, de 5 de fevereiro de 1997, art. 1º);

IX — em que os tomadores sejam missões diplomáticas, repartições consulares de carreira, representações de organismos internacionais e regionais de caráter permanente, de que o Brasil seja membro (Convenção de Viena sobre Relações Consulares promulgada pelo Decreto nº 61.078, de 26 de julho de 1967, art. 32, e Decreto nº 95.711, de 10 de fevereiro de 1988, art. 1º);

X — contratada por funcionário estrangeiro de missão diplomática ou representação consular e funcionário estrangeiro de organismo internacional que goze de privilégios ou isenções tributárias em virtude de acordo firmado com o Brasil (Convenção de Viena sobre Relações Diplomáticas promulgada pelo Decreto nº 56.435, de 8 de junho de 1965, art. 34).

§1º. O disposto nos incisos IX e X não se aplica aos consulados e cônsules honorários (Convenção de Viena sobre Relações Consulares promulgada pelo Decreto nº 61.078, de 1967, art. 58).

§2º. O disposto no inciso X não se aplica aos funcionários estrangeiros que tenham residência permanente no Brasil (Convenção de Viena sobre Relações Consulares promulgada pelo Decreto nº 61.078, de 1967, art. 71, e Convenção de Viena sobre Relações Diplomáticas promulgada pelo Decreto nº 56.435, de 1965, art. 37).

§3º. Os membros das famílias dos funcionários mencionados no inciso X, desde que com eles mantenham relação de dependência econômica e não tenham residência permanente no Brasil, gozarão do tratamento estabelecido neste artigo (Convenção de Viena sobre Relações Consulares promulgada pelo Decreto nº 61.078, de 1967, art. 71, e Convenção de Viena sobre Relações Diplomáticas promulgada pelo Decreto nº 56.435, de 1965, art. 37).

Capítulo V
Da Cobrança e do Recolhimento

Art. 10. O IOF será cobrado:

I — no primeiro dia útil do mês subseqüente ao de apuração, nas hipóteses em que a apuração da base de cálculo seja feita no último dia de cada mês;

II — na data da prorrogação, renovação, consolidação, composição e negócios assemelhados;

III — na data da operação de desconto;

IV — na data do pagamento, no caso de operação de crédito não liquidada no vencimento;

V — até o décimo dia subseqüente à data da caracterização do descumprimento ou da falta de comprovação do cumprimento de condições, total ou parcial, de operações isentas ou tributadas à alíquota zero ou da caracterização do desvirtuamento da finalidade dos recursos decorrentes das mesmas operações;

VI — até o décimo dia subseqüente à data da desclassificação ou descaracterização, total ou parcial, de operação de crédito rural ou de adiantamento de contrato de câmbio, quando feita pela própria instituição financeira, ou do recebimento da comunicação da desclassificação ou descaracterização;

VII — na data da entrega ou colocação dos recursos à disposição do interessado, nos demais casos.

Parágrafo único. O IOF deve ser recolhido ao Tesouro Nacional até o terceiro dia útil da semana subseqüente à de sua cobrança (Lei nº 8.981, de 20 de janeiro de 1995, art. 83, inciso II, alínea "b").

Título III
Da Incidência sobre Operações de Câmbio

Capítulo I
Do Fato Gerador

Art. 11. O fato gerador do IOF é a entrega de moeda nacional ou estrangeira, ou de documento que a represente, ou sua colocação à disposição do interessado, em montante equivalente à moeda estrangeira ou nacional entregue ou posta à disposição por este (Lei nº 5.172, de 1966, art. 63, inciso II).

Parágrafo único. Ocorre o fato gerador e torna-se devido o IOF no ato da liquidação da operação de câmbio.

Capítulo II
Dos Contribuintes e dos Responsáveis

Dos contribuintes

Art. 12. São contribuintes do IOF os compradores ou vendedores de moeda estrangeira nas operações referentes às transferências financeiras para o ou do exterior, respectivamente, compreendendo as operações de câmbio manual (Lei nº 8.894, de 1994, art. 6º).

§1º As transferências financeiras compreendem os pagamentos e recebimentos em moeda estrangeira, independentemente da forma de entrega e da natureza das operações.

Dos responsáveis

§2º São responsáveis pela cobrança do IOF e pelo seu recolhimento ao Tesouro Nacional as instituições autorizadas a operar em câmbio (Lei nº 8.894, de 1994, art. 6º, parágrafo único).

Capítulo III
Da Base de Cálculo e da Alíquota

Da base de cálculo

Art. 13. A base de cálculo do IOF é o montante em moeda nacional, recebido, entregue ou posto à disposição, correspondente ao valor, em moeda estrangeira, da operação de câmbio (Lei nº 5.172, de 1966, art. 64, inciso II).

§1º As bonificações eventualmente pactuadas integram a base de cálculo.

§2º Na operação de câmbio destinada à liquidação de compromisso oriundo de financiamento à importação, a base de cálculo será constituída apenas das parcelas de capital.

§3º Na operação de câmbio relativa ao pagamento de importação que englobe valor de comissão devida a agente, no País, a base de cálculo será:

I — a parcela efetivamente remetida ao exterior, quando o valor da comissão for pago ao agente, no País, em "conta gráfica";

II — o valor efetivamente aplicado na liquidação do contrato de câmbio, deduzida a parcela correspondente à comissão que, prévia e comprovadamente, tenha sido paga ao agente, no País, mediante transferência do exterior.

Da alíquota

Art. 14. A alíquota do IOF é de vinte e cinco por cento (Lei nº 8.894, de 1994, art. 5º).

§1º A alíquota do IOF fica reduzida para os percentuais abaixo enumerados:

I — nas operações de câmbio destinadas ao cumprimento de obrigações de administradoras de cartão de crédito ou de bancos comerciais ou múltiplos na qualidade de emissores de cartão de crédito decorrentes de aquisição de bens e serviços do exterior efetuada por seus usuários, observado o disposto no inciso III: dois por cento;

II — sobre o valor ingressado no País decorrente de ou destinado a empréstimos em moeda com os prazos médios mínimos de até noventa dias: cinco por cento;

III — nas demais operações de câmbio, inclusive nas destinadas ao cumprimento de obrigações de administradoras de cartão de crédito ou de bancos comerciais ou múltiplos na qualidade de emissores de cartão de crédito decorrentes de aquisição de bens e serviços do exterior quando forem usuários do cartão a União, Estados, Municípios, Distrito Federal, suas fundações e autarquias: zero.

§2º No caso de operações de empréstimo em moeda via lançamento de títulos, com cláusula de antecipação de vencimento, parcial ou total, pelo credor ou pelo devedor (*put/call*), a primeira data prevista de exercício definirá a incidência do imposto prevista no inciso II.

§3º O Ministro de Estado da Fazenda, tendo em vista os objetivos das políticas monetária, fiscal e cambial, poderá estabelecer alíquotas diferenciadas para as hipóteses de incidência de que trata este Título (Lei nº 8.894, de 1994, art. 5º, parágrafo único).

Art. 15. Quando houver descumprimento ou falta de comprovação do cumprimento de condições, total ou parcial, de operações tributadas à alíquota zero ou reduzida, o contribuinte ficará sujeito ao pagamento do IOF, calculado à alíquota normal para a operação, acrescido de juros moratórios e multa, sem prejuízo das penalidades previstas no art. 23 da Lei nº 4.131, de 3 de setembro de 1962, e no art. 72 da Lei nº 9.069, de 29 de junho de 1995.

Capítulo IV
Da Isenção e da Redução do IOF

Da isenção

Art. 16. É isenta do IOF a operação de câmbio:

I — realizada para pagamento de bens importados (Decreto-lei nº 2.434, de 19 de maio de 1988, art. 6º, e Lei nº 8.402, de 1992, art. 1º, inciso XIII);

II — em que o comprador ou o vendedor da moeda estrangeira seja a entidade binacional Itaipu (art. XII do Tratado promulgado pelo Decreto nº 72.707, de 1973);

III — contratada pelos executores do Gasoduto Brasil-Bolívia, diretamente ou por intermédio de empresas especialmente por eles selecionadas para esse fim, obedecidas as condições previstas no Acordo entre os Governos da República Federativa do Brasil e da República da Bolívia (Acordo promulgado pelo Decreto nº 2.142, de 1997, art. 1º);

IV — realizada para pagamento de bens importados destinados aos empreendimentos que se implantarem, modernizarem, ampliarem ou diversificarem no Nordeste e na Amazônia e que sejam considerados de interesse para o desenvolvimento destas regiões, segundo avaliações técnicas específicas das respectivas Agências de Desenvolvimento, até 31 de dezembro de 2010 (Lei nº 9.808, de 20 de julho de 1999, art. 4º, inciso I, Medida Provisória nº 2.156-5, de 24 de agosto de 2001, e Medida Provisória nº 2.157-5, de 24 de agosto de 2001);

V — em que os compradores ou vendedores da moeda estrangeira sejam missões diplomáticas, repartições consulares de carreira, representações de organismos internacionais e regionais de caráter permanente, de que o Brasil seja membro (Convenção de Viena sobre Relações Consulares promulgada pelo Decreto nº 61.078, de 1967, art. 32, e Decreto nº 95.711, de 1988, art. 1º);

VI — contratada por funcionário estrangeiro de missão diplomática ou representação consular e funcionário estrangeiro de organismo internacional que goze de privilégios ou isenções tributárias em virtude de acordo firmado com o Brasil (Convenção de Viena sobre Relações Diplomáticas promulgada pelo Decreto nº 56.435, de 1965, art. 34).

§1º O disposto nos incisos V e VI não se aplica aos consulados e cônsules honorários (Convenção de Viena sobre Relações Consulares promulgada pelo Decreto nº 61.078, de 1967, art. 58).

§2º O disposto no inciso VI não se aplica aos funcionários estrangeiros que tenham residência permanente no Brasil (Convenção de Viena sobre Relações Consulares promulgada pelo Decreto nº 61.078, de 1967, art. 71, e Convenção de Viena sobre Relações Diplomáticas promulgada pelo Decreto nº 56.435, de 1965, art. 37).

§3º Os membros das famílias dos funcionários mencionados no inciso VI, desde que com eles mantenham relação de dependência econômica e não tenham residência permanente no Brasil, gozarão do tratamento estabelecido neste artigo (Convenção de Viena sobre Relações Consulares promulgada pelo Decreto nº 61.078, de 1967, art. 71, e Convenção de Viena sobre Relações Diplomáticas promulgada pelo Decreto nº 56.435, de 1965, art. 37).

Da redução do IOF

Art. 17. À empresa industrial e agropecuária que executar Programa de Desenvolvimento Tecnológico Industrial — PDTI ou Programa de Desenvolvimento Tecnológico Agropecuário — PDTA é assegurada a redução de vinte e cinco por cento do IOF, quando a operação de câmbio for relativa a valor pago, remetido ou creditado a beneficiário residente ou domiciliado no exterior, a título de *royalties*, de assistência técnica ou científica e de serviços especializados previstos em contrato de transferência de tecnologia averbado nos termos do Código da Propriedade Industrial (Lei nº 8.661, de 2 de junho de 1993, art. 4º, inciso V, e Lei nº 9.532, de 1997, art. 59).

Parágrafo único. O benefício referido neste artigo fica subordinado ao cumprimento das condições previstas no Decreto nº 949, de 5 de outubro de 1993, que regulamenta a Lei nº 8.661, de 1993.

Capítulo V
Da Cobrança e do Recolhimento

Art. 18. O IOF será cobrado na data da liquidação da operação de câmbio.

Parágrafo único. O IOF deve ser recolhido ao Tesouro Nacional até o terceiro dia útil da semana subseqüente à de sua cobrança (Lei nº 8.981, de 1995, art. 83, inciso II, alínea "b").

Título IV
Da Incidência sobre Operações de Seguro

Capítulo I
Do Fato Gerador

Art. 19. O fato gerador do IOF é o recebimento do prêmio (Lei nº 5.143, de 1966, art. 1º, inciso II).

§1º A expressão "operações de seguro" compreende seguros de vida e congêneres, seguro de acidentes pessoais e do trabalho, seguros de bens, valores, coisas e outros não especificados (Decreto-lei nº 1.783, de 1980, art. 1º, incisos II e III).

§2º Ocorre o fato gerador e torna-se devido o IOF no ato do recebimento total ou parcial do prêmio.

Capítulo II
Dos Contribuintes e dos Responsáveis

Dos contribuintes

Art. 20. Contribuintes do IOF são as pessoas físicas ou jurídicas seguradas (Decreto-lei nº 1.783, de 1980, art. 2º).

Dos responsáveis

§1º São responsáveis pela cobrança do IOF e pelo seu recolhimento ao Tesouro Nacional as seguradoras ou as instituições financeiras a quem estas encarregarem da cobrança do prêmio (Decreto-lei nº 1.783, de 1980, art. 3º, inciso II, e Decreto-lei nº 2.471, de 1º de setembro de 1988, art. 7º).

§2º A seguradora é responsável pelos dados constantes da documentação remetida para cobrança.

Capítulo III
Da Base de Cálculo e da Alíquota

Da base de cálculo

Art. 21. A base de cálculo do IOF é o valor dos prêmios pagos (Decreto-lei nº 1.783, de 1980, art. 1º, incisos II e III).

Da alíquota

Art. 22. A alíquota do IOF é de vinte e cinco por cento (Lei nº 9.718, de 27 de novembro de 1998, art. 15).

§1º A alíquota do IOF fica reduzida:

I — a zero, nas seguintes operações:

a) de resseguro;

b) de seguro obrigatório, vinculado a financiamento de imóvel habitacional, realizado por agente do Sistema Financeiro de Habitação;

c) de seguro de crédito à exportação e de transporte internacional de mercadorias;

d) de seguro contratado no Brasil, referente à cobertura de riscos relativos ao lançamento e à operação dos satélites Brasilsat I e II;

e) em que o segurado seja órgão da Administração Pública Federal, Estadual, do Distrito Federal ou Municipal, direta, autárquica ou fundacional;

f) em que o valor dos prêmios seja destinado ao custeio dos planos de seguro de vida com cobertura por sobrevivência;

g) de seguro aeronáutico e de seguro de responsabilidade civil pagos por transportador aéreo;

II — nas operações de seguros privados de assistência à saúde: dois por cento;

III — nas demais operações de seguro: sete por cento.

§2º O disposto na alínea "g" do inciso I do §1º aplica-se somente a seguro contratado por companhia aérea que tenha por objeto principal o transporte remunerado de passageiros ou de cargas.

Capítulo IV

Da Isenção

Art. 23. É isenta do IOF a operação de seguro:

I — em que o segurado seja a entidade binacional Itaipu (art. XII do Tratado promulgado pelo Decreto nº 72.707, de 1973);

II — contratada pelos executores do Gasoduto Brasil-Bolívia, diretamente ou por intermédio de empresas especialmente por eles selecionadas para esse fim, obedecidas as condições previstas no Acordo entre os Governos da República Federativa do Brasil e da República da Bolívia (Acordo promulgado pelo Decreto nº 2.142, de 1997, art. 1º);

III — rural (Decreto-lei nº 73, de 21 de novembro de 1966, art. 19);

IV — em que os segurados sejam missões diplomáticas, repartições consulares de carreira, representações de organismos internacionais e regionais de caráter permanente, de que o Brasil seja membro (Convenção de Viena sobre Relações Consulares promulgada pelo Decreto nº 61.078, de 1967, art. 32, e Decreto nº 95.711, de 1988, art. 1º);

V — contratada por funcionário estrangeiro de missão diplomática ou representação consular e funcionário estrangeiro de organismo internacional que goze de privilégios ou isenções tributárias em virtude de acordo firmado com o Brasil (Convenção de Viena sobre Relações Diplomáticas promulgada pelo Decreto nº 56.435, de 1965, art. 34).

§1º O disposto nos incisos IV e V não se aplica aos consulados e cônsules honorários (Convenção de Viena sobre Relações Consulares promulgada pelo Decreto nº 61.078, de 1967, art. 58).

§2º O disposto no inciso V não se aplica aos funcionários estrangeiros que tenham residência permanente no Brasil (Convenção de Viena sobre Relações Consulares promulgada pelo Decreto nº 61.078, de 1967, art. 71, e Convenção de Viena sobre Relações Diplomáticas promulgada pelo Decreto nº 56.435, de 1965, art. 37).

§3º Os membros das famílias dos funcionários mencionados no inciso V, desde que com eles mantenham relação de dependência econômica e não tenham residência permanente no Brasil, gozarão do tratamento estabelecido neste artigo (Convenção de Viena sobre Relações Consulares promulgada pelo Decreto nº 61.078, de 1967, art. 71, e Convenção de Viena sobre Relações Diplomáticas promulgada pelo Decreto nº 56.435, de 1965, art. 37).

Capítulo V
Da Cobrança e do Recolhimento

Art. 24. O IOF será cobrado na data do recebimento total ou parcial do prêmio.

Parágrafo único. O IOF deve ser recolhido ao Tesouro Nacional até o terceiro dia útil da semana subseqüente à de sua cobrança (Lei nº 8.981, de 1995, art. 83, inciso II, alínea "b").

Título V
Da Incidência sobre Operações Relativas a Títulos ou Valores Mobiliários

Capítulo I
Do Fato Gerador

Art. 25. O fato gerador do IOF é a aquisição, cessão, resgate, repactuação ou pagamento para liquidação de títulos e valores mobiliários (Lei nº 5.172, de 1966, art. 63, inciso IV, e Lei nº 8.894, de 1994, art. 2º, inciso II, alíneas "a" e "b").

§1º Ocorre o fato gerador e torna-se devido o IOF no ato da realização das operações de que trata este artigo.

§2º Aplica-se o disposto neste artigo a qualquer operação financeira, independentemente da qualidade ou da forma jurídica de constituição do beneficiário da operação ou do seu titular, estando abrangidos, entre outros, os fundos de investimentos e carteiras de títulos e valores mobiliários, fundos ou programas, ainda que sem personalidade jurídica, entidades de direito público, beneficentes, de assistência social, de previdência privada e de educação.

Capítulo II
Dos Contribuintes e dos Responsáveis

Dos contribuintes

Art. 26. Contribuintes do IOF são:

I — os adquirentes de títulos ou valores mobiliários e os titulares de aplicações financeiras (Decreto-lei nº 1.783, de 1980, art. 2º, Lei nº 8.894, de 1994, art. 3º, inciso II);

II — as instituições financeiras e demais instituições autorizadas a funcionar pelo Banco Central do Brasil, na hipótese prevista no inciso IV do art. 27 (Lei nº 8.894, de 1994, art. 3º, inciso III).

Dos responsáveis

§1º São responsáveis pela cobrança do IOF e pelo seu recolhimento ao Tesouro Nacional (Decreto-lei nº 1.783, de 1980, art. 3º, inciso IV, e Medida Provisória nº 2.158-35, de 24 de agosto de 2001, art. 28):

I — as instituições financeiras e demais instituições autorizadas a funcionar pelo Banco Central do Brasil;

II — as bolsas de valores, de mercadorias, de futuros e assemelhadas, em relação às aplicações financeiras realizadas em seu nome, por conta de terceiros e tendo por objeto recursos destes;

III — a instituição que liquidar a operação perante o beneficiário final, no caso de operação realizada por meio do Selic ou da Central de Custódia e de Liquidação Financeira de Títulos — Cetip;

IV — a instituição administradora do Fundo de Aposentadoria Programada Individual — Fapi;

V — o administrador do fundo de investimento;

VI — a instituição que intermediar a operação junto ao investidor no caso de resgate nas operações com opções negociadas no mercado de balcão;

VII — a instituição que intermediar recursos, junto a clientes, para aplicações em fundos de investimentos administrados por outra instituição, na forma prevista em normas baixadas pelo Conselho Monetário Nacional;

VIII — a instituição que receber as importâncias referentes à subscrição das quotas do Fundo de Investimento Imobiliário e do Fundo Mútuo de Investimento em Empresas Emergentes.

§2º Na hipótese do inciso II do §1º, ficam as entidades ali relacionadas obrigadas a apresentar, à instituição financeira, declaração de que estão operando por conta de terceiros e com recursos destes.

§3º Para efeito do disposto no inciso VII do §1º, a instituição intermediadora dos recursos deverá (Medida Provisória nº 2.158-35, de 2001, art. 28, §1º, e art. 16 da Lei nº 9.779, de 1999):

I — manter sistema de registro e controle, em meio magnético, que permita a identificação, a qualquer tempo, de cada cliente e dos elementos necessários à apuração do imposto por ele devido;

II — fornecer à instituição administradora do fundo de investimento, individualizados por código de cliente, os valores das aplicações, resgates e imposto cobrado;

III — prestar à Secretaria da Receita Federal todas as informações decorrentes da responsabilidade pela cobrança do imposto.

Capítulo III
Da Base de Cálculo e da Alíquota

Da base de cálculo

Art. 27. A base de cálculo do IOF é o valor (Lei nº 8.894, de 1994, art. 2º, II):

I — de aquisição, resgate, cessão ou repactuação de títulos e valores mobiliários;

II — da operação de financiamento realizada em bolsas de valores, de mercadorias, de futuros, e assemelhadas;

III — de aquisição ou resgate de quotas de fundos de investimento e de clubes de investimento;

IV — do pagamento para a liquidação das operações referidas no inciso I, quando inferior a noventa e cinco por cento do valor inicial da operação.

§1º Na hipótese do inciso IV deste artigo, o valor do IOF está limitado à diferença positiva entre noventa e cinco por cento do valor inicial da operação e o correspondente valor de resgate ou cessão.

§2º Serão acrescidos ao valor da cessão ou resgate de títulos e valores mobiliários os rendimentos periódicos recebidos, a qualquer título, pelo cedente ou aplicador, durante o período da operação.

§3º O disposto nos incisos I e III abrange quaisquer operações consideradas como de renda fixa.

Das alíquotas

Art. 28. O IOF será cobrado à alíquota máxima de um vírgula cinco por cento ao dia sobre o valor das operações com títulos e valores mobiliários (Lei nº 8.894, de 1994, art. 1º).

Art. 29. A alíquota de que trata o art. 28 aplica-se, inclusive, nas operações com títulos e valores mobiliários de renda fixa e de renda variável, efetuadas com recursos provenientes de aplicações feitas por investidores estrangeiros em quotas de Fundo de Investimento Imobiliário e de Fundo Mútuo de Investimento em Empresas Emergentes, observados os seguintes limites:

I — quando o referido fundo não for constituído ou não entrar em funcionamento regular: dez por cento;

II — no caso de fundo já constituído e em funcionamento regular, até um ano da data do registro das quotas na Comissão de Valores Mobiliários: cinco por cento.

Art. 30. O IOF será cobrado sobre o valor de resgate de quotas dos Fundos de Aposentadoria Programada Individual — Fapi, de acordo com o período compreendido entre as datas da primeira aplicação e de resgate, às seguintes alíquotas:

I — até um ano: cinco por cento;

II — acima de um ano: zero.

Parágrafo único. O imposto de que trata o *caput* fica limitado ao rendimento produzido pela aplicação.

Art. 31. O IOF será cobrado à alíquota de zero vírgula cinco por cento ao dia sobre o valor de resgate de quotas de fundos de investimento, constituídos sob qualquer forma, na hipótese de o investidor resgatar quotas antes de completado o prazo de carência para crédito dos rendimentos.

Parágrafo único. O IOF de que trata este artigo fica limitado à diferença entre o valor da quota, no dia do resgate, multiplicado pelo número de quotas resgatadas, deduzido o valor do imposto de renda, se houver, e o valor pago ou creditado ao quotista.

Art. 32. O IOF será cobrado à alíquota de zero vírgula um por cento ao dia sobre o valor de resgate, nas operações com opções negociadas no mercado de balcão, limitado a quinze por cento do rendimento auferido na operação.

§1º Para efeito do disposto neste artigo, considera-se período de incidência, os dias decorridos a partir da data de início da operação até o seu resgate, ocorrido por ocasião da liquidação do contrato, no vencimento ou de forma antecipada.

§2º A alíquota do imposto fica reduzida a zero nas operações com opções de compra:

I — referenciadas em moedas ou taxas de câmbio, que apresentem as seguintes características:

a) preço de exercício superior ao da cotação de fechamento do mercado futuro com data de vencimento subseqüente mais próxima à de negociação da opção;

b) preço de barreira superior ao preço de exercício, à razão de zero vírgula zero cinco por cento ao dia, no mínimo;

II — referenciadas em ações ou índices de ações sem a fixação de limites para o exercício da opção;

III — cujo adquirente seja fundo de investimento ou pessoa jurídica de que trata o art. 77, inciso I, da Lei nº 8.981, de 1995.

§3º O disposto no §2º somente se aplica a operações contratadas com prazo igual ou superior a trinta dias e liquidadas na data de vencimento.

§4º A cotação de fechamento de que trata a alínea "a" do inciso I do §2º será verificada no dia útil anterior ao do início da operação.

§5º Para efeito do disposto na alínea "b" do inciso I do §2º:

I — considera-se barreira a fixação de limite, mínimo ou máximo, para o exercício da opção;

II — no cálculo da razão, serão considerados dias úteis e variação composta da taxa diária.

Art. 33. O IOF será cobrado à alíquota de um por cento ao dia sobre o valor do resgate, cessão ou repactuação, limitado ao rendimento da operação, em função do prazo, conforme tabela constante do Anexo.

§1º O disposto neste artigo aplica-se:

I — às operações realizadas no mercado de renda fixa;

II — ao resgate de quotas de fundos de investimento e de clubes de investimento, ressalvado o disposto no inciso IV do §2º.

§2º Ficam sujeitas à alíquota zero as operações:

I — de titularidade das instituições financeiras e das demais instituições autorizadas a funcionar pelo Banco Central do Brasil;

II — das carteiras dos fundos de investimento e dos clubes de investimento;

III — do mercado de renda variável, inclusive as realizadas em bolsas de valores, de mercadorias, de futuros e entidades assemelhadas;

IV — de resgate de quotas dos fundos de investimento em ações, assim considerados pela legislação do imposto de renda;

V — de titularidade de órgãos da Administração Pública Federal, Estadual, do Distrito Federal ou Municipal, direta, autárquica ou fundacional, de partido político, inclusive suas fundações, e de entidade sindical de trabalhadores.

§3º O disposto no inciso III do §2º não se aplica às operações conjugadas de que trata o art. 65, §4º, alínea "a", da Lei nº 8.981, de 1995.

§4º O disposto neste artigo não modifica a incidência do IOF:

I — nas operações de que trata o art. 29;

II — no resgate de quotas de fundos de investimento, na forma prevista no art. 31;

III — nas operações com opções negociadas no mercado de balcão, na forma prevista no art. 32.

§5º. A incidência de que trata o inciso II do §4º exclui a cobrança do IOF prevista neste artigo.

Art. 34. A alíquota fica reduzida a zero nas demais operações com títulos e valores mobiliários de renda fixa e de renda variável.

Art. 35. O Ministro de Estado da Fazenda, tendo em vista os objetivos das políticas monetária e fiscal, poderá estabelecer alíquotas diferenciadas para as hipóteses de incidência de que trata este Título (Lei nº 8.894, de 1994, art.1º, parágrafo único).

Capítulo IV
Da Isenção

Art. 36. São isentas do IOF as operações com títulos e valores mobiliários:

I — em que o adquirente seja a entidade binacional Itaipu (art. XII do Tratado promulgado pelo Decreto nº 72.707, de 1973);

II — efetuadas com recursos e em benefício dos Fundos Constitucionais de Financiamento do Norte (FNO), do Nordeste (FNE), e do Centro-Oeste (FCO) (Lei nº 7.827, de 1989, art. 8º);

III — de negociações com Cédula de Produto Rural realizadas nos mercados de bolsas e de balcão (Lei nº 8.929, de 22 de agosto de 1994, art. 19, §2º);

IV — em que os adquirentes sejam missões diplomáticas, repartições consulares de carreira, representações de organismos internacionais e regionais de caráter permanente, de que o Brasil seja membro (Convenção de Viena sobre Relações Consulares promulgada pelo Decreto nº 61.078. de 1967, art. 32, e Decreto nº 95.711, de 1988, art. 1º);

V — em que o adquirente seja funcionário estrangeiro de missão diplomática ou representação consular e funcionário estrangeiro de organismo internacional que goze de privilégios ou isenções tributárias em virtude de acordo firmado com o Brasil (Convenção de Viena sobre Relações Diplomáticas promulgada pelo Decreto nº 56.435, de 1965, art. 34).

§1º O disposto nos incisos IV e V não se aplica aos consulados e cônsules honorários (Convenção de Viena sobre Relações Consulares promulgada pelo Decreto nº 61.078, de 1967, art. 58).

§2º O disposto no inciso V não se aplica aos funcionários estrangeiros que tenham residência permanente no Brasil (Convenção de Viena sobre Relações Consulares promulgada pelo Decreto nº 61.078, de 1967, art. 71, e Convenção de Viena sobre Relações Diplomáticas promulgada pelo Decreto nº 56.435, de 1965, art. 37).

§3º Os membros das famílias dos funcionários mencionados no inciso V, desde que com eles mantenham relação de dependência econômica e não tenham residência permanente no Brasil, gozarão do tratamento estabelecido neste artigo (Convenção de Viena sobre Relações Consulares promulgada pelo Decreto nº

61.078, de 1967, art. 71, e Convenção de Viena sobre Relações Diplomáticas promulgada pelo Decreto nº 56.435, de 1965, art. 37).

Capítulo V
Da Cobrança e do Recolhimento

Art. 37. O IOF será cobrado na data da liquidação financeira da operação.

§1º No caso de repactuação, o IOF será cobrado na data da ocorrência do fato gerador.

§2º O IOF deve ser recolhido ao Tesouro Nacional até o terceiro dia útil da semana subseqüente à de sua cobrança (Lei nº 8.981, de 1995, art. 83, inciso II, alínea "b").

Título VI
Da Incidência sobre Operações com Ouro Ativo Financeiro ou Instrumento Cambial

Capítulo I
Do Fato Gerador

Art. 38. O ouro ativo financeiro ou instrumento cambial sujeita-se, exclusivamente, à incidência do IOF (Lei nº 7.766, de 1989, art. 4º).

§1º Entende-se por ouro ativo financeiro ou instrumento cambial, desde sua extração, inclusive, o ouro que, em qualquer estado de pureza, em bruto ou refinado, for destinado ao mercado financeiro ou à execução da política cambial do País, em operação realizada com a interveniência de instituição integrante do Sistema Financeiro Nacional, na forma e condições autorizadas pelo Banco Central do Brasil.

§2º Enquadra-se na definição do §1º deste artigo o ouro:

I — envolvido em operações de tratamento, refino, transporte, depósito ou custódia, desde que formalizado compromisso de destiná-lo ao Banco Central do Brasil ou à instituição por ele autorizada;

II — adquirido na região de garimpo, onde o ouro é extraído, desde que, na saída do município, tenha o mesmo destino a que se refere o inciso I;

III — importado, com interveniência das instituições mencionadas no inciso I.

§3º O fato gerador do IOF é a primeira aquisição do ouro, ativo financeiro ou instrumento cambial, efetuada por instituição autorizada integrante do Sistema Financeiro Nacional (Lei nº 7.766, de 1989, art. 8º).

§4º Ocorre o fato gerador e torna-se devido o IOF:

I — na data da aquisição;

II — no desembaraço aduaneiro, quando se tratar de ouro físico oriundo do exterior.

Capítulo II
Dos Contribuintes

Art. 39. Contribuintes do IOF são as instituições autorizadas pelo Banco Central do Brasil que efetuarem a primeira aquisição do ouro, ativo financeiro ou instrumento cambial (Lei nº 7.766, de 1989, art. 10).

Capítulo III
Da Base de Cálculo e da Alíquota

Da base de cálculo

Art. 40. A base de cálculo do IOF é o preço de aquisição do ouro, desde que dentro dos limites de variação da cotação vigente no mercado doméstico, no dia da operação (Lei nº 7.766, de 1989, art. 9º).

Parágrafo único. Tratando-se de ouro físico, oriundo do exterior, o preço de aquisição, em moeda nacional, será determinado com base no valor de mercado doméstico na data do desembaraço aduaneiro.

Da alíquota

Art. 41. A alíquota do IOF é de um por cento sobre o preço de aquisição (Lei nº 7.766, de 1989, art. 4º, parágrafo único).

Capítulo IV
Da Cobrança e do Recolhimento

Art. 42. O IOF será cobrado na data da primeira aquisição do ouro, ativo financeiro, efetuada por instituição financeira, integrante do Sistema Financeiro Nacional (Lei nº 7.766, de 1989, art. 8º).

§1º O IOF deve ser recolhido ao Tesouro Nacional até o terceiro dia útil da semana subseqüente à de ocorrência do fato gerador (Lei nº 8.981, de 1995, art. 83, inciso II, alínea "a").

§2º O recolhimento do IOF deve ser efetuado no município produtor ou no município em que estiver localizado o estabelecimento-matriz do contribuinte, devendo ser indicado, no documento de arrecadação, o Estado ou o Distrito Federal e o Município, conforme a origem do ouro (Lei nº 7.766, de 1989, art. 12).

§3º Tratando-se de ouro oriundo do exterior, considera-se Município e Estado de origem o de ingresso do ouro no País (Lei nº 7.766, de 1989, art. 6º).

§4º A pessoa jurídica adquirente fará constar da nota de aquisição o Estado ou o Distrito Federal e o Município de origem do ouro (Lei nº 7.766, de 1989, art. 7º).

Título VII
Das Disposições Gerais e Finais

Capítulo I
Das Obrigações Acessórias

Manutenção de informações

Art. 43. As pessoas jurídicas que efetuarem operações sujeitas à incidência do IOF devem manter à disposição da fiscalização, pelo prazo prescricional, as seguintes informações:

I — relação diária das operações tributadas, com elementos identificadores da operação (beneficiário, espécie, valor e prazo) e o somatório diário do tributo;

II — relação diária das operações isentas ou tributadas à alíquota zero, com elementos identificadores da operação (beneficiário, espécie, valor e prazo);

III — relação mensal dos empréstimos em conta, inclusive excessos de limite, de prazo de até trezentos e sessenta e quatro dias, tributados com base no somatório dos saldos devedores diários, apurado no último dia de cada mês, contendo nome do beneficiário, somatório e valor do IOF cobrado;

IV — relação mensal dos adiantamentos a depositantes, contendo nome do devedor, valor e data de cada parcela tributada e valor do IOF cobrado;

V — relação mensal dos excessos de limite, relativos aos contratos com prazo igual ou superior a trezentos e sessenta e cinco dias ou com prazo indeterminado, contendo nome do mutuário, limite, valor dos excessos tributados e datas das ocorrências.

Parágrafo único. Além das exigências previstas nos incisos I e II, as seguradoras deverão manter arquivadas as informações que instruírem a cobrança bancária.

Art. 44. Serão efetuados de forma centralizada pelo estabelecimento-matriz da pessoa jurídica os recolhimentos do imposto, ressalvado o disposto nos §§2º e 3º do art. 42.

Parágrafo único. O estabelecimento-matriz deverá manter registros que segreguem as operações de cada estabelecimento cobrador e que permitam demonstrar, com clareza, cada recolhimento efetuado.

Registro contábil do imposto

Art. 45. Nas pessoas jurídicas responsáveis pela cobrança e pelo recolhimento, o IOF cobrado é creditado em título contábil próprio e subtítulos adequados à natureza de cada incidência do imposto.

Art. 46. A conta que registra a cobrança do IOF é debitada somente:

I — no estabelecimento cobrador, pela transferência para o estabelecimento centralizador do recolhimento do imposto;

II — no estabelecimento centralizador do imposto, pelo recolhimento ao Tesouro Nacional do valor arrecadado, observados os prazos regulamentares;

III — por estorno, até a data do recolhimento ao Tesouro Nacional, de registro de qualquer natureza feito indevidamente no período, ficando a documentação comprobatória arquivada no estabelecimento que o processar, à disposição da fiscalização.

Obrigações do responsável

Art. 47. Para efeito de reconhecimento da aplicabilidade de isenção ou alíquota reduzida, cabe ao responsável pela cobrança e recolhimento do IOF exigir, no ato da realização das operações:

I — no caso de cooperativa, declaração, em duas vias, por ela firmada de que atende aos requisitos da legislação cooperativista (Lei nº 5.764, de 16 de dezembro de 1971);

II — no caso de empresas optantes pelo Simples, o mutuário da operação de crédito deverá apresentar à pessoa jurídica mutuante declaração, em duas vias, de que se enquadra como pessoa jurídica sujeita ao regime tributário de que trata a Lei nº 9.317, de 1996, e que o signatário é seu representante legal e está ciente de que a falsidade na prestação desta informação o sujeitará, juntamente com as demais pessoas que para ela concorrem, às penalidades previstas na legislação criminal e tributária, relativas à falsidade ideológica (art. 299 do Código Penal) e ao crime contra a ordem tributária (Lei nº 8.137, de 27 de dezembro de 1990, art. 1º);

III — nos demais casos, a documentação exigida pela legislação específica.

Parágrafo único. Nas hipóteses dos incisos I e II, o responsável pela cobrança do IOF arquivará a 1ª via da declaração, em ordem alfabética, que ficará à disposição da Secretaria da Receita Federal, devendo a 2ª via ser devolvida como recibo.

Ouro — documentário fiscal

Art. 48. As operações com ouro, ativo financeiro ou instrumento cambial, e a sua destinação, devem ser comprovadas mediante documentário fiscal instituído pela Secretaria da Receita Federal (Lei nº 7.766, de 1989, art. 3º).

Parágrafo único. O transporte do ouro, ativo financeiro, para qualquer parte do território nacional, será acobertado exclusivamente por nota fiscal integrante da documentação mencionada (Lei nº 7.766, de 1989, art. 3º, §1º).

Capítulo II
Das Penalidades e Acréscimos Moratórios

Do pagamento ou recolhimento fora dos prazos

Art. 49. O IOF não pago ou não recolhido no prazo previsto neste Decreto será acrescido de (Lei nº 9.430, de 27 de dezembro de 1996, art. 5º, §3º, e art. 61):

I — juros de mora equivalentes à taxa referencial do Selic, para títulos federais, acumulada mensalmente, calculados a partir do primeiro dia do mês subseqüente ao do vencimento do prazo até o mês anterior ao do pagamento e de um por cento no mês do pagamento;

II — multa de mora, calculada à taxa de 0,33%, por dia de atraso, limitada a vinte por cento.

Parágrafo único. A multa de que trata o inciso II será calculada a partir do primeiro dia subseqüente ao do vencimento do prazo previsto para o pagamento ou recolhimento do IOF.

Art. 50. Nos casos de lançamento de ofício, serão aplicadas as seguintes multas, calculadas sobre a totalidade ou diferença de imposto (Lei nº 9.430, de 1996, art. 44):

I — setenta e cinco por cento, nos casos de falta de pagamento ou recolhimento, de pagamento ou recolhimento após o vencimento do prazo, sem o acréscimo de multa moratória, de falta de declaração e nos de declaração inexata, excetuada a hipótese do inciso II (Lei nº 9.430, de 1966, art. 44, inciso I);

II — cento e cinqüenta por cento, nos casos de evidente intuito de fraude, definidos nos arts. 71, 72 e 73 da Lei nº 4.502, de 30 de novembro de 1964, independentemente de outras penalidades administrativas ou criminais cabíveis (Lei nº 9.430, de 1996, art. 44, inciso II).

Parágrafo único. As multas de que tratam os incisos I e II do *caput* serão exigidas (Lei nº 9.430, de 1996, art. 44, §1º):

I — juntamente com o IOF, quando não houver sido anteriormente pago;

II — isoladamente, se o IOF houver sido pago após o vencimento do prazo previsto, mas sem o acréscimo de multa de mora.

Agravamento de penalidade

Art. 51. As multas a que se referem os incisos I e II do *caput* do art. 50 passarão a ser de cento e doze vírgula cinco por cento e duzentos e vinte e cinco por cento, respectivamente, nos casos de não-atendimento pelo sujeito passivo, no prazo marcado, de intimação para (Lei nº 9.430, de 1996, art. 44, §2º, e Lei nº 9.532, de 1997, art. 70, inciso I):

I — prestar esclarecimentos;

II — apresentar os arquivos ou sistemas de que trata o art. 72 da Medida Provisória nº 2.158-35, de 2001;

III — apresentar a documentação técnica de que trata o art. 38 da Lei nº 9.430, de 1996.

Débitos com exigibilidade suspensa por medida judicial

Art. 52. Não caberá lançamento de multa de ofício na constituição do crédito tributário destinada a prevenir a decadência, cuja exigibilidade houver sido suspensa na forma dos incisos IV e V do art. 151 da Lei nº 5.172, de 1966 (Lei nº 9.430, de 1996, art. 63, e Medida Provisória nº 2.158-35, de 2001, art. 70).

§1º O disposto neste artigo aplica-se, exclusivamente, aos casos em que a suspensão da exigibilidade do débito tenha ocorrido antes do início de qualquer procedimento de ofício a ele relativo (Lei nº 9.430, de 1996, art. 63, §1º).

§2º A interposição da ação judicial favorecida com a medida liminar interrompe a incidência da multa de mora, desde a concessão da medida judicial, até trinta dias após a data da publicação da decisão judicial que considerar devido o imposto (Lei nº 9.430, de 1996, art. 63, §2º).

Redução de penalidade

Art. 53. Será concedida redução de cinqüenta por cento da multa de lançamento de ofício ao contribuinte que, notificado, efetuar o pagamento do débito no prazo legal de impugnação (Lei nº 8.218, de 29 de agosto de 1991, art. 6º, e Lei nº 9.430, de 1996, art. 44, §3º).

§1º Se houver impugnação tempestiva, a redução será de trinta por cento se o pagamento do débito for efetuado dentro de trinta dias da ciência da decisão de primeira instância (Lei nº 8.218, de 1991, art. 6º, parágrafo único).

§2º Será concedida redução de quarenta por cento da multa de lançamento de ofício ao contribuinte que, notificado, requerer o parcelamento do débito no prazo legal de impugnação, observado que (Lei nº 8.383, de 1991, art. 60):

I — havendo impugnação tempestiva, a redução será de vinte por cento se o parcelamento for requerido dentro de trinta dias da ciência da decisão da primeira instância (Lei nº 8.383, de 1991, art. 60, §1º);

II — a rescisão do parcelamento, motivada pelo descumprimento das normas que o regulam, implicará restabelecimento do montante da multa proporcionalmente ao valor da receita não satisfeito (Lei nº 8.383, de 1991, art. 60, §2º).

Art. 54. A pessoa física ou jurídica submetida a ação fiscal por parte da Secretaria da Receita Federal poderá pagar, até o vigésimo dia subseqüente à data de recebimento do termo de início de fiscalização, o imposto já declarado, de que for sujeito passivo como contribuinte ou responsável, com os acréscimos legais aplicáveis nos casos de procedimento espontâneo (Lei nº 9.430, de 1996, art. 47, e Lei nº 9.532, de 1997, art. 70).

Infrações às normas relativas à prestação de informações

Art. 55. O descumprimento das obrigações acessórias exigidas nos termos do art. 16 da Lei nº 9.779, de 1999, acarretará a aplicação das seguintes penalidades (Medida Provisória nº 2.158-35, de 2001, art. 57):

I — R$5.000,00 (cinco mil reais) por mês-calendário, relativamente às pessoas jurídicas que deixarem de fornecer, nos prazos estabelecidos, as informações ou esclarecimentos solicitados;

II — cinco por cento, não inferior a R$100,00 (cem reais), do valor das transações comerciais ou das operações financeiras, próprias da pessoa jurídica ou de terceiros em relação aos quais seja responsável tributário, no caso de informação omitida, inexata ou incompleta.

Parágrafo único. Na hipótese de pessoa jurídica optante pelo Simples, os valores e o percentual referidos neste artigo serão reduzidos em setenta por cento.

Casos especiais de infração

Art. 56. Sem prejuízo da pena criminal cabível, são aplicáveis ao contribuinte ou ao responsável pela cobrança e pelo recolhimento do IOF as seguintes multas (Lei nº 5.143, de 1966, art. 6º; Decreto-lei nº 2.391, de 18 de dezembro de 1987; Lei nº 7.730, de 31 de janeiro de 1989, art. 27; Lei nº 7.799, de 10 de julho de 1989, art. 66; Lei nº 8.178, de 1º de março de 1991, art. 21; Lei nº 8.218, de 1991, arts. 4º a 6º e 10; Lei nº 8.383, de 1991, arts. 3º e 60; Lei nº 9.249, de 1995, art. 30):

I — R$2.867,30 (dois mil oitocentos e sessenta e sete reais e trinta centavos) pela falsificação ou adulteração de guia, livro ou outro papel necessário ao registro ou recolhimento do IOF ou pela co-autoria na prática de qualquer dessas faltas;

II — R$2.007,11 (dois mil e sete reais e onze centavos) pelo embaraço ou impedimento da ação fiscalizadora, ou pela recusa da exibição de livros, guias ou outro papel necessário ao registro ou recolhimento do IOF, quando solicitados pela fiscalização.

Bolsas de valores, de mercadorias, de futuros e assemelhadas

Art. 57. A inobservância do prazo a que se refere o §3º do art. 61 sujeitará as bolsas de valores, de mercadorias, de futuros e assemelhadas à multa de R$828,70 (oitocentos e vinte e oito reais e setenta centavos) por dia útil de atraso (Lei nº 8.021, de 12 de abril de 1990, art. 7º, §1º; Lei nº 8.178, de 1991, art. 21; Lei nº 8.218, de 1991, art. 10; Lei nº 8.383, de 1991, art. 3º; e Lei nº 9.249, de 1995, art. 30).

Ouro — apreensão

Art. 58. O ouro ativo financeiro ou instrumento cambial acompanhado por documentação fiscal irregular será objeto de apreensão pela Secretaria da Receita Federal (Lei nº 7.766, de 1989, art. 3º, §2º).

§1º Feita a apreensão do ouro, será intimado imediatamente o seu proprietário, possuidor ou detentor a apresentar, no prazo de vinte e quatro horas, os documentos comprobatórios da regularidade da operação.

§2º Decorrido o prazo da intimação sem que sejam apresentados os documentos exigidos ou, se apresentados, não satisfizerem os requisitos legais, será lavrado auto de infração.

Art. 59. O ouro ativo financeiro ou instrumento cambial apreendido poderá ser restituído, antes do julgamento definitivo do processo, a requerimento da parte, depois de sanadas as irregularidades que motivaram a apreensão.

Parágrafo único. Na hipótese de falta de identificação do contribuinte, o ouro apreendido poderá ser restituído, a requerimento do responsável em cujo poder for encontrado, mediante depósito do valor do IOF e da multa aplicável no seu grau máximo ou de prestação de fiança idônea.

Art. 60. Depois do trânsito em julgado da decisão administrativa, o ouro ativo financeiro ou instrumento cambial que não for retirado dentro de trinta dias, contados da data da ciência da intimação do último despacho, ficará sob a guarda do Banco Central do Brasil em nome da União e, transcorrido o qüinqüênio prescricional, será incorporado ao patrimônio do Tesouro Nacional.

Capítulo III
Da Fiscalização do IOF

Art. 61. Compete à Secretaria da Receita Federal a administração do IOF, incluídas as atividades de arrecadação, tributação e fiscalização (Decreto-lei nº 2.471, de 1988, art. 3º).

§1º No exercício de suas atribuições, a Secretaria da Receita Federal, por intermédio de seus agentes fiscais, poderá proceder ao exame de documentos, livros e registros dos contribuintes do IOF e dos responsáveis pela sua cobrança e recolhimento, independentemente de instauração de processo (Decreto-lei nº 2.471, de 1988, art. 3º, §1º).

§2º A autoridade fiscal do Ministério da Fazenda poderá proceder a exames de documentos, livros e registros das bolsas de valores, de mercadorias, de futuros e assemelhadas, bem como solicitar a prestação de esclarecimentos e informações a respeito de operações por elas praticadas, inclusive em relação a terceiros (Lei nº 8.021, de 1990, art. 7º).

§3º As informações a que se refere o §2º deverão ser prestadas no prazo máximo de dez dias úteis contados da data da solicitação (Lei nº 8.021, de 1990, art. 7º , §1º).

§4º As informações obtidas com base neste artigo somente poderão ser utilizadas para efeito de verificação do cumprimento de obrigações tributárias (Lei nº 8.021, de 1990, art. 7º, §2º).

§5º As informações, fornecidas de acordo com as normas regulamentares expedidas pelo Ministério da Fazenda, deverão ser prestadas no prazo máximo de dez dias úteis contados da data da ciência da solicitação, aplicando-se, no caso de descumprimento desse prazo, a penalidade prevista no art. 57 deste Decreto.

Art. 62. No processo administrativo fiscal, compreendendo os procedimentos destinados à determinação e exigência do IOF, imposição de penalidades, repetição de indébito, à solução de consultas, e no procedimento de compensação do IOF, observar-se-á a legislação prevista para os tributos federais e normas baixadas pela Secretaria da Receita Federal.

Capítulo IV
Da Compensação e da Restituição

Art. 63. Nos casos de pagamento indevido ou a maior do imposto, mesmo quando resultante de reforma, anulação, revogação ou rescisão de decisão condenatória, o contribuinte poderá efetuar a compensação desse valor no recolhimento de importância correspondente a período subseqüente, observadas as instruções expedidas pela Secretaria da Receita Federal (Lei nº 8.383, de 1991, art. 66; Lei nº 9.069, de 1995, art. 58; Lei nº 9.250, de 1995, art. 39, §4º; Lei nº 9.430, de 1996, art. 74; e Lei nº 9.532, de 1997, art. 73).

§1º É facultado ao contribuinte optar pelo pedido de restituição.

§2º A compensação ou restituição será acrescida de juros equivalentes à taxa referencial do Selic, para títulos federais, acumulada mensalmente, calculados a partir do mês subseqüente ao do pagamento indevido ou a maior até o mês anterior ao da compensação ou restituição e de um por cento relativamente ao mês em que esta estiver sendo efetuada.

§3º Observado o disposto no art. 7º do Decreto-lei nº 2.287, de 23 de julho de 1986, e no art. 73 da Lei nº 9.430, de 1996, a Secretaria da Receita Federal, atendendo a requerimento do contribuinte, poderá autorizar a utilização de crédito de IOF a ser a ele restituído para a quitação de quaisquer tributos e contribuições sob sua administração.

Art. 64. A restituição ou compensação de que trata o art. 63 somente será concedida à pessoa jurídica responsável pela cobrança e recolhimento do imposto quando esta provar haver assumido o encargo financeiro do imposto ou houver expressa autorização do contribuinte (Lei nº 5.172, de 1966, art. 166).

Capítulo V
Das Disposições Finais

Art. 65. Não configura fato gerador o registro decorrente de erro formal ou contábil, devendo, nesta hipótese, ser mantida à disposição da fiscalização a documentação comprobatória e ser promovida a regularização pertinente.

Art. 66. É vedada a concessão de parcelamento de débitos relativos ao IOF retido e não recolhido ao Tesouro Nacional (Lei nº 10.522, de 19 de julho de 2002, art. 14, inciso II).

Art. 67. Compete à Secretaria da Receita Federal editar os atos necessários à execução do disposto neste Decreto.

Art. 68. Este Decreto entra em vigor na data de sua publicação.

Art. 69. Ficam revogados os Decretos nº 2.219, de 2 de maio de 1997, nº 2.452, de 6 de janeiro de 1998, nº 2.888, de 21 de dezembro de 1998, nº 2.913, de 29 de dezembro de 1998, nº 3.079, de 2 de junho de 1999, nº 3.819, de 21 de maio de 2001 e nº 4.357, de 4 de setembro de 2002.

Brasília, 3 de dezembro de 2002; 181º da Independência e 114º da República.

Fernando Henrique Cardoso
Pedro Malan

Este texto não substitui o publicado no *DOU* de 4 de dezembro de 2002.

Anexo

Nº de dias	% Limite do rendimento
01	96
02	93
03	90
04	86
05	83
06	80
07	76
08	73
09	70
10	66
11	63
12	60
13	56
14	53
15	50
16	46
17	43
18	40
19	36
20	33
21	30
22	26
23	23
24	20
25	16
26	13
27	10
28	06
29	03
30	00